FRANCISCO CATÃO

# ESPIRITUALIDADE CRISTÃ

# LIVROS BÁSICOS DE TEOLOGIA
Para a formação dos agentes de pastoral
nos distintos ministérios e serviços da Igreja

**DIREÇÃO E COORDENAÇÃO GERAL DA COLEÇÃO:**
Elza Helena Abreu, São Paulo, Brasil

**ASSESSORES:**
D. Manoel João Francisco, bispo de Chapecó, Brasil
Mons. Javier Salinas Viñals, bispo de Tortosa, Espanha
João Batista Libanio, S.J., Belo Horizonte, Brasil

# PLANO GERAL DA COLEÇÃO

**TEOLOGIA FUNDAMENTAL**

1. *Crer num mundo de muitas crenças e pouca libertação*
   João Batista Libanio

**TEOLOGIA BÍBLICA**

2. *A História da Palavra I*
   A. Flora Anderson, Gilberto Gorgulho, Pedro L. Vasconcellos, Rafael R. da Silva
3. *A História da Palavra II*
   A. Flora Anderson, Gilberto Gorgulho, Pedro L. Vasconcellos, Rafael R. da Silva

**TEOLOGIA SISTEMÁTICA**

4. *Esperança além da esperança*
   M. Angela Vilhena e Renold J. Blank
5. *A criação de Deus* (**Deus e criação**)
   Luiz Carlos Susin
6. *Deus Trindade: a vida no coração do mundo*
   Maria Clara L. Bingemer e Vitor Galdino Feller
7. *Deus-Amor: a graça que habita em nós*
   Maria Clara L. Bingemer e Vitor Galdino Feller
8. *Cristologia e Pneumatologia*
   Maria Clara L. Bingemer
8.1. *Sois um em Cristo Jesus*
   Antonio José de Almeida
8.2. *Maria, toda de Deus e tão humana*
   Afonso Murad

**TEOLOGIA LITÚRGICA**

9. *O mistério celebrado. Memória e compromisso I*
   Ione Buyst e José Ariovaldo da Silva
10. *O mistério celebrado. Memória e compromisso II*
    Ione Buyst e Manoel João Francisco

**TEOLOGIA MORAL**

11. *Aprender a viver. Elementos de teologia moral cristã*
    Márcio Fabri dos Anjos

**DIREITO CANÔNICO**

12. *Direito eclesial: instrumento da justiça do Reino*
    Roberto Natali Starlino

**HISTÓRIA DA IGREJA**

13. *Eu estarei sempre convosco*
    Henrique Cristiano José Matos

**TEOLOGIA ESPIRITUAL**

14. *Espiritualidade cristã*
    Francisco Catão

**TEOLOGIA PASTORAL**

15. *A pastoral dá o que pensar. A inteligência da prática transformadora da fé*
    Agenor Brighenti

# APRESENTAÇÃO DA COLEÇÃO

A *formação teológica* é um clamor que brota das comunidades, movimentos e organizações da Igreja. Diante da complexa realidade local e mundial, neste tempo histórico marcado por agudos problemas, sinais de esperança e profundas contradições, *a busca de Deus* se intensifica e percorre caminhos diferenciados. Nos ambientes cristãos e em nossas Igrejas e comunidades, perguntas e questões de todo tipo se multiplicam, e os *desafios da evangelização* também aumentam em complexidade e urgência. Com isso, torna-se compreensível e pede nossa colaboração o *clamor por cursos e obras de teologia* com sólida e clara fundamentação na Tradição da Igreja, e que, ao mesmo tempo, acolham e traduzam em palavras a ação e o sopro de vida nova que o Espírito Santo derrama sobre o Brasil e toda a América Latina.

Os documentos das Conferências do Episcopado Latino-Americano (Celam) e, especialmente, as *Diretrizes Gerais da Ação Evangelizadora da Igreja no Brasil* (CNBB), assim como outros documentos de nosso episcopado, não cessam de evidenciar a necessidade de *formação teológica* não só para os presbíteros, mas também para os religiosos e religiosas, para os leigos e leigas dedicados aos distintos ministérios e serviços, assim como para todo o povo de Deus que quer aprofundar e levar adiante sua caminhada cristã no seguimento de Jesus Cristo. Nossos bispos não deixam de encorajar iniciativas e medidas que atendam a esta exigência primordial e vital para a vida da Igreja.

O documento 62 da CNBB, *Missão e ministérios dos cristãos leigos e leigas*, quando trata da "força e fraquezas dos cristãos", afirma: "... aumentou significativamente a busca de formação teológica, até de nível superior, por parte de leigos e leigas" (n. 34). E, mais adiante, quando analisa o "diálogo com as culturas e outras religiões", confirma: "tudo isso torna cada vez mais urgente *a boa formação de cristãos leigos aptos para o diálogo com a cultura moderna e para o testemunho da fé* numa sociedade que se apresenta sempre mais pluralista e, em muitos casos, indiferente ao Evangelho" (n. 143).

Atentas a este verdadeiro "sinal dos tempos", a Editorial Siquem Ediciones e a Paulinas Editora conjugaram esforços a fim de prestar um serviço específico à Igreja Católica, ao diálogo ecumênico e inter-religioso e a todo povo brasileiro, latino-americano e caribenho.

Pensamos e organizamos a coleção "Livros Básicos de Teologia" (LBT) buscando apresentar aos nossos leitores e cursistas todos os tratados de teologia da Igreja, ordenados por áreas, num total de dezessete volumes. Tratamos de responder ao grande desafio de proporcionar formação teológica básica, de forma progressiva e sistematizada, aos agentes de pastoral e a todas as pessoas que buscam conhecer e aprofundar a fé cristã. Ou seja, facilitar um saber teológico vivo e dinamizador, que "dê o que pensar", mas que também ilumine e "dê o que fazer". Um saber teológico que, fundamentando-se na Sagrada Escritura, junto com a Tradição, na Liturgia, no Magistério da Igreja e na Mística cristã, articule teologia, vida e prática pastoral.

Cabe também aqui apresentar e agradecer o cuidadoso e sugestivo trabalho didático dos nossos autores e autoras. Com o estilo que é próprio a cada um e sem esgotar o assunto, eles apresentam os temas *fundamentais de cada campo teológico*. Introduzem os leitores na linguagem e reflexão teológica, indicam chaves de leitura dos diferentes conteúdos, abrem pistas para sua compreensão teórica e a ligação com a vida, oferecem vocabulários e bibliografias básicas, visando à ampliação e ao aprofundamento do saber.

Reforçamos o trabalho de nossos autores convidando os leitores e leitoras desta coleção a ler e a mover-se com a mente e o coração pelos caminhos descortinados através dos textos. Trata-se de dedicar tempo à leitura, de pesquisar e conversar com o texto e seu autor, com o texto e seus companheiros de estudo. Aí, sim, o saber teológico começará a penetrar a própria interioridade, a incorporar-se na vida de cada dia, e, pela ação do Espírito Santo, gestará e alimentará formas renovadas de pertença à Igreja e de serviço ao Reino de Deus.

Esta coleção já cruzou fronteiras, colocando-se a serviço de um sem-número de pessoas e comunidades eclesiais da América Latina e do Caribe. A palavra do Papa João Paulo II, em sua Carta Apostólica *Novo millennio ineunte* [No começo do novo milênio], confirma e anima nossos objetivos pastorais:

*É necessário fazer com que o único programa do Evangelho continue a penetrar, como sempre aconteceu, na história de cada realidade eclesial. É nas Igrejas locais que se podem estabelecer as linhas programáticas concretas — objetivos e métodos de trabalho, formação e valorização dos agentes, busca dos meios necessários — que permitam levar o anúncio de Cristo às pessoas, plasmar as comunidades, permear em profundidade a sociedade e a cultura através do testemunho dos valores evangélicos [...]. Espera-nos, portanto, uma apaixonante tarefa de renascimento pastoral. Uma obra que nos toca a todos* (n. 29).

Com as bênçãos de Deus, e seguindo as orientações da Igreja, esta coleção certamente poderá ampliar e aprofundar novas perspectivas evangelizadoras em nosso continente.

ELZA HELENA ABREU
Coordenadora-geral da Coleção LBT

Dados Internacionais de Catalogação na Publicação (CIP)
(Câmara Brasileira do Livro, SP, Brasil)

Catão, Francisco
   Espiritualidade cristã / Francisco Catão. -- 1. ed. -- São Paulo : Paulinas ; Valência, ESP : Siquem, 2009. -- (Coleção livros básicos de teologia; 14)

   Bibliografia.
   ISBN 978-84-95385-85-7 (Siquem)
   ISBN 978-85-356-2538-7

   1. Deus - Conhecimento 2. Deus - Onipotência 3. Espiritualidade 4. Teologia 5. Vida cristã I. Título. II. Série.

09-10358                                              CDD-248.4

Índices para catálogo sistemático:
1. Espiritualidade : Cristianismo 248.4
2. Vida espiritual : Cristianismo 248.4

1ª edição – 2009
1ª reimpressão – 2014

© Siquem Ediciones e Paulinas
© Autor: Francisco Catão

Com licença eclesiástica (30 de outubro de 2009)

Coordenação-geral da coleção LBT: *Elza Helena Abreu*
Editora responsável: *Vera Ivanise Bombonatto*
Assistente de edição: *Cirano Dias Pelin*

*Nenhuma parte desta obra pode ser reproduzida ou transmitida por qualquer forma e/ou quaisquer meios (eletrônico ou mecânico, incluindo fotocópia e gravação) ou arquivada em qualquer sistema ou banco de dados sem permissão escrita da Editora. Direitos reservados.*

**Siquem Ediciones**
C/Pío X, 9 bj. 46920 Mislata (Valencia) — Espanha
Tel.: (00xx34) 963 50 31 49
e-mail: ediciones@siquem.es

**Paulinas**
Rua Dona Inácia Uchoa, 62
04110-020 — São Paulo — SP (Brasil)
Tel.: (11) 2125-3500
http://www.paulinas.org.br
editora@paulinas.com.br
Telemarketing e SAC: 0800-7010081
© Pia Sociedade Filhas de São Paulo — São Paulo, 2009

# INTRODUÇÃO

Entendemos por Teologia Espiritual a análise sistemática da espiritualidade cristã. Assim denominada, a Teologia Espiritual é uma das mais jovens dentre as disciplinas teológicas, mas também a mais antiga. Foi oficialmente introduzida no currículo oficial da Igreja Católica somente em 1931, por Pio XI (1922-1939), mas trata, na realidade, do que sempre constituiu a preocupação central dos primeiros autores cristãos durante todo o primeiro milênio: a vida voltada para a perfeita união com Deus, por Cristo e no Espírito.

## A TEOLOGIA ESPIRITUAL

A reflexão sobre a vida cristã é tão antiga quanto o próprio Cristianismo. Jesus é a fonte a que recorrem seus discípulos para estabelecer as expressões da fé e as exigências éticas e espirituais que devem ser acolhidas pelas comunidades cristãs, chamadas ao seguimento de Jesus.

A Teologia que se fazia nas comunidades cristãs foi inicialmente uma Teologia Espiritual, pois os escritos apostólicos e dos autores cristãos mais antigos, os Padres da Igreja, como os denominamos, visam iniciar os recém-convertidos no mistério cristão e assegurar, com base nas Escrituras, a fidelidade a Deus, tal como se revelou em Jesus e se comunica, no Espírito, a todos os humanos.

A Teologia passou por importantes modificações através da história. No alvorecer do segundo milênio, por exemplo, foi levada a dar prioridade às verdades da fé, ao procurar sistematizar o ensino cristão de acordo com as exigências da lógica filosófica, de padrão grego. Depois, o primado parece ter passado à Teologia Dogmática e à Moral, que sublinham a autoridade das verdades ensinadas pela Igreja e procuram definir as regras do comportamento cristão num mundo que tende cada dia mais a se secularizar.

A Teologia Espiritual voltaria a adquirir importância a partir do século XIX. O desenvolvimento das diversas correntes espirituais dentro da Igreja, as várias espiritualidades, como se passaram a denominar, começaram a ser abordadas numa perspectiva histórica, que reclamava uma sistematização. Foi para responder a essa necessidade de sistematizar o ensinamento espiritual da Igreja que começaram a surgir os chamados tratados de ascética e mística, depois denominados Teologia Espiritual.

Por outro lado, os movimentos de renovação litúrgica, patrística e bíblica, que se tornaram centrais em meados do século XX, nas perspectivas do Concílio Vaticano II, acentuavam a importância que se deve atribuir à vida humana, marcada pela vocação à comunhão com Deus. Essa perspectiva antropológica exigia que se considerasse o agir cristão não apenas à luz da retidão moral, muitas vezes resumida na obrigação de fidelidade à lei, mas principalmente como caminho para a perfeição cristã, de que se devia ocupar precisamente a Teologia Espiritual.

Finalmente, retratando a celebração do milênio, o Papa João Paulo II concluiu que a santidade deve ser colocada no centro de todas as demais preocupações dos cristãos. Era a assunção, pela Igreja, da importância primordial da questão da espiritualidade, que voltou a figurar entre as grandes preocupações da humanidade. Nesse contexto a Teologia Espiritual passa também a ocupar um lugar de destaque, tanto no seio da Igreja como no centro de seu diálogo com o mundo, pois outra coisa não é senão a análise sistemática da espiritualidade cristã.

Portanto, no limiar de nossas reflexões de Teologia Espiritual, partimos da consideração da espiritualidade, no seu sentido amplo, enquanto envolve a qualidade de que se deve revestir toda a atividade humana, por estar voltada para o progressivo aperfeiçoamento do ser humano, como criatura espiritual, vivendo na história e chamada à comunhão com Deus.

## UM LIVRO BÁSICO

A Coleção Livros Básicos de Teologia (LBT), em que se insere este volume, tem como objetivo proporcionar ao público cristão em geral os elementos indispensáveis ao desenvolvimento da reflexão numa determinada área.

Dado que a Teologia é um saber baseado na verdade objetiva da Palavra de Deus, acolhida na fé, suas diversas disciplinas teóricas e práticas, históricas e sistemáticas, dogmáticas e hermenêuticas requerem diversos tipos de análise de seus fundamentos, para que se possam construir sobre o rochedo inabalável da Palavra e evitem a preocupação apressada com os resultados ou o impacto que possam ter no público, o que levaria a se edificar sobre areia.

A Teologia Espiritual trata da vida no Espírito. Suas exigências são, ao mesmo tempo, teóricas e práticas. Teóricas porque requerem uma fidelidade total aos dados da Tradição, que, em última análise, são a vida e os ensinamentos de Jesus, tal como foram consignados nas Escrituras e alimentaram a comunidade cristã nesses dois mil anos. Práticas porque dizem respeito à vida concreta tanto da comunidade como de cada cristão individualmente, pois não se pode sequer entender os ensinamentos de Jesus senão na medida em que o seguimos de fato. A experiência cristã é fonte da espiritualidade cristã. Um livro básico de Teologia Espiritual não pode deixar de ser também uma iniciação prática à espiritualidade cristã.

## NOSSO PROJETO

À primeira vista não parece ser possível elaborar um livro básico que satisfaça ao mesmo tempo às exigências tanto da Teologia acadêmica como da vida espiritual. No entanto foi o que tentamos. Procuramos refletir teologicamente sobre a experiência cristã, por um lado iluminando-a com os princípios primeiros de toda Teologia, expressão indissociável da fé, com a qual, porém, não se confundem, dado que nada mais são do que sua expressão, num determinado contexto cultural e histórico. Mas procuramos também, concomitantemente, traçar as linhas estruturais básicas e concretas em que se funda a prática cristã, a partir da experiência vivida no nosso tempo, à luz do Espírito de Jesus.

Dividimos, então, a matéria em três grandes partes.

Na primeira tratamos dos fundamentos da vida cristã, que se resumem a dois: os fundamentos antropológicos, em que se assegura a fidelidade ao que o ser humano realmente é (capítulo I), e Jesus, que, como Verbo encarnado, é o padrão da vida no Espírito (capítulo II).

Na segunda parte, antes de tentar uma reflexão sistemática, trouxemos à consideração dos leitores visados pela Coleção LBT alguns dados históricos de primeira importância, pois não é possível falar da espiritualidade cristã, que é uma realidade histórica, sem considerá-la nas suas diversas manifestações temporais e culturais, que têm todas, a seu modo, a função de manifestar a riqueza, a profundidade, a extensão e a diversidade do Espírito de Deus. Percorrendo a história, cuja importância sublinhamos no capítulo I, teremos ocasião de assinalar algumas lições hauridas da Antiguidade cristã (capítulo II), da Cristandade (capítulo III) e dos tempos atuais (capítulo IV).

Finalmente, na terceira parte colheremos alguns frutos do percurso efetuado, tentando sistematizar, numa linguagem fiel à Tradição, compreensível e existencial, a realidade da espiritualidade cristã: sua estrutura, tanto em si mesma (capítulo I) como na condição em que é vivida pelos humanos (capítulo II), suas realizações (capítulo III) e as grandes facetas da caminhada em que estamos todos empenhados visando a realização do desígnio de Deus e de nós mesmos (capítulo IV).

Acreditamos satisfazer, assim, as exigências de uma iniciação teológica que valha ao mesmo tempo tanto para aqueles que quiserem se aprofundar na análise da vida espiritual como para aqueles que se sentem chamados a vivê-la na luz da Palavra e no ardor do Espírito.

# PARTE I
# OS FUNDAMENTOS DA ESPIRITUALIDADE CRISTÃ: A VIDA INTERIOR

# INTRODUÇÃO

Espiritualidade designa, de modo geral, o conjunto das perspectivas e das atividades humanas voltadas para tudo que o ser humano busca como verdade, bem, beleza, justiça: realidades ou valores que estão no horizonte da vida humana, sustentam-na e se manifestam no dia a dia. Na Tradição judaico-cristã, essas realidades ou valores vêm de Deus e nos orientam para Deus, que é Espírito. Essas formas de agir são denominadas espirituais, em contraste com os modos materiais de agir, comandados exclusiva ou principalmente pela busca do poder, da riqueza ou do prazer, mais ou menos à revelia da consideração de Deus, cujo desejo está inscrito no coração de todo ser humano, e que nos une a todos como irmãos em comunhão, como filhos de um mesmo Pai.

A espiritualidade corresponde às exigências da verdade profunda do que é o ser humano: seu fundamento primeiro, portanto, é antropológico. Todo ser humano é chamado a uma vida espiritual. Sob esse aspecto, nosso estudo deve começar por levar em conta a espiritualidade no sentido amplo, iluminando-a com as exigências da espiritualidade de Jesus, homem reconhecido como Verbo encarnado, que está na raiz da nossa história pessoal e das comunidades cristãs, as quais, nas mais diversas tradições culturais, se caracterizam pela busca da fidelidade à Verdade, à Justiça e ao amor, no seguimento de Jesus, em quem reconhecemos a Verdade de Deus que vem a nós.

Capítulo primeiro

# AS RAÍZES ANTROPOLÓGICAS DA ESPIRITUALIDADE

O estudo dos fundamentos antropológicos da espiritualidade é hoje desenvolvido, em geral, pelas ciências psicológicas e sociais da religião, que procuram descrever e explicar as diversas facetas do fenômeno religioso nas mais variadas tradições histórico-culturais da humanidade, a partir do que se pode saber do que é o ser humano, de sua psicologia e de seu comportamento social, comunitário, político e econômico. A espiritualidade, vinculada à forma do ser humano viver na história, insere-se no que hoje denominamos cultura, cujo estudo é sumamente esclarecedor das mais diversas formas de viver em face das realidades e dos valores que animam a vida verdadeiramente humana.

Em se tratando de Teologia, embora a generalidade e a diversidade do fenômeno religioso sejam um elemento importante na compreensão do Cristianismo, não é tanto o aspecto genérico que prevalece, mas o específico, visto que entendemos por Teologia a reflexão sobre a realidade de Deus e do ser humano, em continuidade com a Tradição judaico-cristã.

Assim, a questão teológica da espiritualidade deve basear-se na concepção antropológica latente na forma como se vê o ser humano nessa Tradição. Em outros termos: nas raízes antropológicas da Teologia é que se vai definir como cristã. Além disso, nossas considerações, longe de abranger toda a amplidão da antropologia, se limitarão a sublinhar mais diretamente os aspectos determinantes da compreensão que temos da espiritualidade.

## 1. O SER HUMANO, DUPLAMENTE CAPAZ DE DEUS

Na base da Tradição judaico-cristã está o reconhecimento de que o ser humano é criado por Deus. A Teologia cristã destacou a originalidade dessa afirmação fundamental ao perceber com clareza que somente a fé nos faz confessar, sem hesitação, que Deus é o criador de todas as coisas, visíveis e invisíveis. A partir da consideração racional das criaturas, somos capazes de reconhecer a existência da Realidade primeira a que denominamos Deus.

Tomás de Aquino († 1274), numa passagem clássica, logo no início da *Suma teológica* (Ia, q. 2, a. 3), indica as cinco vias pelas quais se chega a esse resultado. Não nos é possível, porém, estabelecer, com base na simples razão, que essa Realidade é Pessoal, criadora de todas as coisas, no sentido próprio, pois o conceito de criação implica não apenas a dependência no ser, mas a confissão de que as criaturas são fruto da livre deliberação divina, de sua Sabedoria e de seu Amor. As criaturas existem a partir de um ato divino, espiritual, portanto inteligente e livre, pessoal, que dá origem não apenas ao que elas são em sua essência – todas elas vestígios ou até mesmo imagem de Deus –, mas ao fato mesmo de serem, de passarem a existir a partir de um primeiro momento, na origem mesma do tempo.

Mas qual seria a razão final pela qual Deus livremente criou o ser humano à sua "imagem e semelhança", como diz o texto sagrado? A doutrina comum responde que Deus criou o ser humano para entrar em comunhão com ele.

Essa comunhão com Deus, que na linguagem da fé denominamos vida eterna ou bem-aventurança, ultrapassa, porém, as possibilidades reais da criatura, embora nos seja prometida a todos, como afirma a doutrina da universalidade da salvação, já latente no judaísmo universalista desde antes de Jesus, central no Novo Testamento e fortemente sublinhada pelo Concílio Vaticano II. A comunhão pessoal e comunitária com Deus é a vocação definitiva a que todos os humanos somos chamados, por puro dom de Deus. Não basta, portanto, do ponto vista teológico, reconhecer que o ser humano é criatura de Deus. Ele o é, sem dúvida, mas, além disso, é chamado a entrar em comunhão com Deus, a participar da sua vida.

A Escritura nos diz que o ser humano é criado à imagem e semelhança de Deus. Durante muito tempo, a Tradição cristã interpretou os dois termos, imagem e semelhança, como designando os dois momentos cruciais na raiz do existir humano: sua criação e sua vocação à comunhão com Deus. Ambas as perspectivas significavam que o ser humano é capaz de Deus. Capaz a dois títulos distintos, mas, de fato, concretamente inseparáveis, porque, ao mesmo tempo que confessamos a criação, confessamos também que o ser humano, dotado de inteligência e vontade, está aberto à comunhão com Deus, pois historicamente foi desde o início chamado a participar da vida divina. Todo chamado de Deus se traduz na história humana em realidade vivenciada pela criatura.

É verdade que a realidade concreta parece desmentir essa dupla capacitação do ser humano, sua abertura para o infinito e vocação à comunhão com Deus. A indiferença em relação a Deus, no meio em que vivemos, em que a vida concreta das pessoas e da sociedade está voltada para bens e valores terrenos e temporais, pode levar-nos a duvidar do acerto da afirmação de que o ser humano está capacitado a entrar em comunhão com Deus, sendo esta sua vocação primeira.

Por isso, a própria Bíblia, completando sua maneira de ver as origens do mundo real em que vivemos, assinala que, além da criação e da vocação à comunhão com Deus, a condição histórica em que se encontra o ser humano não está em continuidade com sua capacidade de Deus nem decorre exclusivamente dela. Não se pode esquecer um fator importante, explicativo de todo mal que há no mundo: a resistência do ser humano em aceitar essa vocação e querer dar sequência, a partir de si mesmo, ao desejo de felicidade sem limites, que lhe habita o coração.

A resistência humana ao chamado de Deus, porém, nunca é definitiva. Nada na história é definitivo, a não ser a disposição final com que deixamos a história, com que morremos. Perdemos as benesses de alguém que foi posto na existência, chamado à comunhão com Deus, mas em quem restou o desejo dessa comunhão, como que a saudade de um bem que lhe escapou. Antropologicamente falando, toda espiritualidade cristã se há de construir sobre esse desejo, inscrito no mais íntimo de todo ser humano. Esse dado, como bem o lembra o *Catecismo da Igreja Católica* (*CIC*), está na base de toda a vida humana e, por conseguinte, de toda a vida e espiritualidade cristãs, pois, como o próprio *Catecismo* acrescenta, a doutrina vale também para todas as muitas outras espiritualidades que se manifestam na história, todas elas, de algum modo, na medida em que forem espiritualidades autênticas, caminhos para chegar até a comunhão com Deus (*CIC*, nn. 27-28).

## 2. O DESEJO DE DEUS E A ESPERANÇA: O DINAMISMO DA VIDA

O desejo de Deus é a expressão concreta da capacidade que o ser humano tem de conhecer e amar a Deus, mesmo naqueles que não o reconheçam explicitamente. Como tal, esse desejo está na raiz de toda a espiritualidade humana.

Todos nós o experimentamos, sob as mais diversas formas, enquanto somos, de fato, seres humanos. Não se trata apenas de uma afirmação abstrata nem de uma verdade manifestada unicamente pela Palavra de Deus, quando recebida na fé. Ele é, antes de tudo, uma experiência que alimenta existencialmente a vida humana e toda espiritualidade. Em particular na Tradição judaico-cristã. Por ele se deve reconhecer que o Cristianismo se funda num dado da realidade, numa experiência de vida, antes mesmo de se conceber como uma confissão de fé.

Veremos melhor qual o conteúdo da experiência que está na base de toda a espiritualidade. É importante, porém, desde agora ter presente o seu modo de ser, ou seja, a forma concreta que adquire para nós, como desejo — não simples conhecimento ou exigência ética – que brota do mais íntimo de nós mesmos e nos orienta para a plena realização de todas as nossas potencialidades, na perfeita comunhão com Deus.

Nascendo de nossa própria experiência de vida e manifestado pela Palavra de Deus, que nos dá a conhecer o convite à participação da sua vida, o desejo que experimentamos no fundo do coração e que, portanto, sustenta toda a nossa vida, veio a se denominar esperança e a se tornar responsável por todo o dinamismo da vida cristã.

Podemos dizer que a fé e a esperança são os pilares da comunhão com Deus e, portanto, da espiritualidade cristã. Conferem-lhe sentido e dinamismo, pois a vida no Espírito é comunhão antecipada com Deus, aberta a toda a humanidade, presidida por Jesus e por seu Espírito, comunhão de amizade, que recebe o nome cristão de caridade.

## 3. A SAGRADA ESCRITURA E O RECONHECIMENTO DE DEUS

Fundada na fé e na esperança, a caridade é o princípio imanente da comunhão com Deus desde agora, como primícias da vida eterna. A caridade é a amizade que se estabelece entre Deus e todos nós e entre nós mesmos, uns com os outros. Consiste na relação viva e pessoal com Deus a que todos somos chamados. A Sagrada Escritura é o registro histórico-cultural dessa vida de relação de Deus com o povo, no seio do qual o próprio Verbo de Deus assumiu carne, habitou entre nós e nos comunicou o seu Espírito.

A Teologia, de um modo geral, em busca da verdade de Deus, tende a considerar a Escritura como a depositária dessa verdade. A ética cristã recorre, igualmente, à Bíblia para depreender os princípios que regem o agir cristão. Mas a Teologia Espiritual, embora considerando sempre a verdade de Deus contida na Tradição bíblica, sem desprezar nenhuma das exigências éticas do seguimento de Jesus, tem uma forma própria de ler a Bíblia, pois focaliza a experiência das pessoas e das comunidades envolvidas na história da salvação. A Sagrada Escritura, como testemunha o Novo Testamento, de forma toda especial os escritos joaninos, lê a história da salvação à luz de seu valor supremo, a amizade com Deus e em Deus, a caridade.

Essa experiência, de Adão a João Batista, passando pelos patriarcas, reis e profetas, foi compreendida pelos autores cristãos como antecipadora da experiência de Jesus, que tem a plenitude do Espírito. A experiência humana feita por Jesus, fonte imediata da espiritualidade cristã, radica-se no que o ser humano é no seio da Tradição judaica, mas tem em Jesus a matriz que lhe confere seu caráter específico. É a caridade de Cristo, derramada em nossos corações pelo Espírito, que constitui a raiz da espiritualidade cristã.

Como decorrência desse contexto, em que o ser humano realiza sua vocação reconhecendo o Criador e entende a vida como resposta à Palavra de Deus, compartilhando pela caridade do Espírito de Deus, a espiritualidade bíblico-cristã é de natureza religiosa, como hoje dizemos, isto é, gira em torno da relação com Deus e tem sua realização suprema na comunhão de amor com Deus. A espiritualidade é o caminhar com Deus, já mencionado no Livro do Gênesis, antes mesmo da história dos patriarcas, dos reis, sacerdotes e profetas, realizado plenamente em Jesus e anunciado como consumação de todas as coisas, a vida eterna.

## 4. A FILOSOFIA ANTIGA E A ESPIRITUALIDADE

A espiritualidade é inerente à cultura, de que é um dos principais traços e está sempre inserida num determinado contexto; um fato capital para a compreensão dessa evolução é precisamente o encontro da cultura bíblica com o universo cultural helênico. A cultura bíblica nasceu religiosa, como fé exclusiva em Deus, enquanto a grega se consolidou filosoficamente, tomando distância das fábulas e dos deuses, graças a um esforço de elaboração racional da sabedoria, centrada no ser humano e nas suas mais profundas interrogações. O principal legado da cultura helênica está sintetizado no preceito socrático do "conhece-te a ti mesmo".

Na Tradição bíblica o povo era chamado a conservar sua identidade pela fidelidade ao Deus de Abraão, de Isaac, de Jacó e de Moisés, separando-se dos outros povos, que cultuavam outras divindades. Esse comportamento, porém, não era definitivo, pois não correspondia à realidade profunda de Deus nem mesmo à sua perspectiva como Criador do céu, da terra e de todos os povos. O universalismo de Deus, de sua ação e salvação, esta implícito no seu reconhecimento como criador. Uma vez assegurada a identidade do povo, era compreensível que este se voltasse para a cultura geral da época e lhe fosse ao encontro para realizar seu potencial de universalidade.

O encontro da Tradição religiosa de Israel, genuinamente universal, pela confissão de Deus criador e senhor da história, com a cultura helênica, também universal, porque fundada na experiência humana estruturada racionalmente, a partir do conhecimento de si mesmo, constituiu um acontecimento decisivo no surgimento de uma espiritualidade centrada na sabedoria, de que a espiritualidade cristã se considerará herdeira legítima.

A cidade de Alexandria, no delta do Nilo, há mais de cem anos antes da vida histórica de Jesus, foi palco desse encontro da Tradição judaica com a filosofia grega, encontro determinante da forma de entender a vocação humana à comunhão com Deus, subjacente à experiência que os apóstolos fizeram de Jesus.

Paulo deu um passo definitivo em direção à comunhão com Jesus, em continuidade com as narrativas e as palavras de Jesus que circulavam na comunidade. Seu encontro pessoal com Jesus no caminho de Damasco o levou a intuir a comunhão existente entre Jesus e os judeus que ele considerava hereges e que perseguia em nome da lei. Não era mais a lei que contava, mas a relação pessoal existente entre Jesus e os seus que fundava uma nova espiritualidade. A lei nada mais era que simples pedagoga. O que conta em definitivo é a relação pessoal com Jesus, a partir do mais íntimo de nós mesmos, a espiritualidade cristã.

A grande contribuição da cultura helênica para a estruturação da espiritualidade cristã poderia se formular precisamente como uma centralização do ser humano em si mesmo, chamado a se realizar como tal. O ponto de inflexão está expresso no oráculo de Delfos: Conhece-te a ti mesmo! Sócrates é considerado por Platão o artífice dessa nova postura, que desprega os olhos do cosmo ou dos deuses para se concentrar no próprio ser humano, apontando o autoconhecimento como fonte da libertação pela verdade, embutida nos mitos. A partir de si mesmo, o ser humano é capaz de se exprimir num discurso lógico, em busca da plena realização de sua vida e de seu ser, em continuidade com a busca da felicidade, posta em evidência por Aristóteles.

Atualmente, muitos autores procuram reformular a espiritualidade cristã prescindindo do papel decisivo da cultura helênica na sua formulação. Deve-se perguntar, porém, se a base antropológica da espiritualidade cristã não encontrou, de fato, no humanismo grego a cultura que melhor corresponde à forma de entender o humano em sintonia com a revelação bíblica. Também na Bíblia, a partir de profetas como Jeremias, se veio a acentuar a interioridade, posta fortemente em relevo por Jesus quando observa que tudo, no ser humano como tal, nasce do coração, pois o que vem de fora é expelido e não nos torna nem melhores nem piores. Ou, ainda, quando, no sermão inaugural de Mateus, recomenda que as práticas religiosas do jejum, da esmola e da oração devem ser interiormente vividas, no segredo do Pai. A história da espiritualidade cristã é marcada, desde sua origem, pela relevância da vida interior, sustentada ao mesmo tempo pelas tradições judaica e helênica.

Os documentos que temos da espiritualidade cristã, desde os escritos neotestamentários e por todo o decurso da história, são ininteligíveis se fizermos abstração do aporte helênico na maneira de entender o ser humano chamado a viver e agir como ser humano a partir do mais íntimo de si mesmo. O peso da interioridade na Tradição cristã para toda a Teologia Espiritual não pode ser negligenciado. Não somos cristãos por dedução lógica, por obedecer a determinadas exigências morais, muito menos por uma opção baseada no sentimento ou na emoção, mas por acolhermos de coração, em nosso íntimo, o fato Jesus que se prolonga até o nosso espírito através do Espírito, o qual nos faz chamar verdadeiramente a Deus de Pai, que nos faz filhos de Deus.

## 5. A ESPIRITUALIDADE CRISTÃ

Desenvolvendo, portanto, um caminho antropológico, a partir da realidade da vida, e levando em conta as fontes bíblicas, que se resumem na centralidade de Jesus, agregamos quatro elementos que se podem considerar os eixos determinantes da espiritualidade cristã:

- Primeiro, nossa condição de criaturas, tendo inscrito no íntimo de nós mesmos o desejo de Deus.
- Depois, a forma de viver resultante de nossa vocação à comunhão com Deus, acolhendo os caminhos de Deus, a partir da

experiência do povo reunido em torno da vinda ao mundo do Verbo encarnado.
- Em terceiro lugar, a experiência de nossa condição existencial, chamados a nos realizarmos a partir do coração, guiados pela inteligência e sustentados pela vontade.
- Finalmente, o efetivo trilhar dos caminhos que nos conduzem à progressiva e plena participação na vida de comunhão com Deus.

Acreditamos que esses quatro eixos estão presentes na vida de todas as pessoas, pois todos somos criaturas de Deus e, portanto, temos inscrito no coração o desejo de Deus, desejo que seria frustrado se não pudesse se realizar historicamente e que só se concretiza por meio de um acolhimento misterioso da ação salvadora de Jesus, por caminhos só por Deus conhecidos, como diz o enunciado clássico da doutrina cristã. A vida da humanidade é, pois, uma caminhada para a felicidade, plena realização de si mesma e objetivo final da criação e da comunicação da vida divina. A espiritualidade, longe de ser luxo ou via de exceção, é a vocação concreta de todas as pessoas para participar da vida divina.

Esses dados de base valem para todos os seres humanos, de todos os tempos e de todas as culturas. São as vigas que sustentam toda espiritualidade. Embora sejamos levados a nos referir a eles numa linguagem cristã, por fidelidade à nossa própria Tradição, devemos ter sempre presente sua universalidade.

Será importante fazer um estudo comparativo da Tradição espiritual cristã com as outras muitas tradições espirituais que hoje circulam no mundo pluralista e globalizado, mas é também indispensável estabelecer, com a devida precisão, que Jesus é o padrão de toda espiritualidade humana. Quando, pois, falamos de espiritualidade cristã, não nos referimos apenas ao Cristianismo histórico, mas ao caminho que leva todos os humanos à plena realização de si mesmos.

### Resumindo

*Os seres humanos, criados à imagem e semelhança de Deus, são sustentados em sua vida pessoal pelo desejo de Deus. A Tradição bíblica testemunha esse princípio básico, que exprime não apenas nossa condição de criaturas, mas também nossa vocação à comunhão com Deus.*

*As reflexões filosóficas desenvolvidas no mundo grego contribuíram para exprimir essa mesma realidade, a partir do próprio ser humano.*

*A convergência dessas duas tradições culturais e religiosas se manifestou plenamente em Jesus, que foi reconhecido como a Palavra de Deus encarnada, cuja vida espiritual, que gira em torno de sua intimidade com o Pai, se apresenta como o padrão da vida espiritual humana, chamada a também ser entretida no fundo do coração, como vivência da amizade com Deus extensiva a todos os humanos e sem excluir o amor e a comunhão com todo o universo criado.*

> **Perguntas para reflexão e partilha**
>
> 1) Do ponto de vista bíblico, quais os principais dados que nos levam a estabelecer os fundamentos antropológicos da espiritualidade cristã?
>
> 2) Qual a relação que existe entre o autoconhecimento e a espiritualidade? Como você a percebe?
>
> 3) Conhecidos os fundamentos antropológicos da espiritualidade cristã, qual a sua importância para a orientação da ação da Igreja, em particular na área de catequese e de iniciação cristã?

**Bibliografia básica**

CASTELLANO, J. *Liturgia e vida espiritual.* São Paulo: Paulinas, 2008. Especialmente o capítulo "Antropologia e simbolismo. Uma espiritualidade encarnada", p. 315-339.

DELFINO, C. A. *Necessidade humana de Deus hoje.* São Paulo: Paulinas, 2008.

ESPEJA PARDO, J. *Espiritualidade cristã.* Petrópolis: Vozes, 1992.

GALILEA, S. *O caminho da espiritualidade cristã;* visão atual da renovação cristã. São Paulo: Paulus, 1983.

HADOT, P. *O que é a filosofia antiga.* São Paulo: Loyola, 1999.

MONDONI, D. *Teologia da espiritualidade cristã.* São Paulo: Loyola, 2002.

Capítulo segundo

# A PESSOA DE JESUS

Podemos dizer da espiritualidade o que o *Catecismo da Igreja Católica* (n. 28) diz das manifestações religiosas: "Apesar das ambiguidades que podem comportar, estas formas de expressão são tão universais que o homem pode ser chamado de um ser religioso".

Pelas mesmas razões se pode afirmar que a espiritualidade é inerente ao ser humano. Não que seja a fonte da espiritualidade ou sua expressão suprema. As muitas ambiguidades a que se refere o *Catecismo da Igreja Católica* provêm precisamente da consciência que se manifesta em todas as culturas de que a espiritualidade se situa na esfera bruxuleante da busca do Espírito, que nos ultrapassa a vida terrena e histórica e a envolve numa perspectiva acessível somente ao nosso espírito, a vida no Espírito, vida espiritual.

Na Tradição cristã o Espírito têm sua expressão máxima, seu parâmetro e sua fonte em Jesus, daí o lugar central que Jesus, sua vida e ensinamentos, ocupam na espiritualidade cristã.

## 1. JESUS, CENTRO DA ESPIRITUALIDADE CRISTÃ

É o dado fundamental do Novo Testamento. Nossa relação com Deus, que nos chama à vida no Espírito, não tem sentido senão em Jesus e por Jesus. Como homem, por ser o Verbo – este homem é o Filho de Deus –, Jesus está no princípio de todos os dons de Deus, é cabeça de toda a comunidade dos que são chamados a participar da vida de Deus. Por seu agir humano nos dá acesso ao Pai, comunicando-nos o Espírito, que anima toda a nossa vida, desde agora e para sempre. Todos os aspectos da vida cristã são vividos a partir da fé, da esperança e na comunhão do amor que une Jesus ao Pai. Em termos cristãos, não há como falar de espiritualidade senão a partir do Espírito de Jesus.

Essa centralidade de Jesus se projeta em todas as formas da espiritualidade cristã, desde as origens, como o atesta o Novo Testamento e toda a Tradição cristã através dos tempos. Na Antiguidade Jesus foi sempre considerado como o Ungido de Deus, Cristo, que na cruz, ato supremo de amor, atrai todas as coisas a si e, triunfante da morte, é Senhor todo-poderoso, o *Pantocrator*, cuja misericórdia preside e regula a vida do universo inteiro, muito além da comunidade cristã e de cada um de nós.

Na Idade Média nasce uma nova forma de se aproximar de Jesus, prolongando a Tradição oriental da oração no nome de Jesus ou aprofundando a experiência de união espiritual com Cristo. Os herdeiros do monaquismo oriental colocaram Jesus no centro de sua oração, vindo a ser conhecidos como os que viviam da "oração de Jesus". São Bernardo, no século XII, e mais tarde São Francisco difundiram em toda a Cristandade uma nova forma, pessoal e cordial, de se unir a Jesus como homem, invocando o seu nome, celebrando-lhe o nascimento no presépio e fazendo de sua pobreza o parâmetro da espiritualidade cristã.

A Teologia explora os fundamentos dessa centralidade multifacetada de Jesus. Os discípulos reconheceram Jesus como a Palavra de Deus, na intimidade de Deus desde toda a eternidade. No primeiro concílio ecumênico, em Niceia (325), foi proclamado Verbo consubstancial ao Pai. O adjetivo consubstancial, adotado em Niceia, traduzia precisamente, em termos da cultura grega, a percepção do mistério, a fé, que o conhecia como homem. Verbo consubstancial ao Pai, Jesus é realmente o princípio de toda santidade, que os antigos entendiam como a verdadeira divinização do ser humano. Permanecendo humanos, somos chamados a participar da vida divina pelo conhecimento de Jesus, o Verbo, conhecimento indissociável do Amor, que é Deus, seu Espírito. A divinização, de que falavam os autores cristãos da Antiguidade, pode ser considerada a primeira e fundamental expressão da espiritualidade cristã centrada em Jesus.

Além disso, porém, tornava-se manifesto, pela leitura que então se fazia do Novo Testamento, que Jesus, sendo o Verbo encarnado, era a expressão mesma de Deus. Seu agir, portanto, agir humano, realizava historicamente a obra do Pai, constituindo-se como mediador único, transcendendo todos os tempos e todas as raças, todas a idades e todas as culturas, desempenhando, portanto, um papel central na vida de toda a humanidade, como novo Adão, na expressão de São Paulo, que acolhia o ensinamento bíblico de que Adão está na origem carnal de toda a humanidade.

Assim sendo, a centralidade de Jesus como Verbo encarnado, Palavra vivendo na história e portadora do Espírito do Pai, se traduz em gestos e palavras que marcam a história e nossa vida. Deve-se por isso reconhecer que a espiritualidade centrada em Jesus é genuinamente trinitária, incluindo radicalmente uma participação no relacionamento pessoal de Jesus com o Pai e com o Espírito Santo.

A Trindade, que muitos hoje consideram como uma verdade inacessível à compreensão humana, é de fato, sem que o possamos compreender, como nos manifesta o contexto neotestamentário, inefável, mas real, do agir de Jesus e, portanto, também do nosso, na medida em que agimos no Espírito de Jesus. O crer pessoal em Deus, bem como o "cremos" da comunidade cristã, na expressão do *Catecismo da Igreja Católica* (n. 26), vivenciam uma relação real e vivida do nosso íntimo com o íntimo de Deus, com a Trindade, de tal sorte que a espiritualidade cristã é o próprio desenrolar da vida de Deus em nós, o relacionamento com o Pai, por Jesus, no Espírito, relacionamento íntimo, espiritual e invisível, mas real e cujos efeitos podem ser vivenciados no coração, isto é, no que há de mais íntimo em nós, na unidade da intimidade mesma de Deus.

Dizemos por isso que a espiritualidade cristã é a acolhida pessoal de Jesus em nossa vida, pautada por três momentos principais:

- a *conversão*, ou acolhida de Jesus no espírito, no coração, que dá uma orientação a toda a nossa vida, como um mergulhar no Espírito, condição de autenticidade ao se receber pessoalmente o Batismo sacramental, de água;
- a *caminhada* em seu seguimento, como discípulos, convocados a participar de sua missão, de estender a todos a sua vida ou, como diz a Escritura, o seu Reino;
- a *comunhão* definitiva com Jesus no Espírito, principiando desde agora com a participação para sempre da vida de Deus, vida eterna, que é a plena realização de nós mesmos, nossa bem-aventurança.

Sendo essa a realidade mesma da espiritualidade cristã, a Teologia Espiritual é a reflexão sobre essa vivência – conversão, caminhada e comunhão —, não só pessoal, mas de toda a comunidade cristã, de toda a Igreja.

Convém, portanto, na base de todas as nossas reflexões sobre a espiritualidade cristã, partir do encontro pessoal com Jesus, do acolhimento de seu Espírito em nossa vida, das exigências de seu seguimento e da vida no seu Reino.

## 2. O ENCONTRO PESSOAL COM JESUS

Nos dias de hoje, a primeira dificuldade que a Teologia encontra ao refletir sobre a realidade da espiritualidade cristã vem do fato de que a interpretamos como sendo uma espécie particular de um gênero mais amplo, que seria a espiritualidade humana. Esse posicionamento antropocêntrico não condiz com as fontes mesmas da espiritualidade cristã. No clima pluralista em que vivemos, considerando os aspectos culturais e históricos do Cristianismo, somos como que naturalmente levados a pensar a espiritualidade em continuidade com a cultura e, portanto, a analisá-la a partir de suas manifestações históricas, que a distinguem tanto das espiritualidades orientais, por exemplo, como até mesmo das espiritualidades de tipo profético, judaico, helênico ou islâmico. Temos, ainda, as espiritualidades orientadas para as mais diversas experiências religiosas, em continuidade com os inegáveis valores humanos da liberdade, do amor à vida, do reconhecimento da mãe-terra e da dimensão transcendental da vida humana, muito ao gosto contemporâneo.

Esse procedimento, justificável do ponto de vista indutivo, é insuficiente do ponto de vista teológico. Sob essa luz a espiritualidade cristã é, historicamente, uma dentre muitas, situada no tempo e no espaço, dado que todos os humanos são chamados a viver à luz de valores espirituais, que vinculam as pessoas umas às outras pelos laços da Tradição e da cultura, decorrentes de sua própria humanidade.

Esse dado justifica o lugar central que o diálogo inter-religioso passou a ocupar no Cristianismo. Mas não particulariza nem muito menos exclui, pelo contrário, o reconhecimento de que o desejo de Deus, que é por natureza aberto ao acolhimento de Deus como ele, de fato, se manifestou na história. A centralidade teológica de Jesus, tal como a acolhemos na fé, não exclui que esteja presente e espiritualmente atuante em todas as mais diversas expressões religiosas da humanidade.

O que entendemos, pois, como espiritualidade cristã, mais do que uma via particular de realizar as mais profundas aspirações da pessoa e da comunidade humana, é a manifestação de que em Jesus somos todos chamados a sair de nós mesmos e a ir ao encontro da Palavra de Deus que vem a nós, como dom do Pai, para nos comunicar seu Espírito.

Todos os caminhos trilhados na história, nas mais variadas épocas e culturas, podem ser considerados caminhos da espiritualidade cristã, não tanto por causa de suas características observáveis e analisáveis historicamente. A universalidade da mediação de Jesus é um dado de fé que está na base da elaboração do discurso teológico sobre a vida espiritual baseada no desejo de Deus e coroada pela perfeita comunhão na vida eterna.

Assim sendo, definida como acolhimento de Deus em Jesus, a espiritualidade cristã é uma espiritualidade do encontro pessoal. Sua análise teológica tem, portanto, como referência analógica, o que há de comum entre os muitos e variados encontros humanos, que nada mais são do que formas determinadas da relação fundamental entre o *eu* e o *tu*. Sob esse aspecto, a Teologia Espiritual é uma Teologia da reciprocidade interpessoal, fundada na comunhão espiritual das pessoas, que tem por característica própria e fundamental o encontro com Jesus, lugar concreto e imprescindível da participação da vida de Deus, que é inter-relacionamento pessoal do Pai, com o Filho, no Espírito Santo.

O encontro com Jesus é o encontro com Deus e vice-versa, qualquer que seja a cultura ou a religião em que se realize. Não imediatamente porque Jesus seja Deus, como se veio a dizer numa simplificação teológica pouco esclarecida, de tendência monofisista, ou seja, de desconhecimento da consistência histórica do homem Jesus. O encontro com Jesus é encontro com Deus porque é, efetivamente, encontro humano com o homem Jesus, que é a Palavra encarnada, através da qual Deus, o Pai, se comunica conosco, no Espírito, e pela qual passa toda comunicação com Deus.

A reflexão cristã, através dos séculos, desenvolveu e aprofundou as muitas facetas desse encontro com Jesus que está no centro da espiritualidade cristã. Não compete, porém, à Teologia Espiritual analisar todos os aspectos do encontro com Jesus; fixa-se, por sua vocação própria, na significação que tem esse encontro para a vida de cada pessoa e da humanidade em geral, a começar pelos que colocam esse encontro no centro de sua vida.

Todo encontro verdadeiramente humano se faz entre pessoas na liberdade de quem se aproxima do outro guiado pelos valores superiores da verdade e do amor. Não nos é possível, portanto, saber em profundidade e dizer quem é Jesus senão a partir da experiência de um encontro pessoal. Quando os discípulos foram questionados a esse respeito, Pedro, movido pelo Espírito, confessou que Jesus é o Filho do Deus vivo, ou seja, inacessível a toda a compreensão humana e inefável, a ponto de não sabermos, de fato, quem ele é.

Vale aqui o princípio, considerado primordial para Tomás de Aquino, de que nada sabemos de Deus. Só podemos afirmar de Deus o que ele não é. Sendo simples (não composto) e transcendente (de outra ordem), ultrapassa todo predicado que lhe atribuímos, a partir de nosso conhecimento das criaturas. Tudo que sabemos é que Jesus não é uma pessoa puramente humana, embora comungue em tudo que constitui a nossa humanidade, exceto no pecado, que, precisamente, é o único comportamento que nos separa de Deus. Jesus, verdadeiro homem, transcende os limites de todas as criaturas e dele, sob esse ângulo, como de Deus, só podemos falar negativamente.

Independentemente de todos os títulos ou apelativos de Jesus, portanto, que o descrevem sempre a partir de analogias com as criaturas, qual Palavra de Deus, Filho, profeta, sacerdote ou rei, o mais importante é que Jesus vem pessoalmente a nós, conhecendo-nos e amando-nos primeiro, antes mesmo que o possamos, em retorno, conhecer e amar. Chama-nos à sua intimidade, a ponto de dar a vida por nós, e nos comunica o seu Espírito para que vivamos a vida de Deus.

## 3. A VIDA NO ESPÍRITO DE JESUS

Do ponto de vista da Teologia Espiritual, o encontro com Jesus é a comunhão no Espírito de Jesus, segundo a expressão de At 16,7.

Historicamente, Jesus foi um artesão, descendente de David, que passou sua infância na Galileia, numa pequena vila, Nazaré, às margens do lago de Genesaré. Homem feito, integrou-se aos seguidores de João Batista, atraindo alguns conterrâneos, com os quais iniciou um movimento missionário na sua terra. Tendo encontrado muitas resistências, retirou-se com os discípulos, por algum tempo, em regiões onde os judeus não eram a população dominante. Tudo indica que subia a Jerusalém nas datas festivas. Depois de dois ou três anos voltou a Jerusalém, onde sabia que estava ameaçado de morte. Recebido pelo povo, foi combatido e perseguido pelos chefes religiosos e políticos, que conseguiram sua condenação à morte pelo representante do Império Romano.

Tudo estava terminado, pensou a maioria dos seus seguidores. No entanto, "Jesus está vivo!". Essa a grande novidade que os discípulos descobriram em várias ocasiões e sob várias formas. Concretizava-se em Jesus a mais extraordinária expectativa que havia alimentado a esperança do povo sob a opressão dos últimos séculos. A essa experiência única e surpreendente aplicaram a designação de ressurreição, usando vocabulário nascido na época persa do Antigo Testamento. "Jesus ressuscitou" tornou-se a confissão fundamental do Cristianismo.

A ressurreição de Jesus é um fato único e irreproduzível. Não é uma volta à vida, que se encerrou com a morte, mas um modo novo de permanecer vivo, diretamente sustentado pelo Espírito de Deus, com a totalidade do seu ser. É um acontecimento transcendente, como diz o *Catecismo da Igreja Católica* (n. 647), que só se manifesta através de sinais, que precisam ser devidamente interpretados, cuja significação não pode ser constatada, mas somente vislumbrada, por aqueles que têm o coração aberto ao sentido das obras de Deus.

A morte de Jesus estava prefigurada nos profetas, como o peregrino encontrado pelos discípulos no caminho de Emaús o explicou. Os sinais imediatos, porém, que levaram os discípulos a acolher a ressurreição de Jesus foram, negativamente, o sepulcro vazio e, positivamente, as aparições a que se referem os relatos do Novo Testamento. Confirmava-os nessa interpretação uma série de palavras de Jesus, cujo alcance não haviam antes percebido.

Ora, havia dois elementos indissociáveis que estavam presentes nessas misteriosas palavras: de um lado, a afirmação de que depois da ida de Jesus ele voltaria a estar com os discípulos; por outro lado, essa presença se dá de um modo novo, pois lhes enviaria o Espírito, que lhes ensinaria toda a verdade e presidiria a vinda do Pai e do próprio Jesus ao mais íntimo de cada um e de toda a comunidade. A volta de Jesus é uma volta espiritual, cuja significação histórica só será manifesta na escatologia.

Dispomos de uma narrativa dos acontecimentos e das palavras de Jesus, tal como os discípulos guardaram memória. O exame desses fatos e ditos constitui um patrimônio histórico da humanidade e se prestou, através dos séculos, às mais diversas interpretações. Porém, o mais importante, seu sentido profundo, só se manifesta quando nos servem de caminho introdutório ao Espírito que os gerou, o Espírito de Jesus, que é o mesmo Espírito de Deus. Por isso dizemos que o encontro pessoal com Jesus se realiza, de fato, em nossa vida no Espírito. Jesus está em meio a nós todas as vezes que agimos em continuidade com o Espírito de Jesus.

Na verdade, Jesus está vivo. O que nos une, de fato, e atualmente, a Jesus, como pessoa viva, é a comunhão no mesmo Espírito. Comungar no

Espírito de Jesus é comungar com Deus, vivo para sempre. Sob esse aspecto, o encontro com Jesus se situa desde já na comunhão com Deus, que transcende a história. A comunhão com Deus, por intermédio de Jesus, é a grande realidade de nossa vida, atualmente manifestada em nossos gestos e palavras, antes de envolver, de fato, toda a nossa existência e ação depois da morte, na bem-aventurança.

Assim, falar de espiritualidade cristã é quase um pleonasmo, pois a partir do momento em que qualificamos de cristã a nossa vida nós a qualificamos também de espiritual, dado que o seguimento de Jesus é a vida no Espírito, a autêntica espiritualidade. O Cristianismo, mais do que uma doutrina que somos chamados a aprender ou um conjunto de regras morais que somos levados a seguir, é o encontro pessoal com Jesus, encontro que se dá não em virtude de nossas ideias ou disposições, mas em virtude da presença e da ação em nós do Espírito de Jesus, morto e ressuscitado.

A união com Deus e nossa participação na vida divina, o seguimento de Jesus e o acolhimento efetivo de seu Espírito, levaram a reflexão cristã a falar da missão conjunta do Verbo e do Espírito, fundada na unidade da Trindade, no Pai como princípio do Filho e do Espírito, que vem a nós com o Filho e habita em nosso coração como em seu templo — a imagem é de Paulo — desde que seja espiritualmente acolhido, isto é, que suscite da nossa parte uma resposta de reconhecimento e de amor. A espiritualidade cristã, do ponto de vista da Teologia Espiritual, frutifica a partir do "sim" a Deus que somos chamados a dar em toda a nossa vida, consagrada, como a de Jesus, a fazer a vontade do Pai.

## 4. AS EXIGÊNCIAS DO SEGUIMENTO DE JESUS NO ESPÍRITO

A espiritualidade cristã é a espiritualidade em que Jesus ocupa o centro da vida. Ele o ocupa não tanto por sua doutrina ou moral, mas pelo fato de nos encontrarmos pessoalmente com ele. Um encontro que não se baseia numa proximidade carnal, histórica ou cultural, mas numa experiência de proximidade espiritual, da qual Jesus Ressuscitado tem a iniciativa, cumprindo a vontade do Pai, que nos criou e nos chama a participar de sua vida.

Como entender, à luz da Tradição espiritual cristã, a articulação entre a ação de Deus com a nossa própria atividade humana de criaturas inteligentes e, portanto, autônomas no agir, que devem acolher ativamente o dom de Deus e livremente se dispor a participar da comunhão com Deus?

Talvez seja esse o problema, cuja variedade de soluções que lhe foram dadas explica, em grande parte, a enorme diversidade de espiritualidades cristãs. Tais explicações, porém, são insuficientes e escondem, em geral, um laivo de relativismo, que se coaduna com a cultura moderna, mas destoa radicalmente da unidade da fé. Parece-nos, por isso, indispensável refletir um momento sobre como se articulam em nossa vida a ação de Deus e a autonomia do agir humano, as exigências da Palavra de Deus acolhida no Espírito com o "sim", que está na raiz da espiritualidade cristã.

Essa questão, embora sempre presente na história da espiritualidade cristã, não é principal, senão numa perspectiva antropológica. Considerando o ser humano referencial último de toda a realidade, o maior problema teológico enfrentado pela visão antropocêntrica do agir humano seria a questão de sua articulação com a ação de Deus.

Em termos da cultura do início da Modernidade, o problema era como entender a concordância da liberdade com a graça, dom gratuito de Deus. É compreensível, pois, que se tenha considerado básica essa questão na virada do século XVI para o XVII. Porém, desde que o referencial último da realidade é Deus e não o ser humano, de acordo com a doutrina da criação, o dado da natureza e o testemunho de Jesus, a articulação da ação de Deus com a ação propriamente humana, consciente e livre, é um caso particular, mas que não foge aos princípios gerais da articulação de Deus com a ação da criatura.

Vale lembrar o que diz Tomás de Aquino no prólogo da segunda parte da *Suma teológica*, em que se propõe estudar a originalidade da ação humana sob a ação de Deus, a quem está ontologicamente sujeita, como toda criatura: há, de um lado, as criaturas destituídas de inteligência e vontade. Nelas, a ação de Deus é condição necessária de todo ser e de todo agir criado. No entanto, nas criaturas dotadas de inteligência e vontade, as criaturas humanas, a mesma ação de Deus, fonte de todo ser e de toda realidade, não se efetiva na ordem do agir, senão através de seu acolhimento interior pessoal e consciente, ou seja, autodeterminado e, por conseguinte, livre.

Na base, portanto, do ser humano, do seu ser e de seu agir, está Deus, de modo igual, do ponto de vista de Deus, que atua sempre como Deus, na raiz do ser e, por conseguinte, de toda realidade, mas de modo diverso por causa da condição da criatura. No caso do ser, Deus sempre é a causa; no caso do agir, a obra de Deus só se realiza na medida em que o ser humano consente interiormente na ação divina. No entanto pode não consentir, o que é uma falha no agir ou um pecado, no sentido etimológico do termo, um agir falho.

Toda a espiritualidade cristã diz respeito, portanto, ao agir humano, que se representa não como algo que depende de Deus, mas que se encontra Deus, numa relação interpessoal. A ação divina se traduz como um convite e a humana como resposta a esse apelo, como um "sim" dado a Deus.

A Teologia Espiritual, fundada nas exigências brotadas do convite de Jesus para participarmos de sua vida, em comunhão com o Pai, no Espírito, situa a espiritualidade cristã entre o desejo de Deus e a plena realização do ser humano em Deus. Desse modo, oferece a possibilidade de refletir sobre o conjunto da espiritualidade, atravessada pelo dinamismo que nasce de nossa própria natureza de seres conscientes e livres e desemboca na comunhão com Deus, que, no contexto cultural da pregação de Jesus, é chamado de Reino de Deus.

## 5. O REINO DE DEUS

Que Jesus tenha vivido em função do Reino e que tenha feito do Reino o foco de sua pregação, apresentando-o como o objetivo final a ser alcançado pelo caminho do amor, da humildade e do dom de si mesmo, todos os intérpretes do Novo Testamento estão hoje, como no passado, praticamente de acordo. Acordo tanto mais importante quanto melhor nos preserva da tendência a considerar como objetivo de Jesus o de se manifestar como Filho de Deus, vindo ao mundo, ou de estabelecer na terra um organismo que se impusesse como de origem divina, encarregado de ditar para todos os povos os caminhos a seguir, em vista da transformação do mundo numa sociedade de justiça e de paz.

Todo cristão sabe quão importante é reconhecer Jesus como Verbo encarnado, consubstancial ao Pai, sendo, ao mesmo tempo, verdadeiramente Deus e verdadeiramente homem. Sabe também, embora nem sempre se dê realmente conta, na prática, que a comunidade cristã tem uma responsabilidade social indiscutível em relação ao bem das pessoas e da própria sociedade. A fé em Jesus é a base da responsabilidade social da Igreja, resultante imediata do grande objetivo de Jesus, que é o Reino.

No entanto, a vida cristã e, por conseguinte, a espiritualidade cristã não se constroem nem em função do reconhecimento da verdade sobre Jesus, nem em função da realização das responsabilidades sociais da comunidade cristã, da Igreja, senão em função do Reino, realização final do pensamento e da sabedoria divinos.

Mas que é, então, o Reino? É a comunhão com Deus, a vida eterna. Quando lemos o Novo Testamento, compreendendo o caráter analógico e até mesmo metafórico sob o qual se descreve a realidade transcendente de Deus, do Pai, do Filho e do Espírito, somos levados a sublinhar o aspecto figurado das imagens a que se recorre, sem podermos descrever diretamente as realidades a que se referem.

Sob a imagem do Reinado de Deus se exprime o absoluto de Deus, de quem toda a nossa vida depende inteiramente e em função de cuja comunhão tudo em nossa vida ganha sentido, desde a mais humilde rotina cotidiana até as grandes decisões e realizações que constituem os principais marcos de nossa vida pessoal e da comunidade a que pertencemos, qualquer que seja sua natureza histórica.

O Reino de Deus tem a característica de ser uma realidade de ordem espiritual e, como tal, indescritível, não, porém, uma realidade desligada daquela em que vivemos, nas condições corporais, ambientais, culturais e políticas a que estamos sujeitos. Espírito, na linguagem bíblica, não se opõe a corpo, realidade material, mas à perspectiva em que se vive materialmente, na história, a carne, na linguagem paulina. O Reino de Deus está em nós, está presente aqui e agora, como elemento transformador dos horizontes puramente terrenos, pessoais e sociais, na prevalência das coisas espirituais, que duram para sempre. O empenho por uma vida mais humana faz parte do Reinado de Deus, é um início, penhor da vida eterna.

Coloca-se, a propósito, a seguinte questão: qual a principal característica desse Reino, já presente no mundo, mas ao mesmo tempo ainda não realizado em plenitude? O Reino é o centro do Evangelho e está, pois, na confluência de todas as versões da espiritualidade cristã. Ele constitui o princípio prático maior de que dependem todas as exigências evangélicas, que são a fonte das normas e dos caminhos a ser trilhados pela humanidade, inspirados em Jesus, caminhos, portanto, que se manifestam na espiritualidade cristã.

Há, nesse princípio, uma feliz unanimidade entre todos os espirituais cristãos, ratificada pelo ensinamento explícito e insistente do Novo Testamento. Pergunta-se, porém, qual a principal característica que dá consistência efetiva à presença do Reinado de Deus na vida do mundo.

## 6. A NORMA SUPREMA DA VIDA: O AMOR

A espiritualidade cristã é, pura e simplesmente, a vida no Reino de Deus. Por isso, depois de orarmos pela glória devida a Deus – *santificado seja o teu nome* – pedimos imediatamente que *venha a nós o teu reino*.

Será que é esta a imagem que temos da espiritualidade cristã que conhecemos por experiência? Será essa a impressão que dá a multiplicidade de práticas religiosas e de livros de "espiritualidade" difundidos entre os cristãos? Inscritos no tempo e no espaço, é inevitável que nos deixemos marcar pela mentalidade e particularidades da cultura em que vivemos, mas é preciso salvaguardar em todas as circunstâncias o que a espiritualidade cristã tem de próprio, compatível, aliás, com todas as culturas.

A espiritualidade cristã se concretizou através da história em inúmeras e variadas formas de viver, com base mais ou menos clara nos dados centrais da Palavra de Deus. Prevaleceram, contudo, entre os cristãos das diferentes épocas e culturas, normas e características que nem sempre refletem mais hoje, com a devida clareza, a centralidade de Jesus Cristo e a característica maior do Reino, que é o amor recíproco e universal entre todos os humanos. Mas é indispensável, na análise teológica, reconhecer o lugar decisivo que deve ocupar na realidade, não apenas como um ideal, a centralidade do encontro com Jesus no seu Espírito, que é amor efetivo, prático e real que nos une uns aos outros, a começar por Jesus, no Espírito. Daí a importância de refletir melhor sobre o amor, norma suprema da vida espiritual.

Fomos criados por amor e, no entardecer dessa vida, seremos julgados sobre o amor. Tendo sido enviado pelo Pai, Jesus Cristo, Palavra de Deus encarnada, preside esse processo que se desenrola na história, animado pelo Espírito, que é amor, e que lhe dá cor e sentido aos olhos de Deus. Vida espiritual, como o próprio nome indica, é vida no Espírito, animada pelo amor que une Pai e Filho.

Muito cedo os cristãos se deram conta desse clima de amizade e comunhão que deve prevalecer em sua vida, marcada pelo encontro com Jesus e levada no acolhimento de seu Espírito, graças à conversão, na perfeita docilidade à vontade do Pai: *seja feita a tua vontade, assim na terra como no céu*. Na linguagem do Novo Testamento, chama a atenção o lugar que ocupa o amor, em grego *agapê*, que Tomás de Aquino interpreta em profundidade como sendo a amizade estável que nos une ao Pai e a Jesus no Espírito.

Paulo, ao procurar orientar a comunidade de Corinto, em meio às disputas internas de que teve notícia, recorre ao argumento da hierarquia dos dons de Deus. Tudo é dom, mas nem todos os dons têm a mesma significação, nem a mesma importância. Há os dons voltados para o serviço da comunidade, que hoje denominamos ministérios ou carismas, e os dons pelos quais se consolida nosso encontro pessoal com Jesus: a fé, que chega a transportar montanhas, a esperança, enquanto nos encontramos longe da visão, e a *agapê*, que dá sentido a toda a vida, tudo crê, tudo espera e tudo suporta. "A *agapê* jamais acabará. [...] Atualmente permanecem estas três: a fé, a esperança, a *agapê*. Mas a maior delas é a *agapê*" (1Cor 13,8.13).

Numa outra perspectiva, voltando-se mais para a realidade definitiva de Deus, João não hesita em afirmar que "Deus é *agapê*" (1Jo 4,8), a partir do mandamento de Jesus que o discípulo amado registra com ênfase em seu Evangelho, no discurso após a ceia. O contexto da afirmação joanina é revelador: "Caríssimos, amemo-nos uns aos outros, porque a *agapê* vem de Deus e todo aquele que ama (*agapô*) nasceu de Deus e conhece a Deus. Quem não ama não chegou a conhecer a Deus, pois Deus é *agapê*" (1Jo 4,7-8). A frase final negativa, "quem não ama não chegou a conhecer a Deus", confere um valor absoluto à *agapê*. A relação da *agapê* com o encontro com Jesus vem registrada logo a seguir: "Todo aquele que professa que Jesus é o Filho de Deus, Deus permanece nele, e ele em Deus. E nós, que cremos, reconhecemos o amor que Deus tem para conosco. Deus é *agapê*: quem permanece no amor permanece em Deus, e Deus permanece nele" (1Jo 4,15-16).

Testemunhas privilegiadas da espiritualidade cristã, Paulo e João a caracterizam, pois, como uma vida de amor. Toda a Tradição cristã expressou, sob as mais diversas formas, o tema da *agapê*. É significativo que Bento XVI, profundo conhecedor dessa Tradição e empenhado em valorizá-la ao máximo, a tenha escolhido como tema de sua primeira encíclica. Seu estudo sistemático é de tal importância teológica que convém relembrar suas articulações maiores.

Ao estudarmos a Trindade, descobrimos que a *agapê* é a vida mesma de Deus, comunhão do Pai com o Filho, no Espírito de amor. Em Deus pessoa e comunidade se apelam por natureza, pois as pessoas são relações e, como tais, constituem a realidade mesma de Deus, que é comunhão. Essas afirmações, que não se reduzem à evidência da razão, são a expressão da verdade de Deus, que nos é dada a conhecer por Jesus, no Espírito, graças ao qual chamamos a Deus de Pai, porque realmente somos filhos no Filho.

Toda a Tradição espiritual cristã enfrenta, nessa profundidade, o problema central do convívio humano, da sociedade, que é a tensão entre pessoa e comunidade, entre silêncio e vida comum, entre eremitismo e cenobitismo, entre contemplação e ação. Nos dias de hoje estão surgindo na Igreja novas formas de vida cristã, as chamadas "novas comunidades", que se propõem como solução para essa tensão, nem sempre bem solucionada nas formas convencionais da vida consagrada. De qualquer maneira, a tensão pessoa-comunidade permanece sendo um dos principais desafios da espiritualidade cristã.

Ao estudarmos a criação e a história em busca de uma compreensão da origem e do sentido da vida, vamos igualmente buscar no amor a chave do universo e, em especial, da vida humana. Assim como todas as criaturas provêm de Deus, que as reconheceu a todas como belas e boas, segundo a narrativa do Gênesis, o ser humano provém de Deus a um título especial, é criado à sua imagem e semelhança. Constitui o ícone do mistério no universo e na história. Encaminha-se para Deus da forma que lhe é própria, devendo acolher em sua vida o desejo de Deus, inscrito no mais íntimo de si mesmo, ou seja, correspondendo no seu coração ao amor com que é amado. Mais uma vez, temos aqui a *agapê* divina na origem de todas as coisas e na fonte da comunhão a que todos os humanos somos chamados, que é a nossa bem-aventurança.

Mas o amor de Deus pelos humanos se manifestou, ainda, de forma mais admirável, no coração de Jesus. O amor humano de Jesus como resposta ao amor de Deus, que está na fonte da encarnação, é a maior realização histórica do amor. A Tradição espiritual cristã se concentra no mistério de Jesus, o que é, aliás, compreensível, pois Jesus Cristo é o ungido de Deus, que está no centro da espiritualidade, por isso mesmo denominada cristã.

O aprofundamento do mistério de Jesus tornou claro para a comunidade cristã que Jesus é o Verbo encarnado. Esse homem Jesus é o Filho de Deus, gerado pelo Pai desde toda a eternidade. O filho de Maria nasceu do Espírito Santo. Realizava-se, assim, um encontro único de Deus com a humanidade, cuja consequência imediata é que a humanidade foi assumida pelo Verbo, que age como homem, sua ação é ação da Pessoa do Verbo.

Jesus nasce, cresce, tem fome e sede, cansa-se nas estradas da Galileia, sem ter onde repousar a cabeça. É amado pelos homens e pelas mulheres que o acompanham, faz amizades, chora o amigo morto e se deixa acariciar pela mulher arrependida. É incompreendido, rejeitado, preso, condenado, e morre. Vida levada por amor e consumada por amor, no perfeito cumprimento da vontade do Pai. O mistério cristão é um mistério de amor, num certo sentido, o mistério do amor por antonomásia. Pode-se dizer, então, que a espiritualidade cristã é amor.

A reflexão sobre o agir cristão, denominada Teologia Moral, compreendeu desde cedo que Jesus, qual novo Moisés, fundava uma nova aliança, o Novo Testamento. A primeira aliança se expressava nos mandamentos da lei de Deus. Retomava, na verdade, os princípios éticos que todo o ser humano é capaz de descobrir no fundo de si mesmo e da história das sociedades humanas, mas lhe conferia uma significação religiosa, na medida em que os alçava à condição de expressão de reconhecimento e submissão a Deus.

Agora, a aliança fundada no sangue de Cristo, como ele mesmo anunciou na última ceia – o sangue da nova aliança –, estabelece uma lei nova, a lei do amor. A moral cristã, sem deixar de ser humana e sem abolir a moral dos mandamentos, transfigura o agir humano, fazendo dele uma expressão do amor que inspirava Jesus e que é chamado a inspirar toda ação do cristão, que é num sentido novo e profundo, portanto espiritual. A espiritualidade cristã é uma espiritualidade do amor.

Do momento em que compreendemos que o amor resume o ensinamento de Jesus, caracterizando a espiritualidade cristã, que designa uma vida alimentada pelo Espírito de Jesus, podemos procurar ver como se manifestou o amor através da história, desde a morte de Jesus até os nossos dias.

### Resumindo

*O que caracteriza teológica e historicamente a espiritualidade cristã é que ela tem por fonte, centro e objetivo a pessoa de Jesus.*

*Não apenas, porém, num sentido teórico, mas prático e concreto: o espiritual cristão é aquele, pessoa ou comunidade, que vive inspirado por Jesus, seguindo o caminho de Jesus, na expectativa de um dia ver definitivamente Jesus e viver em comunhão com ele.*

*A vida espiritual cristã é a vida no Espírito de Jesus, que se traduz, concretamente, pelo seu seguimento, em vista do Reino de Deus, cujo princípio animador é o amor. Amor concreto, que transfigura toda a vida humana, das pessoas e das comunidades, na história e na eternidade.*

*Essa forma de conceber a espiritualidade cristã mostra que não se trata de uma espiritualidade entre muitas outras, mas da realidade que está na raiz de todas as espiritualidades humanas, pois a vida espiritual verdadeira é a vida em Deus, guiada pela sua Palavra, Jesus, e animada pelo seu Espírito.*

> **Perguntas para reflexão e partilha**
>
> 1) A partir do que estudamos, que significa praticamente colocar Jesus no centro da espiritualidade cristã?
>
> 2) Com as suas palavras, que significa colocar Jesus no centro da vida espiritual, como alguém que vem a nós para conviver conosco? Qual a relação desta experiência com o convite ao seguimento de Jesus?
>
> 3) Por que podemos afirmar que a espiritualidade cristã é universal, cujos princípios estão presentes em todas as tradições espirituais? Como esta visão pode ajudar a modificar positivamente a prática pastoral da Igreja?

## Bibliografia básica

BENTO XVI. *Deus caritas est.* Carta encíclica sobre o amor cristão. São Paulo: Paulinas, 2005. (Coleção A voz do papa, n. 189.)

CANTALAMESSA, R. *A vida em Cristo.* São Paulo: Loyola, 1992.

CASTRO, V. J. de. *Espiritualidade cristã;* mística da realização humana. São Paulo: Paulus, 1999.

CONGAR, Y. *Ele é o Senhor e dá a vida.* São Paulo: Paulinas, 2005.

GRENIER, B. *Jesus;* o mestre. São Paulo: Paulus, 1998.

HORSLEY, R. A.; SILBERMAN, N. A. *A mensagem e o Reino;* como Jesus e Paulo deram início a uma revelação e transformaram o mundo antigo. São Paulo: Loyola, 2000.

JOÃO PAULO II. *Encontro com Jesus Cristo vivo;* caminho para a conversão. Exortação apostólica. 2. ed. São Paulo: Paulinas, 1999. (Coleção A voz do papa, n. 151.)

MURAD, A.; MAÇANEIRO, M. *A espiritualidade como caminho e mistério;* os novos paradigmas. São Paulo: Loyola, 1999.

PEREIRA, I. A.; PEREIRA, S. *Amar;* chamado divino, vocação humana. São Paulo: Paulinas, 2008.

QUESNEL, M. (org.). *Evangelho e Reino de Deus.* São Paulo: Paulus, 1997. (Coleção Cadernos Bíblicos, n. 69.)

# PARTE II
# A EVOLUÇÃO DA ESPIRITUALIDADE CRISTÃ NA HISTÓRIA

Capítulo primeiro

# NO LIMIAR DA TEOLOGIA ESPIRITUAL

Onde ir buscar a Teologia Espiritual? Toda Teologia está baseada no acolhimento da Palavra de Deus, que é Jesus Cristo. A Palavra de Deus vem a nós em Jesus, que viveu na história e vive no seio do Pai. "Jesus ressuscitou!" proclamam desde o início os discípulos, antes mesmo de serem identificados como cristãos. Acolhido na fé, Jesus nos comunica o seu Espírito, que nos ensina toda a verdade, que é luz, e faz arder em nossos corações o desejo de Deus, que é amor. A Teologia é justamente denominada Espiritual quando tem consciência de nascer do desejo de Deus inscrito no mais íntimo de nosso coração, e quando se faz em busca da luz e do amor de Deus.

Essa busca de Deus, sinal antecipatório de nossa vocação primordial à comunhão com Deus, é o limiar que nos introduz no caminho pelo qual Deus vem a nós e nos leva a exercer, na luz da fé, todas as nossas potencialidades humanas. A Teologia é o exercício de nossa capacidade de conhecimento e de amor, posta a serviço da busca de Deus. Como Deus está presente em todas as coisas e pessoas, a Teologia é uma *sabedoria* que procura tudo conhecer do ponto de vista de Deus, orientar todo o nosso agir à luz de Deus e em conformidade com o que Deus reclama de nós, a começar pelo amor.

Denominamos Teologia Espiritual a análise da vida humana, do ponto de vista de Deus, pautada pelo desejo de Deus e em busca da comunhão com Deus seguindo o caminho de Jesus, no Espírito. A porta do caminho de Jesus é o testemunho que as Escrituras dão de Jesus, e a manifestação histórica do pensamento e da vida de seu corpo, a comunidade cristã. Daí que o limiar da Teologia Espiritual consiste na história: mais próxima de nós, a vida dos cristãos, como foi vivida na história da vida cristã através dos século, alimentada pelo conhecimento das Escrituras.

Eis por que, desde a constituição da Teologia Espiritual como disciplina teológica, no século passado, os autores têm dedicado parte importante de seus tratados à história da espiritualidade cristã. O conhecimento de Deus em Jesus passa pela história.

## 1. A HISTORICIDADE DA FÉ

A importância da História se observa hoje em todos os domínios do saber, em especial na área das Ciências Humanas e, portanto, também da Filosofia e da Teologia. Além disso, há um dado que não pode ser esquecido: somente através da História tomamos conhecimento de tudo que há de mais profundo no ser humano: seus pensamentos e seu coração, as ideias universais e as experiências básicas que norteiam a vida de cada grupo social e de cada pessoa.

A História nos oferece o testemunho humano, em face da vida, quer na maneira como as pessoas e os acontecimentos se situam no tempo e no espaço, quer na medida em que lhes busca explicações de outra ordem: psicológica, sociológica, econômica, política, filosófica, ou religiosa. Convictos de que todo conhecimento parte da experiência, não se pode deixar de considerar a História como mestra da vida, na bela expressão de João XXIII em seu discurso de abertura do Concílio Vaticano II, *Gaudet Mater Ecclesia*, em 11 de outubro de 1962.

O condicionamento histórico do saber, para o qual chamaram a atenção as mais diversas correntes modernas de pensamento, tem desempenhado, nos últimos duzentos anos, um papel decisivo na compreensão da fé e da vida cristãs e, por conseguinte, da Tradição espiritual cristã, pois o Cristianismo, na sua origem, mais do que uma filosofia de vida ou uma concepção do universo a que temos acesso pela fé, é, antes de tudo, um fato histórico, uma forma de viver, uma *práxis*, como o demonstra toda a Tradição da vida consagrada, desde o início, com base nas parêneses neotestamentárias e no monaquismo. Forma de viver decorrente de um homem excepcional, novo Adão, que tornou possível a realização plena do ser humano, chamado à vocação transcendente da comunhão com Deus, que está inscrita no mais íntimo de nosso ser histórico: Jesus

A Teologia fala de Deus que se manifestou na história através de sua Palavra, como ser histórico, a fim de nos fazer viver, desde já, na história, sua vida divina, antecipando o que se realizará plenamente no fim dos tempos. Quando, pois, falamos de nossa relação pessoal e direta com Deus, relação de fé, esperança e amor, não podemos desconhecer ou suprimir as vestes concretas, temporais e espaciais que nos vinculam à realidade de que ele é a fonte perene, mas as devemos assumir como manifestações significativas da relação pessoal com Deus no íntimo do coração, a vida interior, que não se sustenta senão através das práticas concretas, manifestadas por Jesus.

A historicidade da fé é, na verdade, o fundamento do grande princípio metodológico que entende a Teologia como uma interpretação dos dados da fé. Princípio hermenêutico que foi sempre de alguma forma praticado pelos judeus na leitura das Escrituras e se estende como que naturalmente ao Novo Testamento, ou seja, aos documentos literários que dão conta de como Jesus foi reconhecido e interpretado.

A primeira disciplina interessada nas múltiplas formas de entender a historicidade da fé é a própria exegese. O Concílio Vaticano II, na constituição *Dei Verbum*, estabeleceu claramente que toda Teologia deve ser feita a partir da Sagrada Escritura, expressão privilegiada da Palavra de Deus, Jesus.

Nunca se negou esse princípio em sua generalidade, mas ele foi diferentemente interpretado nas diversas formas de entender a Teologia. A novidade conciliar, ao dizer que a Teologia deve sempre ser feita em continuidade com as Escrituras, consiste em propor que o discurso teológico seja reformulado sob uma nova ótica, em continuidade com as formas bíblicas de manifestação da verdade de Deus, isto é, levando em conta as expressões históricas da verdade transcendente de Deus.

Depois da exegese, a historicidade da fé transforma radicalmente a própria Teologia enquanto exprime de modo novo a verdade de Deus, a revelação e a fé – reformulação vivida intensamente no Concílio Vaticano II, desde o primeiro projeto sobre as duas fontes da revelação, apresentado no primeiro período, em 1962, até a sua redação final, na constituição sobre a Palavra de Deus, promulgada no fim do Concílio, em 17 de novembro de 1965.

Essa mudança de abordagem da revelação e da fé afeta, evidentemente, toda a Teologia. O conceito de dogma recebe um novo colorido quando se insiste em considerá-lo, no contexto histórico de sua formulação, mais como uma baliza no aprofundamento da fé do que como fonte, cujo limite, pois se trata de uma *de*-finição, não pode ser ultrapassado. Além disso, a mudança se estende a todos os temas teológicos, não só à maneira de entender e de expor o mistério de Jesus e da Igreja, bem como à interpretação da vida da comunidade cristã e de cada cristão, à luz da ação invisível do Espírito, que se manifesta na realidade histórica.

A historicidade da fé é um princípio metodológico de primordial importância que afeta em profundidade a Teologia Espiritual, pois as formas de viver o seguimento de Jesus dependem, em grande parte, dos condicionamentos culturais que lhe estão na raiz, como construto humano-histórico-cultural. Essa percepção se torna possível, como manifestação do sentido último da vida humana, graças à missão de Jesus, que ultrapassa todos os dados provenientes da realidade e só pode ser captado como um elemento que reclama a fé no gesto salvador e santificador de Deus atuante em nossa vida, qualquer que sejam as circunstâncias históricas em que se vive.

Além desse aspecto, as formas do seguimento de Jesus deixam na história tanto os monumentos significativos de como se entendeu a vida cristã nas diversas culturas e épocas quanto os textos que buscam exprimir experiências pessoais e comunitárias de realidades que não podem ser descritas com conceitos e palavras no sentido próprio, mas que só se traduzem em linguagem metafórica e poética.

A grande maioria dos textos espirituais, a partir dos quais se esboça o que é a vida espiritual cristã, não somente são poéticos e precisam ser lidos como expressões icônicas ou simbólicas de experiências indescritíveis, mas também, na maioria das vezes, são elaborados por místicos, teólogos e autores espirituais que demonstram ter plena consciência da Tradição teológica da Igreja, fundada no Espírito de Jesus e manifestado nas Escrituras. Portanto, só podem ser corretamente interpretados e assumidos como guia quando se compreende a linguagem icônica, na expressão das mais diversas experiências que fizeram os cristãos através da história e que ainda hoje brotam como novidades na literatura espiritual.

No limiar do desenvolvimento do panorama da Tradição espiritual cristã, convém, então, assinalar dois pontos que lhe são peculiares: a noção de periodicidade, tal como se aplica à história da espiritualidade cristã, a que consagramos o segundo parágrafo, e a forma de ler os textos espirituais desde os tempos bíblicos, ou seja, a questão da leitura orante, ou *lectio divina*, como hoje dizemos, objeto do parágrafo seguinte.

## 2. A HISTÓRIA ESPIRITUAL CRISTÃ

Convém lembrar o princípio consignado na *Carta aos Hebreus,* em que o autor, grande espiritual, declara com certa solenidade que Jesus Cristo transcende a história e está, portanto, presente a toda a história, ontem, hoje e sempre (cf. Hb 13,8). O que acontece com Jesus acontece com seu corpo, a comunidade cristã. Ela está sempre presente, ontem, hoje e sempre, unida ao Senhor, no Espírito, vinculada às expressões literárias e históricas que assume, mas sem delas depender no que tange às realidades que significam. Qualquer periodicidade que se adote terá como critério não a vida espiritual em si mesma, sempre presente na história, mas alguns de seus condicionamentos históricos.

Assim, a espiritualidade da Antiguidade atravessa os séculos e está ainda hoje presente no seio da comunidade cristã, como, aliás, em todas as demais épocas; faz parte de sua realidade histórica, pois o Espírito de Jesus, presente na Igreja em todas as suas idades e manifestações, é sempre o mesmo. Em outros termos: a espiritualidade cristã, diferentemente da ciência e da cultura, por exemplo, de que se distingue radicalmente, não evolui por substituição do antigo pelo novo, senão pelo enriquecimento sempre crescente do antigo, cuja forma de viver e os valores tendem a se purificar no decorrer da história, sem nunca, porém, desaparecer. Na renovação constante da Igreja há sempre um misto de continuidade e de ruptura, como ensina logo de início a constituição conciliar *Dei Verbum*. Bento XVI tem insistido nessa dupla perspectiva hermenêutica, opondo-se aos conservadores, apegados sem discernimento à continuidade, e aos progressistas, que entendem a Igreja como inserida num processo histórico evolutivo, sem levar em conta a importância dos princípios e valores imutáveis, caindo no relativismo.

Em consequência, toda periodicidade que se adotar será sempre relativa, baseia-se antes no reconhecimento da repercussão que os grandes textos espirituais tiveram ou têm, no passado e no presente, como testemunhas purificadas de aspectos múltiplos da experiência fundadora de Jesus. No seu movimento, aparentemente centrífugo, a espiritualidade cristã na história é dominada, no fundo, por um movimento centrípeto, pois todas as suas muitas formas não só apelam, mas convergem para seu centro irradiador, que é o Espírito de Jesus.

A periodicidade pela qual optamos em nossa brevíssima memória histórica, longe de ser intrínseca à espiritualidade, como se decorresse de sua evolução ou involução, provém de fatores extrínsecos que são eles mesmos variáveis, podendo ser ou a evolução cultural da humanidade, o diálogo com a cultura e com a filosofia, nem sempre condizentes com as exigências profundas da verdade cristã e que variou muito nas diversas idades, ou, ainda, a relação da comunidade cristã com o mundo, considerado na sua globalidade. Desde o Concílio Vaticano II se privilegia esse último critério: a forma de pensar a Igreja deve levar em conta as alegrias e as esperanças, as tristezas e as angústias do mundo em que vivemos, como procura fazer a constituição pastoral da Igreja no mundo de hoje *Gaudium et Spes*. Nessa perspectiva, a espiritualidade cristã deve ser considerada sempre no contexto de sua realidade histórica, não que se limite aos aspectos historicamente perceptíveis, mas é que estes constituem a realidade "sacramental" em que se manifesta o Espírito.

Uma boa forma de diferenciar as diversas épocas da espiritualidade cristã parece ser, então, levar em conta sua relação com a cultura de cada época, pois essa espiritualidade é, em grande parte, fruto da missão da Igreja no mundo, confirmando o binômio feliz adotado pela V Conferência Geral do Episcopado Latino-Americano e Caribenho em Aparecida, em maio de 2008: "Discípulos e missionários: discipulado que leva à missão e missão que reclama o discipulado".

## 3. A *LECTIO DIVINA*

Qual, porém, a forma própria da Teologia Espiritual de abordagem das Sagradas Escrituras e da vida da Igreja? Nos dias de hoje não há dúvida de que esta forma se reveste das características do que se veio a denominar *lectio divina*, ou leitura orante da Bíblia e dos escritos espirituais cristãos.

A constituição *Dei Verbum*, no seu último capítulo, como conclusão de seu ensinamento sobre a relação entre a Bíblia e a Palavra de Deus, recomendou a todos os fiéis a leitura do texto sagrado, citando a célebre afirmação de São Jerônimo de que "a ignorância das Escrituras é ignorância de Cristo" (n. 25).

Na verdade, abria assim o caminho para um processo de valorização do texto mesmo da Sagrada Escritura na espiritualidade cristã, que alcançou como que um novo patamar na XII Sessão do Sínodo dos Bispos, em outubro de 2008, sob o tema *A Palavra de Deus na vida e na missão da Igreja*. Depois de insistir que as Escrituras são a expressão maior e privilegiada da Palavra de Deus, o Sínodo tira a conclusão prática de que sua leitura como expressão da experiência religiosa dos autores sagrados deve ocupar o primeiro lugar na espiritualidade cristã, valorizando toda a Tradição patrística e monástica, que reconhecia à *lectio divina* essa prioridade, desde os tempos mais remotos. Ao se referir, ao "encontro com a Palavra na leitura da Sagrada Escritura", em sua nona proposição, o Sínodo

> *repropõe com força a todos os fiéis que se encontrem com Jesus, Palavra de Deus encarnada, como evento de graça, o que acontece na leitura e no ouvir das Escrituras Sagradas [...] Augurando vivamente que dentre as consequências da assembleia sagrada do Sínodo desponte uma nova época de amor pela Sagrada Escritura por parte de todos os membros do Povo de Deus, de tal forma que a leitura orante e fiel das Escrituras permita ir aprofundando progressivamente a relação pessoal com Cristo.*

Em que consiste a novidade dessa nova orientação do Magistério?

Primeiro, é importante que tomemos consciência da novidade. Com base na recomendação do Concílio, ainda genérica, o Sínodo, refletindo a recepção da *Dei Verbum* nesses 43 anos que o separam do Concílio, fixou na leitura do texto bíblico, tal como foi praticada pelos Padres da Igreja (cf. a sexta proposição), voltada para a comunhão com Deus, denominada por isso *leitura orante*, ou *lectio divina*, a base para a compreensão e a prática da espiritualidade cristã. Temos aqui um caso particular de ruptura e continuidade: ruptura com a leitura dogmática, moral ou mesmo espiritual dos textos cristãos habituais, como as vidas dos santos e os escritos de determinado autor ou corrente particular da espiritualidade cristã, mas continuidade de fundo com a espiritualidade das origens cristãs, dos Padres da Igreja e dos monges, baseada na leitura direta dos textos bíblicos, voltada para a união com Deus, *leitura orante*, ou *lectio divina*.

Em consequência, a abordagem de um texto na ótica da Teologia Espiritual constitui o que denominamos *leitura orante*, ou *lectio divina*, não se prende exatamente ao sentido que o texto tem para nós, para a comunidade, ou na cultura em que vivemos, sentido subjetivo, como às vezes se entende, mas ao sentido que o texto tem em si mesmo, sentido em que foi redigido pelo autor sagrado, traduzindo aspectos diversos, mas ordenados entre si, do mistério de Deus e de sua comunicação conosco, através de Jesus, no seu Espírito. Na *lectio divina* o texto é basicamente tomado no seu sentido próprio, literário e histórico, não apenas, porém, na materialidade dos fatos ou dos sentimentos que exprime, mas como manifestação autêntica do mistério de Deus, presente a toda a criação e a toda história, portanto na vida da comunidade cristã e de cada um de nós em particular. É o que chamamos de sentidos espirituais, considerados precisamente, na Antiguidade cristã, como os sentidos primordiais da Escritura.

Do ponto de vista teológico, os fundamentos desse lugar primeiro e privilegiado atribuído às Escrituras residem no reconhecimento de que toda a realidade, da criação, da história e da graça, é expressão da Palavra de Deus e só ganha toda sua consistência quando interpretada em continuidade com a vida e o ensinamento de Jesus, supremos reveladores do Espírito. A Palavra encarnada está no ápice de tudo que existe e proclama a glória de Deus na criação, na salvação e na escatologia. A Escritura é expressão múltipla (gêneros literários) da multiplicidade das muitas "experiências" de Deus unificadas na experiência do próprio Jesus, que reflete o mistério de Deus na sua unidade, até mesmo na sua vida de comunhão do Pai, com o Filho, no Espírito.

Esse fato, que aos olhos da fé caracteriza o texto bíblico como expressão do mistério de Deus a ser descoberto através da *leitura* ou do *ouvir*, foi diversamente reconhecido pela Tradição. Mencionemos três orientações fundamentais.

Um dos primeiros e mais significativos intérpretes da Escritura foi certamente Orígenes († 254). Não é considerado um Pai da Igreja, por razões circunstanciais, mas sua abordagem das Escrituras marcou decisivamente toda a exegese cristã. Trabalhando num ambiente cultural neoplatônico, desenvolveu a significação simbólica dos acontecimentos e dos textos bíblicos, valorizando a alegoria como caminho de leitura. No Ocidente, o Pai da Igreja que se distinguiu pela adoção da alegoria foi Ambrósio de Milão († 397), cuja pregação, baseada na alegoria, foi um dos instrumentos da conversão de Agostinho († 430) aos trinta e três anos, que culminou com seu Batismo em Milão na Páscoa de 387. Os antigos liam sempre em voz alta. Falavam o que liam. Ambrósio ensina que em tudo o que lemos ou falamos devemos considerar sempre Jesus, a Palavra de Deus:

> *Falemos do Senhor Jesus, porque ele é a Sabedoria e a Palavra, pois é o Verbo de Deus. Também está escrito: Abre tua boca à Palavra de Deus. Exala-a quem faz ressoar seus ditos e medita suas palavras. Dele falemos sempre. Falamos sobre a sabedoria, é ele! Falamos da virtude: é ele. Falamos de justiça, ainda é ele! Falamos de paz, é ele também! Falamos sobre a verdade, a vida, a redenção, sempre ele! (Comentário ao Sl 37[36]. In: Liturgia das Horas, segunda leitura da quinta-feira depois do sexto domingo do tempo comum. São Paulo/Rio de Janeiro: Paulinas/Paulus/Ave-Maria/ Vozes, 1996. v.III, p. 189.)*

Numa outra perspectiva, mas que não pode deixar de ser considerada, situa-se a abordagem do texto bíblico como contendo, no seu significado primeiro, por ter Deus como seu autor principal, um sentido pleno, abrangendo ao mesmo tempo o sentido diretamente visado pelo autor sagrado e os sentidos queridos por Deus. O sentido do autor sagrado só se manifesta na sua verdade quando colocado como expressão do conjunto da revelação divina, assim como o som de uma corda da lira só adquire sentido quando colocado no contexto do som proveniente de todas as outras cordas. É assim que entende a leitura das Escrituras o autor sírio mais importante do III século, Efrém de Nísibe († 373). Logo no início de seu comentário ao *Diatessarão* (1,18-19), de Taciano, do século II, sublinha a pluralidade de sentidos da Escritura:

> *Que inteligência poderá penetrar uma só de vossas palavras, Senhor? Como sedentos a beber de uma fonte, ali deixamos sempre mais do que aproveitamos. A Palavra de Deus, diante das diversas percepções dos discípulos, oferece muitas facetas. O Senhor coloriu com muitos tons sua palavra. Assim, quem quiser conhecê-la pode nela contemplar aquilo que lhe agrada. Nela escondeu inúmeros tesouros, para que neles se enriqueçam todos os que a eles se aplicarem. A Palavra de Deus é a árvore da vida a oferecer-te por todos os lados o fruto abençoado, à semelhança do rochedo fendido no deserto que, por todo lado, jorrou a bebida espiritual. Comiam, diz o Apóstolo [cf. 1Cor 10,4], do alimento espiritual e bebiam da bebida espiritual" (In:* Liturgia das Horas, *segunda leitura do sexto domingo do tempo comum. São Paulo/Rio de Janeiro: Paulinas/Paulus/Ave-Maria/ Vozes, 1996. v. III, p. 173).*

Sem entrar em maiores detalhes, podemos dizer que Efrém encara a Escritura como um todo, atribuindo-lhe uma pluralidade de sentidos, que podem ser explorados de mil maneiras, dependendo do ângulo sob o qual seja abordada, manifestando sempre, sob as mais variadas luzes, a riqueza inexaurível da Palavra de Deus, sempre presente em todos os textos.

Esse legado patrístico foi acolhido pela prática dos monges da alta Idade Média, cuja vida girava em torno da Bíblia, quer na liturgia, quer na *lectio divina*. Nasceu nesse contexto a distinção entre o sentido literal e os sentidos espirituais, sem que se entendesse separá-los. A distinção prevaleceu em toda a Tradição cristã posterior e foi retomada no *Catecismo da Igreja Católica* (nn.· 115-118). O sentido literal é o sentido do texto, a que alude o autor sagrado, dentro do contexto histórico em que atua. Mas além desse sentido a ser estabelecido, levando em conta todos os recursos com que trabalha a exegese, a Escritura, por ter Deus como autor principal e exprimir o mistério através de Jesus e de seu Espírito, contém como sentidos autênticos e objetivos do texto um ensinamento relativo ao próprio mistério de Deus (sentido alegórico ou analógico), às suas exigências morais (sentido tropológico) e, sobretudo, à perspectiva definitiva, escatológica, em que se manifesta a ação salvadora e santificadora do Espírito (sentido anagógico).

O importante é compreender que, para os monges medievais, valia mais a prática da *lectio divina* do que sua teoria, a mencionada pluralidade de sentidos. Essa prática foi sintetizada na famosa *Carta sobre a vida contemplativa ou a escada dos monges*, de Guigo II, o cartuxo, proveniente do século XII e que se tornou um clássico da literatura monástica.

Do ponto de vista prático, o texto bíblico deve antes de tudo ser lido, no sentido pleno do termo, leitura que não consiste no simples percorrer das palavras impressas, o que era desconhecido na Idade Média, mas no ler em voz alta e se familiarizar interiormente com o texto, deixar-se impregnar por ele, até mesmo decorá-lo. Muito mais do que simples leitura, a *lectio* de que fala Guigo, no início de seu método indutivo, acarreta dar início a um processo da assimilação, a que ele denomina *meditatio*, termo que implica o exercício de apropriação de toda a riqueza de sentidos que possa ter a palavra que se lê e proclama.

Essa assimilação deve ser feita num clima de oração, a *oratio*, isto é, num clima de busca de Deus e de intimidade com Deus. Dizemos, hoje, leitura *orante*, colocando esse aspecto de assimilação da Palavra no centro do processo de *lectio divina* da Bíblia.

Finalmente, coroando esse duplo processo de assimilação do texto na sua objetividade e à luz da comunhão com Deus, divisamos a altura e a profundidade da Palavra de Deus, sem nunca possuí-la na sua verdade total. É a *contemplatio*, de que fala Guigo II, e que constitui o coroamento da *lectio* e o fim de toda a vida espiritual, antecipando a perfeita união com Deus na eternidade.

O monge vive praticamente da *lectio* em vista da *contemplatio*, que dá, finalmente, sentido a toda Teologia Espiritual. A leitura orante introduz o cristão na medula do texto, o que é indispensável para entendê-lo em suas verdadeiras dimensões, originado na experiência ou contemplação vivida pelo autor ou comunidade que lhe está na origem. A Teologia Espiritual tem por limiar uma experiência espiritual que serve de ponte para poder analisar as experiências de Jesus e da comunidade cristã através dos tempos.

Depois de havermos atravessado uma fase de grande empenho no resgate do sentido liberal como base indispensável à leitura orante, fase de valorização da exegese literária-histórica, devemos reconhecer hoje que ela não é suficiente para nos saciar a sede de Deus, nem para justificar o papel primordial que têm as Escrituras no desenvolvimento da Teologia, sobretudo a Espiritual. Somos convidados, até mesmo pela última sessão do Sínodo dos Bispos, a reconhecer o primado dos sentidos espirituais, que constituem o foco da *lectio divina*, que, por isso mesmo, tem a prioridade absoluta sobre todas as outras formas de acesso à Palavra de Deus.

O papel que a Bíblia desempenha na Igreja e na Teologia vai muito além do simples estabelecimento do sentido histórico-literário do texto. O reconhecimento exigente deste primeiro sentido deve permitir-nos captar o sentido exato que tinham os textos bíblicos para a comunidade em que nasceram, o que implica, sobretudo, o cuidado que se deve ter de descobrir as experiências que lhes estão na origem, reveladoras da vida espiritual dessas mesmas comunidades, de sua forma de acolher a Palavra de Deus no Espírito. A *lectio divina* assim entendida é a expressão maior da fidelidade à Palavra de Deus em nossa vida.

Vale notar, portanto, que a leitura orante não se confunde com a simples análise histórico-literária do texto com vistas a uma elaboração racional da doutrina nele porventura contida, tampouco em função de uma interpretação na perspectiva da religiosidade nele manifesta, senão como testemunha de uma experiência centrada em Jesus, na obra salvadora de Deus através da história, já presente desde a criação, mas que chega à plenitude dos tempos em Jesus e se estende até a escatologia graças à atuação do Espírito.

Sem discutir aqui nem o fundamento, nem o alcance desses encaminhamentos dados diretamente à *lectio divina*, nem esquecendo a necessidade de buscar por todos os meios o estabelecimento do sentido literal, é preciso ter presente que a espiritualidade cristã se manifesta em continuidade com os sentidos espirituais, que permitem ler o texto em continuidade com a experiência espiritual que lhe está na origem. Portanto, é preciso comungar com a experiência de Jesus e da comunidade cristã, que é analisada pela Teologia Espiritual.

A *lectio divina* é indispensável para quem se dispõe a estudar a Teologia Espiritual. Não basta ler resumos ou apreciações a respeito de determinados autores ou épocas. Assim como a Bíblia deve ser objeto da leitura de todos os cristãos, os textos dos autores espirituais, desde os Padres da Igreja até os grandes espirituais de nossa época, passando por aqueles que marcaram a vida da comunidade cristã em seu tempo, precisam ser espiritualmente assimilados para que se adquira uma capacitação mínima na esfera, não só teórica, mas sobretudo prática, da vida espiritual e se saiba, pessoalmente, como viver na fidelidade à Palavra de Deus, que é o Cristo Jesus.

Esse contato direto e especificamente espiritual com a Tradição é aqui mais importante do que nunca, dada a tendência, quase irresistível, em virtude do constante apelo à experiência, de medir a compreensão da espiritualidade cristã pelas nossas próprias experiências de vida, visto que, além da verdade objetiva e dos critérios de todo discernimento espiritual, nossa forma de viver no Espírito de Jesus tem algo de irredutivelmente pessoal, mas que não pode sub-repticiamente constituir o fator principal de interpretação da espiritualidade cristã. É o risco que correm todas as espiritualidades nascidas na história e atentas, antes de tudo, às circunstâncias particulares em que se desenvolveram.

A pedra de toque da Teologia Espiritual é, pois, a leitura orante dos textos cristãos, desde as Sagradas Escrituras até os mais recentes testemunhos das experiências espirituais feitas pelos seguidores do Espírito de Jesus.

### Resumindo

*Uma das características de todo saber humano é que tem como ponto de partida as realidades sensíveis. A História se tornou, assim, na atualidade, a melhor fonte de conhecimento do ser humano e de tudo que lhe diz respeito.*

*Como realidade humana, a fé só pode desenvolver-se a partir da história da Revelação e de toda a história cristã, na medida em que é reveladora dos múltiplos e diversíssimos aspectos de que se pode revestir a vida espiritual de modo geral e, em especial, a vida cristã, fundada na encarnação da Palavra.*

*Em consequência, compreende-se que dentre as fontes indispensáveis da Teologia Espiritual figura a história da espiritualidade cristã, que ao mesmo tempo se funda na Palavra e dá testemunho da riqueza dessa palavra para a vida de seguimento de Jesus, no seio da comunidade cristã.*

*Compreende-se, pois, o valor que tem a vida das comunidades cristãs através da história para o conhecimento da espiritualidade cristã, a começar das primeiras comunidades de que falam as Escrituras do Novo Testamento, verdadeiro padrão da espiritualidade cristã. Mas todos os monumentos escritos que chegaram até nós precisam ser lidos como testemunhas da experiência espiritual que lhes está na origem, mais do que como fontes doutrinárias ou simplesmente históricas do passado cristão. Daí a importância que hoje se reconhece à* lectio divina, *ou leitura orante.*

---

**Perguntas para reflexão e partilha**

1) Resumidamente, com as suas palavras, quais os elementos básicos da espiritualidade cristã nas comunidades apostólicas?

2) Quais desses elementos estão presentes ou não na sua experiência espiritual e na prática de nossas comunidades?

3) A partir do que estudamos, como devem ser lidos os testemunhos da vida cristã na perspectiva da história da espiritualidade?

---

## Bibliografia básica

COLOMBÁS, G. M. *Introdução à* lectio divina*; diálogo com Deus.* São Paulo: Paulus, 1996.

GUIGO II; BIANCHI, E.; GIURISATO, G. Lectio divina *ontem e hoje*. 3. ed. Juiz de Fora: Subiaco, 2005.

HALL, T. Lectio divina*; o que é e como se faz.* São Paulo: Loyola, 2001.

MOIOLI, G. Teologia Espiritual. In: DE FIORES, Stefano; GOFFI, Tullo. *Dicionário de espiritualidade*. São Paulo: Paulus, 1993.

SECONDIN, B. *Leitura orante da Palavra*. São Paulo: Paulinas, 2004.

ZEVINI, G. *A leitura orante da Bíblia*. São Paulo: Salesiana, 2006.

Capítulo segundo

# A ANTIGUIDADE CRISTÃ

A maioria dos manuais apresenta um resumo da história da espiritualidade cristã, no entanto num livro básico parece-nos mais importante introduzir o leitor em algumas categorias fundamentais que se foram revelando no decurso do tempo e nos servem de balizas para intuir a sua natureza, nas muitas formas que assumiu ao longo dos tempos.

Para ordenar os diversos elementos que merecem ser considerados, dividiremos a matéria em três grandes seções, segundo o princípio do posicionamento da comunidade cristã em face da cultura e da sociedade: a Antiguidade (capítulo II), o mundo cristão (capítulo III) e os tempos atuais (capítulo IV).

Compreendemos por Antiguidade cristã o período que vai desde os ensinamentos de Jesus, registrados no Novo Testamento, até o momento em que, no século IV, o Cristianismo foi reconhecido publicamente como religião e, algumas décadas depois, como a religião oficial do Império Romano.

## 1. OS ENSINAMENTOS DE JESUS

Em continuidade com o conceito basilar que adotamos, colocando-nos numa perspectiva antropológico-histórica, que leva em conta não só o que o ser humano é, mas sobretudo a bem-aventurança a que é chamado, entendemos por espiritualidade cristã a forma concreta de viver na perspectiva de nossa vocação à comunhão com Deus.

Não se trata, portanto, nem de explorar os fundamentos da forma cristã de viver que ressalta dos escritos neotestamentários, nem de procurar as diversas correntes que se observam em seu seio, senão de considerar alguns traços comuns da vida de Jesus e da comunidade apostólica que ressaltam nos dados e escritos que foram acolhidos, desde muito cedo, pela comunidade seguidora de Jesus.

1. Jesus se apresenta como *um homem comum*, um homem como os outros. Não está nem entre os poderosos nem entre os sacerdotes: é um judeu como muitos outros, no seio do povo. Viveu durante trinta anos sem ser notado, embora os Evangelhos da infância, os capítulos iniciais de Mateus e de Lucas, enriqueçam seu nascimento e primeiros anos com uma série de sinais de sua identidade só mais tarde percebida. Foram os discípulos que descobriram o alcance de quem realmente ele era, graças ao seu triunfo

sobre a morte. Esse traço da espiritualidade cristã é fundamental. Denota que a Igreja e cada um de nós somos chamados a viver no mundo sem nenhuma distinção fundamental entre cristãos e não cristãos, entre sacerdotes e leigos, sem exclusões nem privilégios. Essa é a base da chamada espiritualidade de Nazaré, que veio a ganhar importância mais tarde e a florescer de novo em nossos dias.

2. Nazaré é um tempo de gestação. Prepara a eclosão da vida pública de Jesus, que começa no deserto. Jesus é batizado por João Batista, que aí pregava a conversão. Em seguida, ainda no deserto, é tentado. O demônio o induz a adotar algo que se assemelha à metodologia da comunicação: "Aparece ao povo mostrando que és capaz de transformar as pedras em pão", diz o tentador. "Desce do céu e serás carregado pelos anjos, como se lê nos salmos." "Reconhece meu poder e serás adorado pelas multidões", como os grandes astros da atualidade. Mas *Jesus prefere o caminho da humildade*, do abaixamento. Esse traço da espiritualidade cristã tem hoje grande importância. Assim como a vida pública de Jesus começou no deserto, pela recusa dos grandes meios de comunicação, não seria o caso de revermos o uso dos recursos midiáticos atuais no conjunto da comunicação da Palavra?

3. Isso não quer dizer que Jesus não tenha realizado *milagres*, até mesmo de grande significação popular. Sua vida foi pautada por muitos prodígios, a ponto de o quererem fazer rei. Mas os milagres de Jesus, na expressão do quarto Evangelho, são sinais a serem compreendidos espiritualmente. Quando curava, pedia que não o proclamassem, embora exigisse reconhecimento interior, como no caso dos dez leprosos, dos quais, aliás, um só lhe veio agradecer, louvando a Deus. Como sinais, os milagres estão em continuidade com as lições da história de Israel e apontam para Jesus como o Messias, em quem se realizam as promessas. O próprio Jesus interpretou as profecias ao responder às indagações de João Batista a seu respeito e, depois de ressuscitado, no seu diálogo com os discípulos a caminho de Emaús. Mas os milagres são, também, sinais do que está por acontecer, como os apresenta João, desde as bodas de Caná. No entanto, as multidões os interpretaram como manifestação de poder, levando-os a querer proclamá-lo rei. Jesus, porém, desautoriza o propósito do povo e se retira para uma terra estrangeira, a fim de formar os discípulos numa outra perspectiva. Há de se procurar, no esforço para alcançar a significação dos milagres de Jesus, a intenção profunda que o moveu, que não foi, certamente, política.

4. Por que teria Jesus deixado a Galileia quando se tratava de formar os discípulos? Em meio às condições políticas favoráveis, os discípulos mais chegados seriam inevitavelmente tentados a alimentar a ambição de participar do poder, depois da libertação da ocupação romana. Não era essa, por acaso, a expectativa da mãe dos filhos de Zebedeu? Seria desastroso pensar que as conquistas desse mundo favoreceriam a implantação do Reino, centro da pregação de Jesus. O essencial era que os discípulos aprendes-

sem com ele a se colocar inteiramente nas mãos do Pai, que nos dá o pão de cada dia, desde que nos saibamos perdoar uns aos outros, para não sermos tentados pelo mal. Jesus exigia o silêncio dos miraculados e nunca atribuiu a si nenhum feito extraordinário, recorrendo sempre ao Pai, a ponto de confessar que ninguém, nem mesmo ele, conhecia os juízos de Deus. *Colocar toda a vida nas mãos do Pai* é a característica central da forma de viver de Jesus e, portanto, da espiritualidade cristã. *Abbá*, Pai!, faz-nos clamar o Espírito, na raiz de toda a espiritualidade cristã.

5. Consequência imediata desses primeiros traços da espiritualidade cristã é *a oração*. Alimentando-se da vontade do Pai, Jesus viveu em oração. Orava incessantemente, retirando-se com frequência para os lugares ermos, passava as madrugadas em oração. Suplicou ao Pai antes de chamar Lázaro para fora da sepultura, ensinando-nos a pedir. Recolheu-se no jardim das Oliveiras, na iminência de ser preso, vivendo o combate da oração numa intensidade que supera tudo que experimentamos de dificuldades na oração. A presença da Igreja no mundo, como a de Jesus, é uma presença orante, de combate e de entrega da própria vida ao Pai. A oração é a forma mais significativa da caridade, pois é a substância do amor, que permanecerá para sempre, além até mesmo da fé e da esperança.

6. A maneira *como Jesus tratava as pessoas* é outra característica de sua espiritualidade. Jesus fazia questão de praticar a justiça, embora se recusasse a exercer o papel de juiz. No trato com os outros, porém, prevalecia o amor, mesmo em relação aos faltosos e pecadores, desde que cada um nutrisse no fundo do coração uma abertura para Deus. É o caso da samaritana, encontrada no poço de Jacó; da pecadora que escandalizou os convivas no banquete, ao ungir-lhe os pés e enxugá-los, depois que o Mestre havia sido recebido de maneira grosseira pelas autoridades; de Zaqueu, o cobrador de impostos, conhecido pela sua pequena estatura, que teve de subir numa árvore para ver Jesus. A espiritualidade cristã procura ver Jesus, que nos toca, por seu Espírito, no fundo do coração.

7. Impressiona-nos muito, hoje em dia, num mundo que valoriza a situação econômica acima de tudo, o amor de Jesus pelos pobres, que o leva a considerá-los, antes de todos, bem-aventurados. Mateus observa: "pobres em Espírito". Não parece tratar-se de uma pobreza puramente espiritual, no meio das comodidades e do prestígio social, pois Lucas é mais direto e fala dos realmente pobres, socialmente destituídos de significação social, nos dias de hoje, excluídos. Quem sabe o qualificativo da pobreza, em Mateus, significa menos a disposição subjetiva do pobre do que sua condição positiva no Reino: aqueles que são amados por Jesus porque vivem não em função das realidades deste mundo, mas são levados pela sua própria condição histórica a ter sua vida de filhos pautada pela insatisfação com a vida terrena. No convívio com as pessoas e com as realidades deste mundo,

Jesus deixa claro nas bem-aventuranças *a inversão de valores*, que se pode considerar traço bastante característico da espiritualidade cristã.

8. Essa inversão de valores transcende a história. É *a grande lição da Transfiguração*. Gesto gratuito de Deus, manifestação inesperada e em si mesma cheia de sentido, de que são testemunhas os três principais discípulos. Para entendê-la, deve-se apelar, antes de tudo, à conveniência, como diziam os antigos intérpretes, de deixar marcado para os discípulos, talvez sem grande sucesso imediato, o sentido dos acontecimentos finais de sua vida na terra, que havia há pouco anunciado. A espiritualidade cristã, sob certo aspecto, vive da Transfiguração, como sustento da esperança. *Venha a nós o teu Reino!* Essa articulação delicada do sinal com a realidade, do milagre com a cura espiritual, do sentido transfigurado das difíceis condições em que somos chamados a viver podem ser considerados como um dos traços mais marcantes da espiritualidade cristã. Mais do que em função da transformação do mundo, que entre nós adquiriu uma importância desconhecida da Tradição, somos chamados a trilhar, na humildade, o caminho da cruz, sabendo que, no seguimento de Jesus, nossa paixão é a porta da vida de intimidade com o Pai, que se compraz em nós tais como somos, à semelhança de seu Filho, sob o signo do Espírito.

9. No momento em que se realizam as ameaças anunciadas, a reação de Jesus não é resistir com a espada, mas *submeter-se a Deus numa extraordinária prova de amor.* A mais antiga Tradição teológica, com base em Paulo e João, ensina que o gesto salvador de Jesus é, antes de tudo, um gesto de amor. Jesus nos dá a maior prova de amor derramando livremente o seu sangue para nos salvar. Desde as origens da comunidade cristã, o martírio, como gesto significativo de testemunho e de amor, ocupou um lugar central nas formas de seguimento de Jesus. O martírio é um traço maior, revelador de uma profundidade inefável da espiritualidade cristã. É verdade que, posteriormente, os teólogos se puseram a especular sobre a significação salvadora do gesto de Jesus. Teria sido um gesto de satisfação pelo pecado, um sacrifício oferecido ao Pai de coração puro, ou uma redenção, isto é, o pagamento de um preço para nosso resgate? Ainda hoje se ouvem opiniões desse gênero, cuja consequência, como veremos, é uma grave distorção da espiritualidade cristã. Para os antigos, como Máximo, o Confessor, no século VII, e Tomás de Aquino, que o acompanha, no século XIII, o gesto redentor de Jesus, que nos é apresentado sob os sinais da satisfação do sacrifício e do resgate, nos salva por ser um gesto de amor, que atua na história até os confins do tempo graças ao Espírito, que, através dele, opera a salvação e a santificação de toda a humanidade.

10. Um último traço da vida de Jesus, que deveria ser a marca definitiva da espiritualidade cristã, é o fato de que *Jesus está vivo*, como homem, junto do Pai e do Espírito. Toda a Tradição confessa a centralidade do triunfo pascal e reconhece nele a principal característica da espiritualidade cristã. A liturgia o

reconhece no centro de todo o culto cristão e a própria Eucaristia anuncia o fato de Jesus estar vivo, sem o que perderia toda a significação e se tornaria uma simples memória de fatos passados. O fato de Jesus estar vivo, aqui e agora, como para toda a eternidade, confere sentido à nossa vida; é o clima que deve caracterizar a vida cristã e proclama nossa esperança de um dia nos alimentarmos da vida de Deus por toda a eternidade. A centralidade do Jesus vivo é, hoje, talvez mais do que nunca, o caminho da restauração de uma autêntica espiritualidade cristã fundada no Novo Testamento.

Recapitulando esses dez traços da vida no seguimento de Jesus, que é a substância da espiritualidade cristã, diríamos que somos chamados a levar a vida do homem comum de nosso tempo e de nossa cultura, interpretando interiormente a vida maravilhosa de Jesus e manifestando-a em comportamentos reveladores do primado do Pai, da justiça nas relações de uns para com os outros, na misericórdia, reveladora do Espírito de Deus. Assim, estaremos seguindo Jesus com fé em suas palavras, esperança na misericórdia do Pai que nos encaminha para a vida eterna e dedicados ao serviço dos outros, nas condições concretas em que vivemos, na caridade que animou Jesus, paciente até a morte de cruz, para sermos um dia com ele exaltados, como participantes da vida de Deus.

## 2. A ESPIRITUALIDADE DAS PRIMEIRAS COMUNIDADES CRISTÃS

Uma das riquezas do Novo Testamento é que não se limita ao fato Jesus. Não só o apresenta tal como foi acolhido pelas primeiras comunidades, como também incorpora as reflexões dos primeiros discípulos que estão na base de toda a Tradição da fé e da espiritualidade cristãs. O primeiro aspecto se depreende da vida da comunidade, ao passo que o segundo conta, entre outras, com o pensamento fortemente estruturado de Paulo e de João.

A comunidade cristã nasce da conversão. Foi o que aconteceu em Pentecostes, como transparece do discurso de Pedro, e no caminho de Damasco, com toda a dramaticidade da narrativa dos Atos, de conversões, em que a experiência de Jesus desempenha o papel principal. As multidões que haviam presenciado e, de certo modo, apoiado a execução de Jesus, tendo preferido Barrabás a ele, tomaram consciência do gesto de que tinham sido cúmplices e experimentam a dor profunda de haver morto o senhor da vida. Convertem-se, então, de coração e são purificadas pelo forte simbolismo do banho batismal.

Paulo é um perseguidor dos cristãos, movido pelo zelo da lei. Apoiado pelas autoridades do templo, persegue os que haviam emigrado para o norte, para fugir dos que queriam eliminá-los por causa de Jesus. Este, porém, vem a seu encontro. A experiência de Paulo desafia toda explicação humana. Cego e submisso, vai procurar Ananias, que o recebe na comunidade. Mais uma vez, e agora de maneira eminente e típica, atesta-se o caráter experiencial da adesão a Jesus, que está, de fato, na base de toda a espiritualidade cristã. Não nos convertemos a uma ideia, mas a uma pessoa, nem somente por pensamento, mas por gestos concretos, procurando nos integrar na comunidade cristã e ser acolhidos por quem tem a iniciativa de nos chamar para a purificação de nossa vida e adesão ao que há de mais precioso, inscrito no fundo do coração.

Nas origens da comunidade cristã, a adesão a Jesus é o caminho para se dar a ele até a morte, testemunhando que somos todos chamados a segui-lo assumindo a sua cruz. O caso de Estêvão é paradigmático. Como primeiro mártir, inaugura um traço maior da espiritualidade cristã em seus primórdios, traço que se vai acentuar durante os quase três séculos da Antiguidade cristã e que, a seu modo, se prolonga até os dias de hoje. A vida cristã, de vários modos e em intensidades diversas, sempre esteve em contradição com a vida do mundo. Estamos no mundo, mas não somos do mundo. É uma experiência vivida de muitas formas, mas que acompanha sempre a experiência cristã.

É impossível apagar esse traço da espiritualidade cristã. Na Antiguidade se exaltava a experiência do martírio, menos por causa da morte, mais pela confissão de fé que lhe estava na origem. Depois do século IV, quando o mundo politicamente se aproxima do Cristianismo, surgem os monges, considerados, então, como legítimos sucessores dos mártires, porque confessores da fé pela própria vida, em contraste com a vida secular. Novas formas de viver o Cristianismo surgiram ao longo dos séculos, que ainda permanecem válidas na Igreja. Um grande desafio é saber hoje quais os caminhos da confissão de fé que correspondem às novas condições da vida, num mundo secularizado, de pluralismo religioso, que parece desconhecer a Deus e se desviar dele para uma extraordinária multiplicidade de formas religiosas, na prática de um ilimitado sincretismo.

Mas o grande fato, lugar e cadinho da espiritualidade cristã na Antiguidade, é a própria comunidade. Como a descreve o autor dos Atos em seus famosos sumários, os cristãos perseveravam no ensinamento dos apóstolos, fiéis à comunhão fraterna, à fração do pão e às orações. Punham tudo em comum: vendiam suas propriedades e bens e dividiam-nos entre todos, segundo a necessidade de cada um. Não havia entre eles necessitado algum. Distribuía-se o que tinham a cada um segundo sua necessidade. Eram um só coração e uma só alma. Unânimes, mostravam-se assíduos ao templo e partiam o pão pelas casas, tomando o alimento com alegria e simplicidade de coração. Os apóstolos davam, com grande poder, testemunho de que o Senhor vive. Louvavam a Deus e gozavam da simpatia do povo.

Nesse contexto é que devem ser lidas as reflexões de Paulo e de João. O primeiro polemiza com os judeus e descreve com precisão e vigor insuperáveis o desígnio salvador do Pai, realizado por Jesus. Praticamente todas as cartas paulinas comportam um discurso parenético fundado no que constitui o centro do desenvolvimento doutrinal da carta. O estudo desses discursos, lidos em continuidade com a doutrina que os funda, são talvez os textos básicos de tudo que se escreverá depois sobre o viver cristão. Sua presença maciça nas leituras breves das horas canônicas demonstra a importância que a liturgia confere e esses princípios práticos do viver cristão. Sob esse aspecto é que se pode considerar Paulo como o primeiro autor espiritual cristão.

João o segue de perto, mas num outro estilo. Numa linguagem icônica, patrimônio da espiritualidade de todos os tempos, faz tudo girar em torno do amor inseparável de Deus e do próximo. No foco do amor está Jesus, unido ao Pai no Espírito, que é fonte do Espírito de amor que nos une. Enquanto Paulo chama a atenção para a unidade funcional com Cristo, de quem todos somos membros, desempenhando tarefas diversas e cumprindo diferentes missões, João sublinha a unidade profunda do Filho com o Pai, no Espírito, unidade de Deus a que todos são chamados a participar.

Convém reter a ideia central de que a vida cristã é a vida mesma de Cristo no Espírito de Deus, no Amor. Somos todos chamados a viver essa vida. Essa, a espiritualidade cristã. O Cristianismo não é um caminho particular e determinado de dizer "sim" a Deus, mas um "sim" universalmente amplo e aberto a todas as formas que possa assumir na variedade dos tempos e das culturas.

Por último, queremos relembrar a importância das parêneses ou exortações que enriquecem as cartas de Paulo, de Pedro, de Tiago e de João. Parênese quer dizer exortação moral. Esta é a palavra mais empregada, mas tem o inconveniente de evocar mais uma norma a ser seguida do que uma atitude existencial nascida da condição espiritual em que nos encontramos. A vida cristã implica uma moral, sem dúvida, mas é, antes disso, a fidelidade a uma regra, que é Jesus, como diz Paulo no fim da Carta aos Gálatas, fidelidade, portanto, a uma pessoa, moral que tem como mola interior e lei profunda o amor a Jesus, que nos dá acesso ao Pai no Espírito.

Já em 1Ts 4,1–5,19 Paulo nos convida a viver para agradar a Deus, cuja vontade é nossa santificação. Recomenda-nos a vigilância. Em 2Ts 2,13-17, exorta à perseverança, característica maior do agir cristão.

A grande parênese de Rm 12,1–15,13 é a mais ampla. O apóstolo compara nossa vida a um culto espiritual, lúcido (*logikê latreia*), em que estejamos empenhados em fazer o bem em relação a todos, para não nos deixarmos vencer pelo mal, mas vencer o mal com o bem. Nada devemos a ninguém senão o amor, vestindo-nos de Jesus Cristo na força do Espírito. Essa mesma perspectiva já se encontrava em Gl 5,13–6,17, acentuando-se a liberdade que nasce do reconhecimento de nossa condição de criaturas e da fidelidade ao Espírito, cujos frutos definem a regra única a que estamos sujeitos.

Em Fl 3,1-21, Paulo exalta o caminhar na alegria da fé. Os discípulos de Paulo retomam o mesmo tom em Ef 4,1–6,24, numa solene exortação à unidade, característica da vida nova em Cristo, e em Cl 3,1–4,6, em que a espiritualidade cristã se funda na união com o Cristo ressuscitado. Uma análise mais ampla de como viver a vida cristã não pode deixar de reconhecer um lugar privilegiado às parêneses do Novo Testamento, que se repetem nas cartas de Pedro (cf. 1Pd 4,1-19) e de João (passim), como também em diversas passagens da Carta aos Hebreus, em particular no grande elogio à fé (11,1–12,13).

## 3. AS PRIMEIRAS "ESCOLAS" DE ESPIRITUALIDADE

Encarada em si mesma, a espiritualidade cristã consiste no seguimento de Jesus no Espírito, concretizado nas parêneses apostólicas que acabamos de lembrar. Mas esses aspectos centrais, consignados no Novo Testamento, estão em íntima relação com a maneira segundo a qual se concebe e se vive a vida humana nas diversas épocas da história e nas diversas culturas.

As realizações concretas da vida cristã, desde os inícios do Cristianismo, sobretudo a partir do momento em que se impôs o diálogo da Tradição cristã nascente com a cultura ambiente, vão conhecer formulações diversas, válidas por si mesmas como expressão da fidelidade a Jesus e a seu Espírito, num determinado contexto cultural, mas que seriam mal interpretadas se não se considerasse o que têm de relativo e de puramente histórico.

Num primeiro momento, trata-se de defender a legitimidade e a significação do viver cristão. A esse respeito, talvez o documento mais importante seja a Carta a Diogneto, cuja autoria nos levaria a situá-la no início do século II. Além de sublinhar a originalidade e a universalidade da fé cristã, descreve a vida da comunidade, que em nada difere da vida dos demais habitantes da cidade, a não ser pelo fato das celebrações litúrgicas matinais, da prática da justiça e do respeito mútuo em todas as relações humanas (*Padres apologistas*. São Paulo: Paulus, 1995. Patrística, v. 2, p. 19-30).

O caráter factual do conteúdo da Carta, além de mostrar que a espiritualidade cristã, no início do século II, consiste na vida concreta da comunidade mais do que nos ideais e nas perspectivas que sustentam a vida cotidiana, deixa clara a universalidade da espiritualidade cristã, que corresponde, aliás, à universalidade da salvação e é, de fato, vivida por todo aquele que busca a justiça, quando animado pelo respeito a todos e pela solidariedade com todos os humanos.

Uma história da espiritualidade na primeira Antiguidade cristã nos levaria a privilegiar esse aspecto factual, como dissemos, que aparece em filigrana praticamente em todos os documentos que possuímos e que merecem ser lidos sob essa ótica, como as duas cartas aos coríntios de Clemente Romano, datadas do fim do século I (*Padres apostólicos*. São Paulo: Paulus, 1997. Patrística, v. 1, p. 23-70).

Outros textos de importância capital são as famosas cartas de Inácio de Antioquia, martirizado em 107, que destacam a grande dignidade do martírio como expressão acabada do amor a Cristo (*Padres apostólicos*. São Paulo:

Paulus, 1997. Patrística, v. 1, p. 81-125), bem como as cartas de Policarpo de Esmirna, de meados do século II, e a narrativa de seu martírio (*Padres apostólicos*. São Paulo: Paulus, 1997. Patrística, v. 1, p. 137-155).

A partir do início do século III, começa-se a notar certo deslocamento dos escritos espirituais cristãos para a busca de uma forma de *entender* e *justificar* a prática, em cuja descrição se concentravam os escritos anteriores. Numa ótica mais explicativa que factual, observa-se o desenvolvimento da Escola catequética de Alexandria, que alcança certo esplendor com Clemente Alexandrino († 211/6), que busca, a partir da Escritura, uma visão ordenada de conjunto da vida cristã, e com Orígenes († 254/5), em que se nota o recurso a categorias filosóficas, principalmente neoplatônicas, para pensar a iniciação cristã.

Essa perspectiva fará de Orígenes o grande mestre da espiritualidade cristã na posteridade, promotor da *lectio divina* e patrono da Teologia Espiritual, apesar das muitas polêmicas que seu ardor cristão suscitara. As homilias sobre os mais variados livros bíblicos, sua exortação ao martírio e o ensinamento sobre a oração, seu importante comentário sobre o pai-nosso, em paralelo com os de Tertuliano e de Cipriano, a maneira como se coloca, como homem de fé, em face das objeções do paganismo, torna o estudo de Orígenes indispensável para quem busca compreender a evolução posterior da espiritualidade cristã.

Em contraposição à tendência platônica de Alexandria, deve-se considerar a orientação mais pragmática da Tradição cartaginesa, representada por Tertuliano († 222/3) e por Cipriano († 258). Apesar do rigorismo do primeiro, com que contrasta a misericórdia pastoral do segundo, eles têm em comum uma visão prática da vida, herdada, sem dúvida, do espírito romano, que os leva a conceber a espiritualidade cristã em termos de obrigações e deveres, como fidelidade aos compromissos batismais assumidos.

Pode-se dizer que, ao terminar o século III, nos estertores da perseguição de Diocleciano, que abdicou do trono em 305, o Cristianismo começa a se manifestar com uma revigorada significação política. A diversidade das culturas e povos encontra nos cristãos um princípio de unidade, o que não escapa ao poder imperial. As possibilidades de unidade do Império Romano dependem cada vez mais do reconhecimento dos cristãos, o que acabará acontecendo com Constantino, desde 313. O reconhecimento do Cristianismo como religião, dentre as muitas que se praticavam no Império Romano, constitui uma reviravolta importante no relacionamento dos cristãos com a sociedade, que repercutirá em profundidade na espiritualidade cristã. É o que veremos ao discorrer sobre a espiritualidade cristã no mundo tornado cristão.

### Resumindo

*A história cristã começa em Jesus. Os Evangelhos contêm o perfil de Jesus tal como foi visto pelas primeiras comunidades cristãs, desde o seu nascimento como verdadeiro homem, sua vida e morte, e o fato de que está vivo, manifestado pela fé na ressurreição, que o reconhece estar unido em Deus, com a totalidade do seu ser histórico, prenunciando nossa própria vocação à comunhão com Deus.*

*As primeiras comunidades viveram com base nessa esperança, numa comunhão de amizade e de partilha, constituindo, assim, o padrão da espiritualidade cristã, a que deve sempre recorrer a Igreja, a fim de viver em constante renovação no Espírito.*

*Como podemos perceber, a espiritualidade cristã brota nas origens mesmas do Cristianismo, graças à forma como os apóstolos refletem, a partir de Jesus, no que deve caracterizar a vida cristã.*

---

**Perguntas para reflexão e partilha**

1) Como sintetizar os ensinamentos de Jesus contidos nos Evangelhos?

2) Quais os elementos básicos da espiritualidade cristã nas comunidades apostólicas? Que é que eles inspiram para a sua experiência espiritual e seguimento de Jesus?

3) Apesar das atuais dificuldades, como a Igreja pode se renovar à luz dos ensinamentos de Jesus e da vida das comunidades apostólicas?

---

## Bibliografia básica

BENTO XVI. *Jesus de Nazaré;* do batismo no Jordão à transfiguração. São Paulo: Planeta, 2007.

COLAVECCHIO, R. L. *O caminho do Filho de Deus;* contemplando Jesus no Evangelho de Marcos. São Paulo: Paulinas, 2005.

CULLMANN, O. *Cristologia do Novo Testamento.* São Paulo: Custom, 2002.

LAURENTIN, René. *Vida autêntica de Jesus Cristo;* narrativa, fundamentos, provas e justificação. São Paulo: Paulinas, 2002. v. 1.

LIÉBAERT, J. *Os padres da Igreja.* São Paulo: Loyola, 2000. 2 vv.

MORESCHINI, C.; Norelli, E. *História da literatura cristã antiga grega e latina.* São Paulo: Loyola, 1996. v. 1.

TERTULIANO, CIPRIANO, ORÍGENES. *Tratado sobre a oração.* Juiz de Fora: Mosteiro de Santa Cruz, 1996.

Capítulo terceiro

# A ESPIRITUALIDADE NO MUNDO CRISTÃO

Nos inícios do Cristianismo os cristãos viveram num mundo que os desconhecia. À medida que se foram difundindo, porém, eles se viram rejeitados por não se submeterem ao culto imperial, sobre o qual se assentava toda a estrutura do poder. Os acontecimentos do século IV deram origem a um mundo que se foi cristianizando, atingiu certo apogeu e entrou numa fase de declínio. Durante esse tempo, a vida cristã foi marcada por certas características, através das quais transparecem importantes facetas da espiritualidade cristã, indissociáveis do espírito que animava a sociedade.

Hoje não mais vivemos num mundo cristão. Mas nos parece ser importante refletir sobre a espiritualidade daquela época para destacar os traços permanentes da espiritualidade que deve animar os cristãos de todos os tempos, até mesmo em nossos dias.

De fato, não se pode mais dizer que o mundo é cristão. Embora as Sagradas Escrituras sustentem a convicção de que Jesus é a fonte da salvação e da santidade para todos os humanos, tornou-se claro que sua presença e sua ação no mundo passam pelos mais diversos caminhos, no tempo e no espaço, e que o reconhecimento do lugar histórico que ocupa na obra de Deus só será plenamente desvelado no último momento do tempo.

A comunidade cristã na história, como todas as sociedades humanas, nasce, cresce e se constrói marcada pelo meio cultural em que se desenvolve. Durante um período de quase um milênio e meio essa comunidade influenciou decisivamente a cultura e as instituições, a ponto de se poder dizer que nessa época o mundo ocidental foi um mundo cristão.

Mas assim como Jesus nasceu humilde, teve seu momento de glória, porém morreu na cruz, o mundo cristão, depois de se afirmar na história, desfez-se culturalmente, teve de ceder, depois de muitas lutas, à crescente consciência da emancipação política, religiosa e científica, que caracteriza ainda em grande parte os tempos atuais.

Passados quatro a cinco séculos de embates, o mundo cristão parece ter sido ultrapassado pela história. A morte do mundo cristão, considerada por muitos como sendo o fim do Cristianismo, da civilização cristã, da Igreja e até mesmo de Deus, não é, senão a sua crucifixão, pois a comunidade cristã é chamada doravante a viver no Espírito, como Cristo Ressuscitado, estando ainda no mundo, como expressão ou sacramento da união com Deus e da unidade de toda a humanidade, como diz a constituição sobre a Igreja *Lumen Gentium*, do Concílio Vaticano II.

Os cristãos custaram a admitir, durante séculos, esse fato teológico de primeira importância. Depois de se confundir com a origem greco-romana, durante quase quinze séculos, o Cristianismo histórico foi aos poucos cedendo lugar a outro mundo, um mundo globalizado, em torno de outra concepção do universo e da vida, que não mais se baseia na fé, mas na centralidade do sucesso político, econômico e científico, que passa a ser a base de toda concepção de vida.

## 1. A GÊNESE DO MUNDO CRISTÃO

Do ponto de vista teológico, o mundo cristão está baseado na harmonia entre a criação e a salvação, entre o desejo de Deus inscrito no coração de todos os humanos e sua vocação à comunhão com Deus, entre a natureza e a graça, se quisermos empregar um vocabulário do passado. Essa unidade dinâmica, entre a criação e a comunhão com Deus, constituía o fundamento do mundo cristão, na medida em que o desígnio salvador de Deus, anunciado na história de Israel e realizado em Jesus, presidiria, ao mesmo tempo, uma sociedade e uma cultura marcadas pela prevalência da justiça e da solidariedade, e a comunidade cristã, caracterizada pelas exigências do Evangelho e pela vida no Espírito de Jesus.

Não que o mundo cristão se tenha efetivado na história. Longe disso. Aos olhos modernos, a Idade Média, considerada o esplendor do mundo cristão, parece ter desconhecido a prioridade que hoje têm para nós alguns valores fundamentais, como o respeito aos direitos humanos, como hoje os entendemos, a justiça e a liberdade. Mas é relevante, pelo menos, o fato de que, então, todos admitiam, em virtude da íntima articulação da religião com a cultura, que sociedade e Igreja deviam dar-se as mãos para realizar juntas, da melhor maneira possível, a progressiva implantação cultural do respeito à pessoa, na realização de um mundo que tornasse mais eficaz o caminho da humanidade para o céu, o fim para o qual foi criada.

Ainda hoje, num mundo laicizado, os cristãos se empenham em preservar as instituições cristãs, embora sintam todos, de diferentes modos e em graus diversos, a necessidade de repensar sua ação no mundo, tal como ele é. Tarefa que exige dos cristãos um grande esforço e se traduz nas muitas formas de explicitar o que chamamos de Doutrina Social da Igreja.

O mesmo acontece com a vida cristã, que reclama também profunda renovação. É indispensável que nos interroguemos, como homens e mulheres do nosso tempo, sobre o perfil da espiritualidade que se desenha para o cristão no mundo em que vivemos. E para responder a essa questão crucial é importante detectar os traços maiores da espiritualidade cristã, tal qual ela se desenvolveu no mundo cristão, pois a história, conduzida por Deus, é mestra da vida, como gostava de lembrar João XXIII, e nos revela, em continuidade com a vida do próprio Jesus, as riquezas inesgotáveis da vida no Espírito. Não podemos deixar de perscrutar os sinais dos tempos.

Com esse objetivo, refletiremos sobre a evolução da espiritualidade no mundo cristão, tomando como base a busca de fidelidade ao Espírito de Jesus. Antes, porém, de focalizarmos a renovação que se impõe, consideraremos como reagiu a espiritualidade cristã em face dos quatro grandes desafios que caracterizaram a história do mundo cristão, desde seu nascimento, no século IV, até praticamente os nossos dias:

- a rejeição do mundo pagão;
- a edificação da Cristandade;
- o confronto com o movimento de emancipação das instituições seculares;
- a renovação estrutural da comunidade cristã.

### 1.1. O nascimento do mundo cristão

A harmonia de fundo entre a criação e a vocação à comunhão com Deus, num mundo em que não se distinguia o que hoje chamamos de religião do conjunto da vida social e política, levava naturalmente a considerar como um objetivo maior, de um lado, a assimilação das comunidades ao Estado, o que justificava o esforço para submeter os cristãos ao culto imperial, que está na raiz das perseguições; de outro lado, a tendência herdada do Judaísmo, que levava os cristãos a vincular a prática da fé às estruturas político-culturais da sociedade.

Foi o que justificou o projeto de um mundo cristão, em germe na progressiva adaptação das comunidades cristãs às estruturas do Império Romano e que veio a eclodir na ação política dos imperadores Constantino (306-337) e Teodósio (379-395), que reconheceram o Cristianismo, finalmente, como religião oficial.

Mas essa aproximação entre as instituições cristã e imperial estava muito longe de significar o ajustamento da realidade da vida cotidiana às exigências do Evangelho. A divisão entre cristãos e pagãos, agora batizados, mas apenas semievangelizados, criou uma dificuldade nova: como superar a dissociação entre batizados que continuavam a viver como pagãos e aqueles que, levando a sério os apelos do Batismo, sentiam-se levados a romper com a sociedade, agora nominalmente cristã, e adotar um regime de vida que lhes parecia decorrer, como exigência, da vida e da pregação de Jesus?

Há um consenso generalizado entre os autores, em escritos largamente difundidos no século IV, como, por exemplo, a *Vida de Santo Antão*, escrita por Atanásio († 373), e as sentenças ou *Apoftegmas dos Pais*, colecionados por autores antigos, de que o monaquismo cristão nasceu, precisamente, da percepção de que era preciso deixar a comunidade pouco coerente com as exigências do Batismo para viver integralmente como cristãos. Daí o nome *anacoretas* dado aos primeiros monges, *que se iam* das cidades para o deserto, a fim de viverem isolados (*eremitas*) ou de se integrarem em comunidades separadas do mundo (*cenobitas*), em busca de uma vida autenticamente cristã.

A espiritualidade cristã desse tempo é reflexo do fenômeno monástico.

## 2. O MONAQUISMO

O monaquismo cristão é um fenômeno de grande alcance social, histórico e religioso nascido no século IV. Não que a busca de Deus, pautada pelo seguimento de Jesus e expressa de maneira concreta pela virgindade e pelo profetismo, masculino e feminino, dos chamados confessores da fé, só então tenha surgido. Desde os tempos apostólicos, como vemos nos Atos, virgens e confessores estão presentes e têm seu papel reconhecido nas comunidades. Ser cristão foi sempre entendido como se converter a Jesus e segui-lo, apesar de todas as incompreensões e dificuldades que se enfrentavam na sociedade paganizada.

No momento em que o Cristianismo se tornou a religião do Império Romano, e que a adesão a Jesus não mais exigia uma mudança radical de vida, a ruptura com o mundo veio a se fazer no seio mesmo da comunidade cristã e se tornou o eixo da evolução de um fenômeno religioso conhecido de quase todas as tradições religiosas: o monaquismo. Nada a estranhar, a conversão até hoje continua sendo o ponto de partida da vida cristã, como já acontecera, aliás, no nascer da Igreja em Pentecostes (cf. At 2,37-39), e o monaquismo é como que o seu "sacramento", ou seja, sinal da renúncia ao mundo e do abraçar um caminho de total dedicação a Jesus, marcado pelo Batismo.

No entanto, para um conhecimento mais completo da espiritualidade monástica e, portanto, da própria espiritualidade cristã, é indispensável que tenhamos presentes alguns desses desenvolvimentos do monaquismo, inseparáveis de uma vida que busca ser fruto e expressão da conversão ao caminho de Jesus.

### 2.1. Segunda conversão

Num primeiro momento, homens e mulheres, como os que seguiram Jesus em sua vida, manifestavam, pela sua ruptura, a não conformidade com a prática religiosa de fundo político, gerada pelo Estado cristão então nascente. Não tinham outro objetivo senão o de viver integralmente o Evangelho, seguindo à risca as orientações sugeridas nas parêneses do Novo Testamento e as recomendações de Jesus, de Paulo e de João a respeito do melhor caminho de agradar a Deus. É o que se quer dizer quando se repete comumente que o monge nada mais é do que o cristão que leva a sério o seu Batismo, de entender o monacato como um segundo Batismo ou segunda conversão.

A história nos ensina que todos os outros muitos aspectos que se acrescentaram através dos tempos à vida monástica, religiosa ou consagrada nada mais são do que o desenvolvimento, sob diferentes ângulos, dessa geratriz fundamental: a inteira e total fidelidade à conversão, expressa no Batismo.

A referência à graça batismal constitui o elemento de fundo que, ao mesmo tempo, aproxima e diferencia a vida monástica da simples vida cristã. Primeiro aproxima, pois a vida monástica como tal não se caracteriza em si mesma por nenhum elemento próprio. Não é o hábito que faz o monge. Seu cotidiano não se diferencia do cotidiano do cristão senão por razões históricas, culturais ou profissionais. Ao mesmo tempo, deve-se reconhecer que todo cristão, onde quer que viva e o que quer que faça, é chamado a viver do Evangelho e se pode considerar como monge, desde que tenha a sua vida unificada pela busca de Deus, pela oração, e empenhada no trabalho e no serviço do próximo. *Ora et labora*, oração e trabalho, é a síntese da vida monástica, como também da vida cristã!

A maior necessidade da Igreja é, hoje, de cristãos que, vivendo no mundo, aí vivam verdadeiramente como cristãos a título inteiro. É o que João Paulo II reconhecia na passagem do milênio, a necessidade de todos sermos santos, e que o Concílio Vaticano II declarava no capítulo central da *Lumen Gentium* a respeito da vocação universal à santidade, que decorre da própria natureza da vocação cristã.

Mas, por outro lado, a segunda conversão diferencia o monge dos batizados, na medida em que comporta uma expressão temporal concreta da vida voltada inteiramente para Deus. O hábito, ainda que reduzido ao essencial, ao porte de um crucifixo, por exemplo, é expressão do que inspira a vida do monge que vive no mundo, em continuidade com o seguimento de Jesus.

A dedicação ao próximo, como parâmetro maior de sua atividade, distingue o cristão que se converte à totalidade da vida doada. A adoção de uma vida sacramental de oração, ou seja, de formas manifestas de louvor e ação de graças, dá o último acabamento à vida do cristão no mundo.

Num contexto social de indiferentismo e secularismo, é importante acentuar a não solução de continuidade entre o cristão no mundo e o monge, do ponto de vista do essencial, e, ao mesmo tempo, não desconhecer a originalidade da vida de segunda conversão, em relação à vida como cristão no mundo. Nessa segunda perspectiva é que tem sentido o testemunho a que são chamadas a dar a virgindade, a pobreza e a plena aceitação do Evangelho na vida.

## 2.2. O trabalho

De acordo com o Livro do Gênesis, o ser humano, criado à imagem de Deus, foi por ele convidado a participar da sua vida. Tal dignidade, explorada pelo Adversário, o levou a pensar que se podia tornar igual a Deus. Não tendo aceitado seus limites, pecou. Contrariou sua vocação à comunhão com Deus, passando a viver sem privilégios, tendo de trabalhar para comer. Embora se revista de um aspecto penoso – que explica a própria etimologia do termo –, o trabalho é, na realidade, a condição concreta do ser humano, a que se reduziu por não ter correspondido ao convite de Deus, não tendo cumprido as condições em que lhe foi feito.

Quem não trabalha não come. Não pode nem mesmo prover às suas necessidades básicas, quanto mais fazer jus ao convite divino. Já o apóstolo Paulo, aos fiéis de Tessalônica, havia dado essa regra: "Quem não quer trabalhar também não coma" (2Ts 3,10). O mundo cristão assimilou em profundidade esse princípio, encarando o trabalho como a condição humana a que nos devemos submeter para nos tornarmos verdadeiramente humanos e poder vir a corresponder, ainda que de forma precária, ao convite divino. O trabalho é a primeira expressão da conversão, submissão a Deus em nossa condição pecadora e, como tal, um traço fundamental do cristão, levando o monge a reconhecer-lhe um valor, não só econômico, mas sobretudo espiritual, como uma forma de se submeter a Deus.

Quem quiser viver longe do mundo, pois, como cristão, precisa trabalhar. Os verdadeiros monges são os que vivem do trabalho de suas mãos, repete toda a Tradição monástica, em vários tons, mas sempre com o mesmo refrão. A espiritualidade cristã é, antes de tudo, uma vida em que o trabalho desempenha papel fundamental de seguimento de Jesus, de liberdade interior e de dedicação às necessidades do próximo.

## 2.3. A vida em comunidade

Um segundo aspecto do modo de viver monástico é o que podemos denominar vida comunitária, expressão do amor ao próximo, que é o que há de mais importante na vida cristã. O modo eremítico de viver nunca se contrapôs à vida em comunidade; pelo contrário, sempre foi entendido como um tipo de monaquismo que só podia ser abraçado normalmente, depois de um tirocínio mais ou menos longo sob a orientação de um monge mais experimentado, mantendo-se sempre o contato com outros monges, sob as mais variadas formas, mais ou menos intensas, mas sempre comunitárias.

Os eremitas viviam em relação com outros monges, quando não, com comunidades monásticas que os ajudavam a se sustentar e, em geral, eram por eles espiritualmente sustentadas. Sem falar nas formas de monaquismo propriamente comunitárias ou cenobíticas, desenvolvidas, por exemplo, por Pacômio no Egito, por Basílio na Capadócia, por Cassiano no sul da França e por Agostinho no norte da África.

Mas trabalho e vida comum não eram senão as formas concretas de vida monástica, correspondentes à condição terrena e comunitária do ser humano, que nasce e necessita crescer no seio de uma comunidade, a começar pela família em que nasce. A comunidade é o contexto em que o monge é chamado a desenvolver e a aprofundar a fidelidade à conversão e à realização da comunhão pessoal com Deus. A participação da vida divina, eminentemente pessoal, é vivida no coração, em que está inscrito o desejo de Deus, que somente a comunhão pessoal com ele pode ir realizando vida afora, mas que não se realiza senão através do amor ao próximo, de que a comunidade é expressão.

## 2.4. Oração

Essa aventura pessoal vivida no coração, que está na origem mesma do nome de monge – unidade com Deus –, foi desde as origens do monaquismo considerada seu principal elemento. É o que denominamos oração, no sentido amplo: a relação pessoal com Deus, por Jesus, no Espírito (cf. *Catecismo da Igreja Católica*, n. 2558), que envolve toda a vida de seguimento de Jesus. A centralidade da oração explica toda a organização da vida nos mosteiros, em que nada deve ser a ela sobreposto, como diz São Bento em sua Regra, que serviu de padrão para todo o monaquismo ocidental.

O monaquismo antigo estabeleceu a oração como o parâmetro da espiritualidade cristã. Podemos representá-lo num quadrilátero, base de todo o seu desenvolvimento posterior: na base, a conversão; na sua realidade histórica, trabalho e vida comum; no cume, as expressões pública e privada da oração, antecipação da vida eterna. Conversão e oração formam o eixo central, em torno do qual tudo deve girar. Referem-se à esfera teologal, da relação pessoal com Deus. Trabalho e vida comum se situam no tempo e no espaço, são os elementos que dão consistência histórica ao monaquismo. Esta, por sua vez, sustenta a vida da comunidade monástica, exercício do amor fraterno, prendendo-a à vida teologal, de amor ao próximo e a Deus.

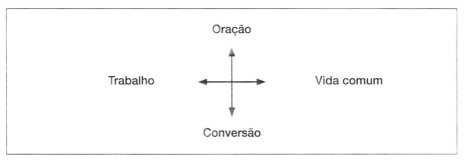

Os dois eixos – vertical (teologal) e horizontal (histórico) – do monaquismo

Conversão, trabalho, vida comum e oração formam a estrutura básica, alicerce e coluna de sustentação do monaquismo. No Oriente cristão, essa estrutura básica foi conservada até hoje, e o monaquismo oriental se caracteriza por esses quatro dados fundamentais: é uma vida de oração fundada na conversão e expressa por uma atividade inteiramente voltada para Deus, no seio da comunidade. No Ocidente, a evolução do mundo cristão vai acrescentar uma série de outros traços, de grande importância, por certo, decorrentes dessa estrutura básica, mas que não se explicam senão por causa da inserção do monaquismo na diversidade das épocas através da história.

Com a sucessão dos tempos e das culturas, esses *adenda* vão desempenhar um papel mais ou menos importante, como geratrizes da vida monástica, que passará a ser considerada vida religiosa, fundada nos votos ou, como hoje, na simples consagração, situada no âmbito da vida eclesial, desempenhando seu papel em continuidade com os ministérios ordenados, vida missionária ou evangelizadora, voltada para a evangelização e para a presença da Igreja junto ao povo.

Dentre os elementos que se associaram ao monaquismo, a assistência aos pobres e aos doentes e a educação acompanham os mosteiros desde as origens. São obras de beneficência e de misericórdia características de todas as instituições cristãs. A estabilidade e a consagração se agregam ao núcleo conversão, trabalho, vida comum e oração, já no século VI, com Bento de Nursia (480-547), que está na origem das estruturas ainda hoje existentes da vida religiosa.

O empenho missionário foi oficialmente confiado aos monges a partir do Papa Gregório Magno (590-604). A valorização das celebrações litúrgicas, da função de intercessão e da transmissão da cultura, vai ocupar lugar de destaque no monaquismo medieval, sobretudo a partir das reformas do tempo de Carlos Magno (742-814).

Quando hoje se busca uma espiritualidade cristã atualizada, não se pode esquecer a referência à Tradição monástica. Ela se situa no limiar do mundo cristão e guia, através dos séculos, a fidelidade criativa à Tradição.

## 3. A EDIFICAÇÃO DA CRISTANDADE

A espiritualidade monástica continua presente no mundo cristão. No Oriente, o monaquismo guarda até hoje um perfil muito próximo ao de suas origens. No Ocidente, porém, surgiram muitas outras variedades de vida consagrada, que brotaram do tronco monástico, mas que foram assumindo novas formas, dentre as quais importa ressaltar a contribuição de Santo Agostinho, que está na gênese da grande maioria das práticas monásticas que se difundiram entre nós.

## 3.1. A significação de Santo Agostinho

Santo Agostinho († 430), bispo de Hipona, hoje Annaba, na Argélia, foi visto por toda a Tradição latina posterior como o principal autor espiritual da Antiguidade. Sem ele, não é possível entender a Cristandade medieval. Mesmo sem considerar seu pensamento, que influenciou decisivamente tanto a cultura monástica como a escolástica, do ponto de vista espiritual, teológico e filosófico, sua forma de viver como cristão impregna a tal ponto a Cristandade que mal se percebe o que não lhe é devido, na espiritualidade medieval e moderna.

Devemos a Agostinho, em primeiro lugar, a maneira como entendeu a vida espiritual, abrindo caminho para o que compreendemos hoje por espiritualidade. A descoberta coincide com sua conversão. A linguagem tosca das Escrituras cristãs, segundo os parâmetros estéticos da época, constituía para ele, retórico formado nos critérios da literatura clássica latina, o maior obstáculo à sua plena adesão de fé.

Nessa altura, teve a felicidade de se aproximar de Ambrósio († 397), herdeiro de Orígenes († 254) na forma de ler a Bíblia, respeitando a letra, mas buscando, principalmente, a significação espiritual do texto, que valia, sobretudo, porque transmitia os ecos de uma experiência inefável, acessível somente a quem se dispusesse a ultrapassar a narrativa na sua materialidade. Sob a rude aparência da letra bíblica Ambrósio descobria, na Escritura, um espírito que manifesta o verdadeiro sentido de nossa vida e torna não somente aceitável, mas até mesmo sublime, tudo que ensina a respeito de Deus, do Cristo e do Espírito. Sob esse ângulo, a Bíblia se torna a expressão da verdade, da beleza e da bondade, que Agostinho tanto amava. Guiado pelo gênio de Ambrósio, Agostinho tornar-se-á um mestre da *lectio divina*.

Em consequência, a busca de Deus através da Bíblia se faz a partir do mais íntimo de nós mesmos, do coração, e nos conduz ao repouso em Deus. A verdade e a beleza de Deus não estão no realismo da letra, mas são por ela descobertas com base no dinamismo do coração.

Assim como, na Bíblia, letra e sentido espiritual são inseparáveis, a interioridade matricial da espiritualidade cristã é, na realidade, uma dimensão positiva presente em todo o nosso agir, por mais concreto que seja. Não pode ser entendida como um alheamento das coisas temporais, senão como a inspiração que lhe confere sentido, convertendo-a em ocasião, instrumento e expressão da busca da bem-aventurança, no seguimento de Jesus. Toda a espiritualidade cristã, ao longo da Idade Média até hoje, em formas nem sempre suficientemente atentas à inseparabilidade entre realidade histórica e vivência espiritual, tem sua fonte, seu foco e seu centro na vida interior, tal como a concebia Agostinho, alma de toda práxis cristã.

Nessa mesma linha se deve entender o primado que Agostinho reconhece ao amor. Apoia-se, evidentemente, no ensinamento joanino. Faz do amor de Deus, em contraposição ao amor de si mesmo, a característica do Reino, a Cidade de Deus. Tende, assim, a valorizar sobremaneira a afetividade, no sentido forte do termo. Muitos de seus seguidores, suspeitando do racionalismo que invadiu o pensamento cristão no esplendor da Escolástica, adotaram uma visão do mundo que procurava seguir o mais rigorosamente possível os preceitos da razão, situados, porém, numa visão de conjunto que reconhecia ao amor um primado indiscutível do ponto de vista cristão. No século XIII, a espiritualidade franciscana se construiu nessa linha, tendo em São Boaventura († 1274), por exemplo, seu grande representante.

O alcance do amor é tal que nos faz viver em comunhão com Jesus, formando uma só unidade espiritual, um só corpo. Agostinho encontra em Paulo a base para interpretar a comunidade cristã como corpo de que Cristo é a cabeça, de tal sorte que a vida cristã é uma vida em Cristo, na unidade de um mesmo Espírito. O que Jesus vive também nós vivemos. Ele como fonte da vida, nós como beneficiários da mesma vida. Sob esse aspecto, a espiritualidade é cristã, não apenas por uma espécie de denominação extrínseca, porque procuramos seguir nos passos de Jesus, mas também por uma realidade mística, porque compartilhamos a vida de Jesus, somos seu corpo.

Finalmente, é importante considerar que, desde os tempos de sua conversão, Agostinho viveu sempre em comunidade, numa espécie de mosteiro, com características próprias. O cuidado e a atenção que consagrava à vida comunitária, tanto masculina como feminina, valeu-nos a sua famosa carta 211, considerada a Regra de Santo Agostinho, a partir da Idade Média. Sua influência foi decisiva na evolução da vida consagrada, possibilitando a inserção do monaquismo na vida da comunidade cristã, como prestador dos mais diversos serviços, no ministério sacerdotal à educação e ao cuidado da saúde.

### 3.2. Dos mosteiros para o mundo

Agostinho, no fim de sua vida, assistiu ao desmoronamento das instituições imperiais, sob a pressão dos povos que vinham do Oriente e do norte da Europa. Uma das principais consequências dessas profundas mudanças políticas foi a Igreja assumir, progressivamente, o papel de assegurar certa regularidade à vida social, passando, portanto, a orientá-la ou mesmo governá-la.

Na Modernidade esse papel assumido pela Igreja, com as mais diversas justificativas, todas elas, em continuidade com sua missão, começou a ser contestado num grande movimento de emancipação que, aos poucos, foi atingindo todas as esferas da sociedade: política, cultura, ciência e até mesmo religião. A Idade Média passou a ser considerada globalmente uma época de trevas em contraste com a civilização greco-romana, extinta com as invasões dos bárbaros.

Atualmente, sabendo respeitar melhor as diferenças culturais que se observam no planeta, somos levados a modificar nosso olhar no que se refere à qualidade humana e espiritual da diversidade cultural, inclusive da Idade Média.

Convém, por isso, que o historiador da espiritualidade cristã, despindo-se ao mesmo tempo dos preconceitos modernos e do viés apologético com que se defendia, na Igreja, a Cristandade medieval, procure estabelecer um critério de análise capaz de entender a espiritualidade dessa época, a fim de poder avaliar de maneira mais justa sua significação.

Apelando sempre para a perspectiva que nos serve de guia, a relação da comunidade cristã com o mundo em que está inserida, a compreensão da espiritualidade no mundo cristão medieval deve ser considerada resultante de suas origens monásticas, na interpretação da matriz evangélica, vivida nas primeiras comunidades cristãs.

No entanto, a fuga do mundo, que motivou o monaquismo nos seus inícios, vai estar associada, no Ocidente, à ação dos monges integrados na comunidade cristã, graças ao posicionamento de Agostinho, como vimos. Os monges, tendo-se afastado da sociedade paganizada, voltavam-se agora para o mundo, com o objetivo explícito de cristianizá-lo, inspirados nos princípios que regiam sua própria vida, marcada tanto pela austeridade ascética como pela prevalência da vida interior.

Observa-se assim uma inversão importante da vocação monástica: inspirado no afastamento do mundo, o monaquismo alimenta uma espiritualidade também baseada na fuga do mundo, que se torna a base do ideal cristão oferecido a todos os fiéis. A virgindade prevalece sobre o casamento. O despojamento dos bens, sobre a conquista das facilidades da vida. A submissão às autoridades, sobre a liberdade de se organizar, segundo o que melhor parecesse a cada um e a cada comunidade. A vida cristã é comandada pela conversão interior, por um ideal de comunhão com Deus, santificada pelos sacramentos e tendo como seu clima próprio a oração, em detrimento da preocupação com os desafios da sociedade e o indispensável serviço do próximo, na construção de um mundo de justiça e paz.

A prevalência da vida interior sobre a atividade temporal tornou-se como que a marca específica da espiritualidade cristã. Vivia-se mais em vista da salvação da alma do que em função da qualidade da vida humana concreta, no fundo desprezível, quando comparada com a vida eterna. A busca interior de Deus na contemplação, a dedicação aos interesses da Igreja, presidida pelo representante de Cristo na terra, e o culto dos santos, que se havia de perpetuar na eternidade, polarizavam o empenho missionário.

### 3.3. Referências históricas

Algumas referências poderiam ser dadas, com o objetivo de esclarecer essas considerações gerais e concretizar os dados que sugerimos como traços do perfil da espiritualidade no mundo cristão.

Comecemos, por exemplo, com Anselmo († 1109), piemontês de origem, abade do Bec, na Normandia, e depois arcebispo de Canterbury, homem de grande influência na cultura da época. Anselmo mantém uma relação estreita entre metafísica e espiritualidade no seu modo de pensar, todo voltado para Deus e para a vida eterna, a ponto de ser inteiramente alheio a tudo que não está intimamente ligado à sua busca de compreensão das realidades da fé.

Outro grande exemplo é Bernardo († 1153), monge de Cister, fundador e abade do Mosteiro de Claraval. Em oposição à Tradição monástica de Cluny, hegemônica na época, tornou-se defensor de uma reforma monástica baseada no trabalho e na vida comum, mas cuja força repousava na busca da união mística com Jesus. Bernardo é, talvez, o monge latino que mais amplamente tenha assimilado as tradições orientais, que punham no centro da vida monástica a intimidade com Jesus, na famosa *oração de Jesus*, praticada desde então na ilha monástica do Monte Athos.

Serve também como exemplo o caso de Francisco de Assis († 1226), cuja espiritualidade guarda certo parentesco com a Tradição cisterciense e se apresenta, ao mesmo tempo, como grande novidade em relação ao monaquismo, mas uma novidade em continuidade, pela radicalidade na ruptura com o mundo burguês a que pertencia. De fato, Francisco está na origem de uma nova orientação espiritual, fundada num ideal vigoroso e radical de ruptura com a forma habitual de se viver cristãmente no mundo e há de ter um papel decisivo numa nova definição da relação da Igreja com o mundo, que prevalece até os nossos dias.

Ousaríamos ainda citar como exemplo Santo Tomás de Aquino († 1274). Sua leitura na perspectiva da Teologia Espiritual não é das mais frequentes, mas é das mais esclarecedoras, quando feita na perspectiva herdada de sua primeira formação monástica. Foi iniciado na vida monástica em Monte Cassino, o que confere a seu modo de entender a vida espiritual um forte enraizamento na Tradição mais antiga. Contudo, não cumpre os votos dos seus familiares, que o destinavam ao abaciado. Adota um novo regime de vida ao se fazer dominicano, em Nápoles. Consagra-se de modo particular às necessidades da Igreja, na esfera das lides universitárias. Para os dominicanos em geral, e para Tomás em particular, a vida monástica era um pressuposto fora de discussão, mas a espiritualidade correspondente ao meio cultural em que vivia girava em torno da dedicação à verdade, a ser procurada e pregada em diálogo com os pensadores e a cultura de seu tempo, mesmo não cristãos.

Finalmente, um último exemplo são as grandes místicas medievais, como Hildegarda de Bingen († 1179), Edwiges de Anvers († 1269), Matilde de Magdebourg († 1290). Lembremo-nos, ainda, do movimento que, um pouco mais tarde, floresce nas Flandres e no vale do Reno, que se convencionou chamar de mística renana, em que participaram, sobretudo, mulheres, as beguinas, assistidas por teólogos e pregadores dominicanos, como Mestre João Eckhart († 1327).

Apesar da grande variedade de caminhos, o que faz a unidade dessa grande efervescência mística é a busca de Deus em si mesmo, a superação de todos os intermediários numa união em que o fundo da alma, habitado pela Trindade, participa de maneira quase experimental da própria vida divina. Sob muitos aspectos, a sede contemporânea de misticismo nos faz recorrer com frequência a esses autores, esquecendo, por vezes, e isso é uma falha grave, de que toda a sua espiritualidade repousa em Jesus. É uma espiritualidade essencialmente cristã, distinta, portanto, das espiritualidades pluralistas e genéricas da maioria de seus atuais intérpretes ou admiradores.

Percorrendo esses poucos mas significativos exemplos, percebe-se o despontar e o amadurecer de um novo traço da espiritualidade cristã, que caracteriza a Idade Média: toda a espiritualidade da época se apoia no pressuposto básico de que a vida cristã se desenvolve em função de um ideal antecipador da vida eterna, a união transformante com Deus. Ideal dificilmente realizável na terra, mas ideal santo, como a própria Igreja.

Pode-se dizer que a espiritualidade cristã dessa época matizou a fuga do mundo e se constituiu como um modo de viver no mundo, numa vida comandada pela eternidade. A importância reconhecida à intercessão dos santos, a começar pela da Virgem Maria, a solenidade das celebrações litúrgicas, o fervor das peregrinações, até mesmo o empenho na defesa da Cristandade, tudo vai no sentido de viver concretamente uma vida pautada pelo ideal do Reino de Deus, já presente na história.

## 4. A IGREJA EM CONFRONTO COM O MUNDO

A partir do século XIV, porém, a vida espiritual cristã entra numa fase de delicada transição. A realidade social e política da Igreja vinha se fortalecendo, desde a reformulação das relações da instituição eclesiástica com os poderes civis, graças à denominada reforma gregoriana, no século XI, promovida por um monge papa, Gregório VII († 1085), considerado grande defensor do poder temporal da Igreja, por ter levado o imperador Henrique IV a Canossa (1077).

O desenvolvimento do poder temporal de Roma avançou significativamente no início do século XIII, com Inocêncio III (1198-1216), e ficou fortemente estabelecido com Bonifácio VIII (1235-1303), a quem se deve a famosa bula *Unam Sanctam*, de 1302, que reivindica a autoridade temporal do papa sobre todos os cristãos, em oposição às pretensões francesas.

A cidadania cristã, de natureza política, corria o risco de concorrer com a cidadania temporal e vir a ofuscar, mesmo na Igreja, o primado da cidadania espiritual, pela qual se deve pautar a vida cristã. Uma das consequências mais nocivas da politização da Igreja, a partir do século XIV, cujas consequências se fazem sentir até hoje, especialmente nas estruturas eclesiásticas do continente sul-americano, é a divisão que se introduziu entre a espiritualidade, entendida como vida interior, distinta e, de certo modo, oposta ao desenvolvimento do saber, mesmo teológico, e do empenho nas tarefas temporais, valorizado nos nossos dias como expressão da renovação conciliar e missão primordial de uma Igreja voltada para o povo.

Tais tendências receberam o nome de *devotio moderna*, em virtude de sublinhar as necessidades da subjetividade, em particular de sua afetividade, deixando para segundo plano a objetividade da salvação, característica primeira do mundo cristão. A *devotio moderna* se desenvolveu nas Flandres e o seu melhor representante talvez seja a famosa *Imitação de Cristo,* atribuída a Tomás de Kempis († 1471), que até bem pouco tempo era o livro que contava com o maior número de edições em todas as línguas, logo depois da Bíblia.

O que se observa, então, de maneira já bastante nítida a partir do século XV, a ponto de marcar a espiritualidade cristã da época, é, de um lado, uma visão eminentemente política da Igreja, expressa teoricamente na doutrina do Cardeal Roberto Belarmino († 1621) e, por outro lado, a teorização de uma espiritualidade cristã, não só desvinculada, mas até mesmo construída em oposição à prática eclesiástica habitual, em continuidade com a *devotio moderna* e que, de certo modo, prepara o terreno para a posição da Reforma, no século XVI.

Sem discutir a importância de situar a Reforma no seu contexto histórico para compreender sua natureza e os possíveis caminhos de reconciliação, convém ter presente que, do ponto de vista estrito da história da espiritualidade, não devemos dramatizar essa ruptura.

De um lado, ficaram os fiéis submissos ao modelo de Cristandade, que vai resistir ainda durante alguns séculos; de outro, os fiéis que buscavam um novo modelo de Igreja, não pela negação da espiritualidade cristã, mas até mesmo em nome de uma fidelidade maior à experiência de Deus, como no caso dos reformadores, que se opuseram à forma como era exercido o poder papal e às manifestações adventícias de uma piedade em que não se discernia o lugar central da fé em Jesus Salvador.

Na época, não se distinguiu claramente o poder eclesiástico e a observância das diretivas canônicas da fidelidade ao Espírito de Jesus, como hoje o fazemos, num espírito ecumênico de reconciliação, o que levou a Igreja Católica, sem renunciar a seu modo de ser Igreja, a reconhecer, por exemplo, a validade, se não de seus fundamentos dogmáticos, pelo menos dos posicionamentos espirituais da quase totalidade das denominações oriundas da Reforma.

Deve-se, por conseguinte, distinguir duas realidades inseparáveis historicamente, mas que não se identificam em si mesmas: a santidade da Igreja una, católica e apostólica e a espiritualidade cristã. Dizemos que a Igreja é santa, como comunidade de fiéis, expressão histórica da união com Deus e da unidade do gênero humano, encabeçada por Cristo e animada por seu Espírito.

Toda a comunidade cristã, como cada um de seus membros, pessoalmente, beneficia-se do gesto salvador de Deus em Jesus e está unida a ele, vivo junto do Pai, numa vida que é participação na vida do Espírito. Não somos nós que constituímos a Igreja santa. Ela é um organismo animado pelo Espírito, por obra de Jesus. Cada um de nós é acolhido na comunidade na medida em que acolhemos Jesus no Espírito, no fundo de nosso coração. A santidade da Igreja, portanto, nos ultrapassa a todos e dela participamos na medida em que vivemos no Espírito de Jesus.

Ora, a espiritualidade é o viver no Espírito de Jesus. A denúncia básica dos reformadores do século XVI foi de que se defendia uma pertença plena à Igreja sem se considerar o modo de viver no Espírito de Jesus, sem incluir, portanto, a espiritualidade do laço pessoal com Jesus, que se funda na fé efetivamente vivida.

Compreende-se, pois, porque a Reforma se efetivou como uma ruptura eclesiástica, sem dúvida, mas que não atingiu em profundidade a espiritualidade cristã. Danificou-a, sem dúvida, na medida em que, de um lado, ficaram os que apelavam para a santidade objetiva da Igreja e, de outro lado, os que reclamavam da experiência de Deus. Essa dissociação entre estrutura eclesiástica e experiência pessoal pode se manifestar através de alguns exemplos.

### 4.1. A espiritualidade moderna

Lembremo-nos, em primeiro lugar, de Inácio de Loyola († 1556). Inácio é, antes de tudo, um homem do seu tempo. Ferido em combate, descobre a espiritualidade nas vidas de santos que lhe caem nas mãos enquanto está hospitalizado. Concentra-se em si mesmo e procura discernir o caminho a seguir para ser fiel a Jesus. O discernimento está no centro de sua espiritualidade. Domina os exercícios espirituais, que continuam presentes durante toda a vida, dedicada ao serviço da Igreja, em nome de Jesus. Funda a Companhia de Jesus, os jesuítas, que se distinguirão pela fidelidade especial ao papa, nos mais diversos campos em que milita a Igreja. Comprometimento pessoal com Jesus e adesão incondicional a Roma serão a marca de uma espiritualidade que, de certo modo, confunde-se com a espiritualidade católica durante vários séculos.

Outra referência importante para entender a espiritualidade cristã nos tempos modernos é a dos reformadores e de seus herdeiros, aqui representados pelo mais conhecido, que é, sem dúvida, Martinho Lutero (1483-1546). Três pontos devem ser destacados para uma consideração objetiva da significação da espiritualidade protestante. Primeiro, que a ruptura com Roma nasceu de uma questão política e só aos poucos se foi aprofundando. Quando se vive num clima de absolutismo religioso, o cisma gera a heresia e esta a rejeição mútua. Em segundo lugar, como reconhece o próprio decreto do Concílio Vaticano II sobre o ecumenismo, *Unitatis Redintegratio*, a união entre as diferentes Igrejas, confissões e denominações cristãs deve começar pelo que denomina *ecumenismo espiritual*, não só baseado na oração de súplica, como alguns erradamente interpretam, mas também numa autêntica *aproximação espiritual* entre os cristãos de diferentes Igrejas, pois somente na fidelidade interior à oração de Jesus (Jo 17) e na sincera busca de Deus podemos recuperar a unidade no Espírito. Finalmente, em terceiro lugar, temos o gigantesco passo dado em 31 de outubro de 1999, quando católicos e luteranos assinaram a declaração conjunta sobre a justificação, mostrando que nessa questão capital, base de toda a espiritualidade cristã, há entre ambos um acordo de fundo no que toca à justificação, embora se mantenham diversas a maneira de conceber a vida da graça e, portanto, a Igreja.

Do ponto de vista em que nos situamos, levando em conta a relação dos cristãos com as realidades sociais e políticas, a posição de Lutero é clara: o que conta, na Igreja, antes de tudo, é a fé vivida, a experiência de Deus, que liberta o ser humano do âmbito do pecado e o qualifica para a vida eterna. No centro da espiritualidade cristã está, pois, a justificação do pecador, de inteira, total e gratuita iniciativa divina, de tal sorte que é a experiência da fé que suporta toda a espiritualidade cristã. É a fé, confiança total em Deus, que salva. Fé na Palavra salvadora de Deus, de que a Bíblia é a expressão autêntica e, num certo sentido, única em sua ordem e sem a qual as boas obras, tanto pertencentes ao universo sacramental da atuação da Igreja quanto emanadas da própria iniciativa humana, não têm nenhuma significação salvadora.

Reconhece-se, nessa atitude do só a só diante de Deus, a herança da corrente espiritual e mística que então prevalecia na *devotio moderna*, inspirando, porém, agora, uma tomada de atitude concreta de oposição ao ensinamento da Igreja, na verdade, portanto, cismática, em face da comunidade histórica, no seio da qual nascia. Num contexto de reformas, esse era um caminho compreensível, mas defeituoso, na medida em que procedia pela eliminação de um elemento indissociável da fidelidade à Tradição espiritual cristã, a vida no seio da Igreja, Povo de Deus, corpo e esposa de Cristo, templo do Espírito Santo.

A síntese entre a total fidelidade a Roma e o inteiro mergulho na busca espiritual de Deus se tornará efetiva, por exemplo, no âmbito da mística espanhola do século XVI, que tem como grandes representantes os carmelitas Teresa de Jesus († 1582) e João da Cruz († 1591). Dentro do contexto de uma Espanha recentemente reconquistada aos mouros, graças à ação valorosa dos príncipes cristãos, numa sociedade profundamente marcada pela presença da Igreja desde os tempos visigóticos, não era nem imaginável pensar numa reforma que tomasse a direção do que acontecia nos países germânicos.

Fidelidade à Igreja institucional, cultivo da Teologia clássica e mística eram inseparáveis. Não que as experiências místicas carecessem de excessos, como se observava nos casos dos *recogidos* e dos *alumbrados*, até certo ponto influenciados pela *devotio moderna* e pela mística renana, mas prevalecia a necessidade de harmonizar essas experiências com a Tradição católica, função que exercia oficialmente a Inquisição, e, sobretudo, de refletir sobre esses estados alterados da consciência à luz da Teologia, cultivada em continuidade com a escolástica medieval.

Os grandes frutos desse contexto ibérico foram, certamente, os dois carmelitas mencionados. Teresa percebeu a dimensão espiritual da vocação cristã e religiosa e se empenhou em articulá-la com o ensinamento da Igreja, a partir de sua própria experiência. João da Cruz, ainda jovem, compreendeu logo o alcance das intuições de Teresa e as sistematizou numa obra de conjunto, que se tornará a maior referência que até hoje possuímos de um esforço para esclarecer o caminho a seguir, baseado na fé e no amor, para garantir a fidelidade a Jesus nas mais abrangentes e profundas experiências da vida mística.

Não é possível tratar aqui sequer das características mais genéricas do que se convencionou chamar a mística carmelitana. Na verdade, seus princípios comandam tudo que iremos desenvolver na consideração do perfil da espiritualidade cristã, a partir de seus fundamentos. Teresa de Jesus e João da Cruz, atentos, ao mesmo tempo, aos dados objetivos da Tradição e à experiência dos santos, por eles mesmos vivida, traçam um roteiro até hoje válido do que se entende por espiritualidade cristã, desde a primeira conversão até o cume da perfeição do amor, sem excluir nem se deixar desviar pelos estados alterados da consciência. Uma confirmação desse fato aparecerá, aos poucos, no decurso de nosso ensaio. O que é incontestável, por exemplo, é a influência direta que exerceram no desabrochar da chamada escola francesa de espiritualidade, que se estenderá por toda a Igreja.

No século XVII, a França era o cadinho da Modernidade cristã, em que se entrecruzavam todas as correntes culturais, filosóficas e, naturalmente, religiosas. As diversas interpretações da vida cristã tendem a se articular em torno de uma vida concreta de fidelidade a Jesus, sem dúvida, mas integrando as exigências de um sadio equilíbrio, sustentado pelos aspectos humanistas herdados da Antiguidade grega, bastante idealizada, aliás. Nesse meio, destaca-se o interesse pela oração, fortalecido pela contribuição dos autores espanhóis, mas ajustado ao clima do humanismo que prevalecia na cultura francesa.

Um dos traços característicos da espiritualidade cristã na época é o que se veio a classificar como *oração de repouso*, proposta aos cristãos em geral e não só aos religiosos, e que significava o entretenimento de uma relação afetiva com Jesus, despida de grandes ideias, mas empenhada na purificação do coração e no total abandono nas mãos de Deus.

Homens influentes, como o Cardeal Pedro de Bérulle († 1629), seguido de Monsenhor Jean-Jacques Olier († 1657) caracterizam bem a escola francesa, que conta com uma plêiade de testemunhas famosos, como as duas bem-aventuradas Maria da Encarnação: Madame Acarie († 1618), que trouxe o Carmelo de Teresa de Jesus para a França em 1604 e se tornou carmelita em Amiens (1615), dois anos depois de ficar viúva, e Maria da Encarnação († 1672), viúva aos vinte anos, que se tornou ursulina em Tours, na França, e foi enviada como missionária ao Canadá, vindo a falecer em Québec, tendo-nos legado importantes relatos de sua experiência espiritual.

Não se pode, ainda, deixar de mencionar o grupo que girava em torno da Abadia cisterciense feminina de Port-Royal-des-Champs, envolvida com o jansenismo — que também marcou profundamente a espiritualidade cristã — e que contou em seu seio com Blaise Pascal († 1662), cuja influência se estende até hoje e alcança uma faixa enorme de pessoas, mesmo fora do âmbito da espiritualidade cristã.

No contexto da escola francesa, é preciso dar um destaque especial a Francisco de Sales († 1622). Sua autoridade é difícil de ser exagerada. Já ao orientar os fiéis, na sua famosa *Introdução à vida devota*, ensina uma espiritualidade de simplicidade e doçura, que se torna ainda mais nítida depois que conheceu a jovem viúva de 32 anos Jeanne de Chantal († 1641), com a qual vai fundar o Mosteiro da Visitação. A vida de oração de Madame de Chantal vai permitir a Francisco aprofundar sua Teologia Espiritual, tudo resumindo no amor, como deixou consignado na sua obra-prima, o *Tratado do amor de* Deus.

A oração de repouso relativizava o rigorismo jansenista. Contrariava, por exemplo, a ênfase colocada na ascese penitencial adotada por Rancé († 1700), na reforma da Abadia cisterciense de Notre-Dame-de-la-Trappe. Além disso, abria o caminho para uma espiritualidade de inteiro abandono nas mãos de Deus, tocando as raias do quietismo ou total passividade do coração nas mãos de Deus. Jacques Bénigne Bossuet († 1704), bispo de Meaux, conduziu uma campanha contra o bispo de Cambrai, François de Salignac de la Mothe Fénelon († 1715), acusando-o de quietismo, aparentado aos erros do espanhol Miguel de Molinos († 1696), cujos excessos foram condenados por Roma. Alguns autores interpretam esses acontecimentos como sinal da dificuldade da Teologia romana em integrar as experiências místicas.

## 5. A ESPIRITUALIDADE EM RENOVAÇÃO

O período das Luzes, no seu racionalismo, não nos deixou nenhuma contribuição maior que significasse um real progresso da Teologia Espiritual, embora se possam citar autores de peso, em determinados domínios da

Teologia e da espiritualidade cristã, como, por exemplo, Santo Afonso de Liguori († 1787), nas questões morais, consideradas, então, à margem da espiritualidade e na propagação da devoção a Maria, por sua obra, *Glórias de Maria*, expressão clássica de devoção mariana. Nisso, aliás, se coloca na esteira de Luiz Maria Grignon de Montfort († 1716), com seu *Tratado da verdadeira devoção a Maria*.

Em matéria de espiritualidade, percebem-se, desde o início do século XIX, alguns sintomas de renovação. São movimentos que têm em comum uma volta ao passado cristão. Numa primeira fase, procura-se restaurar as práticas medievais. Logo em seguida, porém, afirma-se a necessidade de reencontrar a verdade cristã a partir de suas próprias origens históricas.

## 5.1. A restauração do pensamento cristão

Destaca-se cronologicamente, em primeiro lugar, a restauração da liturgia, começada por Dom Próspero Guéranger (1805-1875), fundador da Abadia de Solesmes, que se vai irradiar a partir dos mosteiros beneditinos e assumir lugar de destaque na formação cristã do povo, até frutificar na reforma litúrgica do Concílio Vaticano II.

O mesmo acontece em outros campos. O século XIX, depois dos abalos da Revolução Francesa, foi para o Cristianismo, em conjunto com a civilização europeia, um século de restauração do passado. O modelo predominante era o da Cristandade medieval. No que diz respeito à Teologia, à vida da Igreja e à sua presença na sociedade, o pontificado de Leão XIII (1878-1903) foi característico. Suas encíclicas, que tiveram grande repercussão, o comprovam. O sopro restaurador se fez também sentir na área da espiritualidade cristã.

Assinalemos, para melhor nos situar, a volta à Teologia medieval, em particular a Tomás de Aquino, sancionada por Leão XIII, na encíclica *Aeterni Patris* (1879), logo no segundo ano de seu longo pontificado; o esforço significativo feito em prol da renovação bíblica, com a fundação da Escola Bíblica de Jerusalém (1890); o estímulo ao pensamento social cristão, com a encíclica *Rerum Novarum* (1891) e, finalmente, sua atenção aos reclamos da experiência mística, com a encíclica *Divinum Illud Munus* (1897), sobre o Espírito Santo.

Não se pode esquecer, porém, a contribuição decisiva do conhecimento generalizado da Bíblia, com base numa longa batalha dos exegetas católicos, nesse ponto, precedidos pelos evangélicos. A questão bíblica passou por momentos difíceis na Igreja, de que foram testemunhas diversas crises, em particular a do Modernismo, no fim do século XIX e início do século XX. Já mencionamos esse problema quando refletimos, no capítulo I, sobre a *lectio divina*, que ocupa hoje lugar decisivo no desenvolvimento da espiritualidade cristã.

Dados os termos em que se fez a renovação bíblica, com o desenvolvimento da crítica histórica e literária, não somente se passou a ler a Escritura numa ótica diferente, enriquecida de todos os dados necessários à compreensão literal do texto, como se renovou também toda a espiritualidade cristã, a partir de uma revalorização da experiência. Assim como a comunicação da Palavra de Deus se fez num regime de encarnação, em que a experiência dos autores sagrados, inclusive a do próprio Jesus, é expressão da comunhão com Deus, a espiritualidade cristã é, antes de tudo, na sua base, uma espiritualidade vivida, uma espiritualidade experiencial. Na experiência de todo dia, de cada um de nós e da comunidade cristã, é que se constrói o Reino de Deus. Os santos da atualidade são a manifestação concreta e histórica desse alcance inaudito da experiência cristã, alimentada pela Bíblia.

## 5.2. As novas testemunhas

Quando se reflete teologicamente sobre o papel que os santos desempenham na Igreja, somos inevitavelmente levados a considerá-los como dons feitos por Deus a todos nós, para nos mostrar melhor certos aspectos particulares e certos modos de seguir a Jesus na nossa realidade cotidiana.

Considerando o Cristianismo na sua totalidade, contamos com a Virgem Maria, por exemplo, que constitui um caso único, que justifica a radicalidade de sua conceição imaculada e a condição celestial a que foi elevada depois de sua vida terrena.

Percebemos também o papel que são chamados a desempenhar os apóstolos e os mártires, os Padres da Igreja e os confessores da fé, incluindo uma plêiade de mulheres, em particular quando deixaram uma grande legião de seguidores, que procuram pautar sua vida pelo caminho do seguimento de Jesus.

O mesmo princípio vale quando refletimos acerca das peculiaridades de nossa época. Os caminhos atuais da espiritualidade cristã em renovação contam, indiscutivelmente, com seus santos. Não que todos os muitos beatificados e canonizados na prática atual da Igreja tenham papel igualmente significativo, mas é indubitável que nossa época dispõe de santos, cuja mensagem nos faz compreender em profundidade as características de que hoje é chamada a se revestir a espiritualidade cristã.

Entre tantos testemunhos, não é possível fazer uma escolha que se imponha a todos os cristãos. Um dos pontos-chave que aparecerá melhor, depois de nossa análise sobre o perfil da espiritualidade cristã, será, precisamente, a da sua extrema diversidade, hoje reconhecida como riqueza da unidade transcendente que a caracteriza. No entanto, parece-nos de consenso geral lembrar duas mulheres e dois homens, verdadeiros modelos da espiritualidade cristã nos dias de hoje: Thérèse Martin, Teresinha do Menino Jesus e da Santa Face (1873-1897), e Ganxhe Bojaxhiu, Madre Teresa de Calcutá (1910-1997), entre as mulheres. Charles Eugène, visconde de Foucauld (1858-1916), e Angelo Giuseppe Roncalli, João XXIII (1881-1963), entre os varões.

Santa Teresinha é um dom de Deus. Perguntamo-nos: que é que o Senhor nos quis manifestar através dessa jovem burguesa temperamental, que guardava, porém, no íntimo de seu coração, uma visão do mundo e da vida tão próxima da de Jesus? Essa sua intimidade com Jesus animou uma curta biografia marcada pela humildade e pelo escondimento em um Carmelo provinciano. Nem a conheceríamos se a superiora, uma de suas irmãs mais velhas, depois de se dar conta de seus dotes literários, não a tivesse feito escrever a *História de uma alma*. Manifestou-se, então, toda a riqueza de seu coração, aberto para o grande mundo, solícito como ninguém pela santidade da Igreja institucional e de seus ministros. O valor de sua experiência cristã, mais do que sua doutrina propriamente dita, explica sua universal influência, que se estende até os dias de hoje. Foi reconhecida como Padroeira das Missões, sem nunca ter arredado os pés de Lisieux, a não ser para uma viagem a Roma, ainda quando jovem, e que lhe foi tão instrutiva. A leitura dos manuscritos autobiográficos de Santa Teresinha é, talvez, a manifestação mais clara e completa do que é chamada a ser a espiritualidade cristã em nossos dias.

O Padre De Foucauld, membro da nobreza alsaciana de Estrasburgo (França), não é tão conhecido como Teresinha, mas representa uma característica central da espiritualidade cristã: o testemunho de uma vida de oração, inteiramente consagrada ao seguimento de Jesus na sua constante presença junto ao Pai, no meio pobre e não cristão norte-africano. Seu testemunho, sua doutrina espiritual e seus projetos de vida consagrada foram desenvolvidos pelas várias famílias religiosas que se reclamam hoje o seu nome. Sua história movimentada, marcada pela conversão e abandono de uma vida mundana, mas também dedicada a serviço da pátria nas colônias do norte da África, é uma sequência de humilhações e de frustrações, na instabilidade dos que tudo abandonaram por Jesus, até mesmo as benesses do ministério sacerdotal, para ir viver escondido no deserto, conviver com muçulmanos que o respeitavam, até o dia em que caiu vítima de um fanático. Foucauld é a outra face histórica de Teresinha, o contraste cultural e social é chocante, mas a unidade no Espírito é ainda mais impressionante: os dois vivenciam o Evangelho em sua vida cotidiana, vivem da experiência de Jesus.

Madre Teresa de Calcutá é universalmente reconhecida como uma heroína da dedicação ao próximo mais miserável e abandonado. A mídia a tornou uma personagem presente em todo o mundo e o prêmio Nobel da paz a consagrou. Sua vida, depois de haver amadurecido numa congregação religiosa que mantinha um colégio católico para moças na Índia, foi tecida pela total dedicação aos moribundos e aos mais pobres. Uniram-se a ela multidões de jovens seduzidas pela mesma forma de viver, em contradição com as aspirações mundanas. No entanto, os poucos testemunhos que deu de sua vida interior revelam a paisagem espiritual desértica em que viveu quase a totalidade de seus anos, alimentada pelo silêncio e pela humildade. O contraste entre a noite interior, na expressão de João da Cruz, e a significação social de sua vida, dedicada aos outros, expressão da salvação oferecida a todos, até aos mais miseráveis, nos faz compreender que seguir a Jesus significa participar interiormente do dom de si mesmo na cruz, para frutificar historicamente no serviço do próximo.

Quando o Cardeal Roncalli foi escolhido como sucessor do brilhante Pio XII, muitos cristãos se decepcionaram. Como poderia o camponês bergamasco, depois de uma vida obscura de núncio nos Bálcãs, e de uma atuação discreta na Paris do pós-guerra, dar continuidade à habilidade política de Pacelli, embora nem sempre apreciada por todos? Mas já na escolha do nome Roncalli demonstrou sua percepção de que era preciso romper com certa linha de atuação da Igreja. Sua decisão, inspirada pela graça do Espírito Santo, como confessou, levou-o a convocar um Concílio, não para reafirmar a doutrina, mas para mudar o modo de agir da Igreja. Para colocá-la em dia com o mundo contemporâneo, *aggiorna*-la, como dizia, e dar início a um movimento em vista da unidade entre todos os cristãos, de acordo com a vontade expressa de Jesus.

O que há de mais marcante no dom feito à Igreja na pessoa de João XXIII é, precisamente, essa delicada articulação da responsabilidade dos bispos de se manterem em continuidade com o ensinamento de Jesus e, ao mesmo tempo, em nome desse mesmo ensinamento, serem promotores de um *aggiornamento* constante na orientação da comunidade cristã, em vista de uma *nova* evangelização, como dirá mais tarde João Paulo II, nessa mesma linha.

A espiritualidade cristã, nos dias de hoje, é chamada a ser uma espiritualidade em renovação, manifestada pelo carisma de João XXIII. Uma espiritualidade do serviço dos pobres, a começar pelos mais abandonados, como nos manifesta o carisma de Madre Teresa. Não, porém, uma espiritualidade ativista e voltada para a obtenção do bem-estar temporal, como muitos são tentados a interpretá-la, mas uma espiritualidade testemunha da vida eterna, vivida no esquecimento do deserto e sancionada com a morte por amor, como no carisma do Padre De Foucauld. Renovação, serviço ao próximo e oração, aliás, não são senão figura da total intimidade de amor, manifestada no carisma de Teresinha de Jesus.

### Resumindo

*A espiritualidade cristã, que nasce em Jesus Cristo, em continuidade com o Antigo Testamento, especialmente a Torá, interpretada pelos profetas, pelos sábios e, finalmente, pelo próprio Jesus, se desenrola de maneira paradigmática no Novo Testamento e nos autores cristãos da Antiguidade.*

*Com o reconhecimento do Cristianismo como religião do Império Romano, surge o monaquismo, como a busca de Deus, numa vida dedicada, antes de tudo, ao seguimento de Jesus.*

*É um fenômeno característico do mundo tornado cristão, sem deixar de ser mundo, isto é, espaço marcado pela vida temporal, em contraste com os espaços de vida caracterizados pela atenção primordial, senão exclusiva, consagrada à vida eterna.*

*A espiritualidade cristã elaborada pelo monaquismo, porém, se irradia sobre o conjunto da Igreja, alimentando diversas correntes espirituais que evoluem em torno do ideal da fuga do mundo.*

*No despertar dos ideais emancipacionistas que caracterizam a Modernidade, a espiritualidade cristã vai, aos poucos, se distanciando do mundo e se fechando numa posição de defesa da fé e da prática religiosa tradicionais, sem reconhecer, muitas vezes, a importância da experiência da fé na formulação de uma Teologia Espiritual mais ampla e mais consistente. É inegável a riqueza da espiritualidade moderna, mas ela nasce da confissão de fé e dos dados hauridos da Tradição, tendendo a se dissociar da cultura e dos valores de seu tempo.*

*É preciso esperar o movimento de restauração do Cristianismo, alimentado pelo contexto cultural e religioso do século XIX, para se assistir a uma reformulação da espiritualidade cristã que, cada vez mais, valoriza a experiência da vida cotidiana como o lugar próprio do encontro com Deus, como nos demonstram os grandes santos que figuram como parâmetros para a espiritualidade predominante nos dias de hoje.*

---

### Perguntas para reflexão e partilha

1) Quais as principais características do monaquismo nas origens do mundo cristão?

2) Como podemos caracterizar a evolução histórica da espiritualidade cristã nos séculos cristãos da Idade Média?

3) Que direções indicam, para a espiritualidade cristã, as mudanças operadas na Igreja a partir dos movimentos de restauração e renovação dos últimos duzentos anos? Que nos ensinam? Que questionamentos suscitam?

---

### Bibliografia básica

a) Na Antiguidade

BENTO DE NÚRSIA. *A Regra de São Bento.* Latim-Português. 2. ed. Tradução e notas de Dom João Evangelista Enout. Rio de Janeiro: Lumen Christi, 1992.

CAVALCANTE, R. *Espiritualidade cristã na história;* das origens até Santo Agostinho. São Paulo: Paulus, 2007.

CLÉMENT, O. *Fontes;* os místicos cristãos dos primeiros séculos. Juiz de Fora: Subiaco, 2003.

GALILEA, Segundo. *A sabedoria do deserto;* atualidade dos padres do deserto na espiritualidade contemporânea. São Paulo: Paulus, 1986.

GRÜN, A. *O céu começa em você.* Petrópolis: Vozes, 1998.

MERTON, T. *A sabedoria do deserto;* ditos dos padres do deserto do século IV. São Paulo: Martins Fontes, 2004.

MONDONI, D. Síntese da história da espiritualidade cristã. In: *Teologia da espiritualidade cristã*. São Paulo: Loyola, 2000.

MORIN, G. *O ideal monástico e a vida dos primeiros dias.* Juiz de Fora: Mosteiro de Santa Cruz, 2002.

REGNAULT, L. *A escuta dos pais do deserto hoje*. Juiz de Fora: Mosteiro da Santa Cruz, 2000.

SANTO AGOSTINHO. *Confissões.* São Paulo: Paulus, 1997.

VISSEAUX, R. *Livro de vida monástica;* caminho do Evangelho. Juiz de Fora: Mosteiro de Santa Cruz, 2000.

b) Na Idade Média

DI BERNARDINO, P. P. *Itinerário espiritual de Santa Teresa de Ávila;* mestra de oração e doutora da Igreja. São Paulo: Paulus, 1999.

_____. *Itinerário espiritual de São João da Cruz*. São Paulo: Paulus, 1997.

GARRIDO, Javier. *Releitura de São João da Cruz*. São Paulo: Paulinas, 2006.

MESTRE ECKHART. *O livro da divina consolação e outros textos seletos.* Petrópolis: Vozes, 1991.

PUNCEL, M. *Inácio de Loyola*. São Paulo: Loyola, 2008.

RUAS SANTOS, L. R. *Um monge que se impôs a seu tempo;* pequena introdução com antologia à vida e obra de São Bernardo de Claraval. Rio de Janeiro: Lumen Christi, 2001.

SPOTO, D. *Francisco de Assis;* o santo relutante. Rio de Janeiro: Objetiva, 2003.

TORREL, Jean-Pierre. *Santo Tomás de Aquino, mestre espiritual*. 2. ed. São Paulo: Loyola, 2008.

c) Na época moderna

DE FIORES, S. *A "nova" espiritualidade;* as novas espiritualidades na Igreja que desafiam o futuro. São Paulo: Paulus, 1999.

DI BERNARDINO, P. P. As ideias fundamentais da espiritualidade de Santa Teresinha. Vargem Grande Paulista/São Paulo: Cidade Nova/Paulus, 2000.

GOFFI, T.; SECONDINI, B. *Problemas e perspectivas de espiritualidade.* São Paulo: Loyola, 1992.

JESUS, A. D. *Charles de Foucauld.* Vargem Grande Paulista: Cidade Nova, 2004.

LIBANIO, J. B. *Concílio Vaticano II;* em busca de uma primeira compreensão. São Paulo: Loyola, 2005.

TERESA DE LISIEUX. *História de uma alma.* Nova edição crítica de Conrad De Meester. São Paulo: Paulinas, 2008.

Capítulo quarto

# UMA FORMULAÇÃO ATUAL DA ESPIRITUALIDADE CRISTÃ

A espiritualidade cristã, como nos mostra a Tradição, é a relação pessoal com Deus, Pai, Filho e Espírito Santo, que é o Espírito de Jesus. Vida, portanto, pessoal, consciente e livre. É dom de Deus, acolhido na conversão, de que o Batismo é sinal eficaz. Desenvolve-se no seguimento de Jesus. Floresce na prática do amor, em que dizemos "sim" ao Pai na docilidade ao Espírito.

Formular a espiritualidade cristã é, pois, procurar dizer, em linguagem compreensível a homens e mulheres de hoje, o mistério dessa comunhão pessoal com Deus, Pai, Filho e Espírito Santo. A forma como essa comunhão é acolhida, recebida e vivida por nós, tal como o somos, no mundo em que vivemos e no seio da cultura em que nos banhamos. Eis por que nos parece decisivo, nos dias de hoje, formular a espiritualidade cristã a partir da experiência que nos é dado ter de Deus, no seguimento de Jesus.

O ser humano, criado à imagem de Deus, é capaz de receber, como puro dom de Deus, a capacidade de ser iluminado pela Palavra de Deus, segundo o seu Espírito, e de agir à semelhança de Jesus, homem como nós, que é a própria Palavra encarnada. Assim, o dom de Deus recebido como semente lançada no coração, desenvolve-se na medida em que o ser humano se abre ao Espírito de Jesus e se põe generosamente a segui-lo como Mestre e Senhor. Não basta, portanto, ser tocado pela graça, é preciso receber o dom de Deus com um "sim" cada dia mais amplo e total, cultivá-lo em continuidade com o que somos, na vida concreta, tal qual a vivemos no tempo e no espaço, para que o dom – que é o próprio Deus, de que somos como que o corpo e o templo –, vá, aos poucos, penetrando até os mínimos particulares de nossa vida.

Percorremos rapidamente, no decurso desses dois mil anos de Cristianismo, as muitas formas assumidas na história por essa "aventura" da compenetração do Espírito de Jesus, no concreto da vida. Por caminhos às vezes surpreendentes, era sempre o crescimento e o florescimento do mesmo dom de Deus. Sublinhamos a importância da história, pois ela demonstra não apenas a fecundidade do dom, como manifesta uma série de realidades constantes pelas quais somos sustentados por Deus, na nossa vida pessoal e comunitária. A história da espiritualidade cristã tem valor indicativo dos caminhos a serem seguidos pela espiritualidade cristã, nos tempos em que vivemos, quaisquer que sejam eles, mas a norma básica, como diz Paulo no fim da Carta aos Gálatas, é sempre Jesus.

Procuraremos descrever o perfil da espiritualidade cristã nos tempos atuais, enriquecida com todos os dados da Tradição, manifestados ao longo da história do Cristianismo. Antes, porém, parece-nos indispensável discutir uma questão metodológica, que nem sempre é devidamente levada em consideração, mas que, de fato, determina a compreensão do perfil cristão e a perspectiva em que deve ser considerado pela Teologia Espiritual.

## 1. DOUTRINA E EXPERIÊNCIA: A QUESTÃO DO MÉTODO

Não cabe, num livro básico de Teologia Espiritual, sequer esboçar os muitos caminhos ou métodos praticados na análise da espiritualidade cristã, tanto no passado como em nossos dias. Acreditamos ser suficiente relembrar brevemente os fundamentos dessa análise e apontar o caminho que nos parece mais acertado dentro do atual contexto cultural. Trata-se de sublinhar a prioridade da doutrina da fé sobre os fundamentos da vida cristã e de apontar o ponto de partida e a direção a seguir, dadas as circunstâncias concretas em que vivemos.

### 1.1. A doutrina de base

Somos, muitas vezes, tentados a analisar a espiritualidade com as categorias do ser, procurando exprimir o que é ser cristão, em busca da identidade cristã. A Tradição cristã e, em particular, católica, sublinha, com base no Novo Testamento, o fato de que nos tornamos, no Espírito, graças à ação salvadora de Jesus, realmente filhos de Deus. Nossa filiação divina, embora nos seja dada — daí a imagem bíblica da adoção – nos constitui um modo de ser propriamente divino, fazendo-nos participantes da natureza divina.

Os antigos falavam de deificação. Os teólogos modernos falam da graça santificante, que eleva a natureza humana, tornando-a participante da vida divina, sem destruí-la, mas, ao contrário, habilitando-a à comunhão com o Pai, pelo Filho, no Espírito Santo. Desde as origens, somos considerados filhos de Deus no Filho, ou seja, filhos adotivos e portadores do Espírito de Jesus, como já o sugere Paulo.

Entre os cristãos há um consenso generalizado sobre esse fato: o ser humano é radicalmente santificado pela graça. O Batismo, acolhido na fé, do próprio batizado ou da comunidade que o apresenta quando ainda criança, nos faz realmente filhos de Deus.

Contudo, a espiritualidade cristã não se resume em ser santificado pela graça batismal. Não se consuma, mas se inicia no Batismo. Exprime uma vida que nasce com a graça batismal, mas é chamada a ir se transformando cada dia numa participação mais ampla e mais profunda, numa vida segundo o Espírito de Jesus.

Quando se quer falar da vida, porém, não basta considerar o ser. A vida, embora pressuponha o ser, deve ser analisada com categorias que relevem a ordem do agir. Viver, para todas as criaturas, é agir de acordo com o que são concretamente, no tempo e no espaço, em vista de se tornar o que são chamadas a ser. A Teologia Espiritual, portanto, deve trabalhar mais com as categorias do agir do que com as categorias do ser, um agir decorrente da condição do que se é, como seres humanos e filhos adotivos do Pai. A espiritualidade cristã é da ordem do agir cristão e, por conseguinte, sua análise deve levar em conta as formas como interpretamos o agir humano, que a graça pressupõe e aperfeiçoa, sem nunca contrariá-lo.

Tendo em vista as diversas formas de como o agir humano foi interpretado na Tradição bíblico-cristã, podemos distinguir três abordagens em si mesmas válidas, mas que se apresentam como diferentes caminhos a ser discutidos dentro do contexto cultural em que estamos inseridos: a lei, a graça e a experiência.

## 1.2. A lei e a graça

Foi o próprio Paulo que chamou a atenção para a diversidade nas condições do agir sob o domínio da lei, que prevalecia na primeira Aliança, e no regime da graça, que caracteriza a nova Aliança. Essa distinção nem sempre é hoje devidamente reconhecida por certo número de autores. Parece-nos, porém, fundamental, pois decorre da percepção de que o agir cristão, mais do que baseado na simples condição humana, é comandado pelo dom do Espírito, em continuidade com a pessoa de Jesus, cuja vida histórica é o princípio exemplar, imanente e definitivo da vida no Espírito, de que tem a plenitude.

Verificam-se, portanto, na Tradição cristã, duas formas consagradas de analisar o agir humano: a lei, definitiva a seu modo, que será cumprida até o último traço, enquanto culmina no amor, e a graça, que, sendo dom, nos estabelece numa relação pessoal de filhos para com o Pai e se apresenta como um regime de liberdade, apelando não para a submissão de servos, mas para a confiança de filhos. Lei e graça, porém, embora, de certo modo, se oponham na perspectiva em que se coloca Paulo, estão em continuidade no ensino de Jesus, que não veio para abolir a lei, mas para cumpri-la. Tomás de Aquino (*Suma teológica,* Ia-IIae, questões 90-114) agrupa lei e graça na categoria dos auxílios que nos são oferecidos por Deus para cumprir nossa caminhada em vista da comunhão definitiva com Deus, nossa bem-aventurança, e é nisso seguido pelo *Catecismo da Igreja Católica* (nn. 1949-2051).

No entanto, o que caracteriza o agir humano, a categoria em que ele se inscreve como agir pessoal, tanto na Bíblia como na Tradição cristã, decorrente de sua própria natureza de ser criado à imagem de Deus, é a categoria do *relacionamento pessoal*. Esse dado, desenvolvido hoje por uma série de autores de primeira linha, está no centro da vida humana e constitui, como tal, o fundamento da espiritualidade cristã, que reproduz, assim, no tempo e na história, o mistério mesmo de Deus, que é amor e reciprocidade entre as pessoas divinas.

A novidade, em matéria de análise do agir humano, consiste no fato de que, entendido em profundidade, o agir humano-cristão e, por conseguinte, a espiritualidade cristã devem ser analisados a partir de nossa participação na vida de Deus, isto é, na comunhão com ele, fundada na nossa condição de seres criados à sua imagem e semelhança e capazes de nos relacionarmos uns com os outros, exprimindo, na experiência da reciprocidade, a relação mesma vivida em Deus, pela reciprocidade existente entre o Pai, o Filho e o Espírito Santo. Muita vezes nos referimos à Trindade como se fosse uma qualidade de Deus, quando, na realidade, é a forma de vida própria de Deus, revelada por Jesus, que nos convida, ao mesmo tempo, a viver em Deus, na comunhão com o Pai, o Filho e o Espírito Santo.

Ora, esse relacionamento com o Pai, o Filho e o Espírito, na fonte da vida a que somos chamados, no convívio de uns com os outros, estaria completamente acima de tudo que podemos imaginar, se o próprio Filho não o tivesse vivido como homem. Jesus é o Verbo gerado pelo Pai desde toda a eternidade, nascido como homem cheio do Espírito, que nasceu, viveu e morreu entre nós, configurando o que é viver humanamente a vida divina, cumprindo até o último traço a lei e realizando plenamente a vontade do Pai, numa condição de graça que redunda na santificação de toda a humanidade.

Jesus é, assim, o parâmetro da espiritualidade cristã. Não só ensina e promulga a lei, mas a cumpre e vive na graça como ser humano, no perfeito relacionamento com o Pai e o Espírito. Mais até do que parâmetro e mestre, Jesus é o verdadeiro princípio animador da espiritualidade cristã. Como diz João: Caminho, Verdade e Vida.

### 1.3. A experiência cristã

Na gênese da espiritualidade cristã está, pois, o relacionamento pessoal com Jesus. A espiritualidade cristã é a comunhão pessoal com Jesus, seu seguimento no Espírito. Enviado do Pai, Jesus, como verdadeiro homem, vem até nós no seu Espírito, que nos introduz na comunhão de conhecimento e de amor que é o próprio Deus. A relação com o Pai, vivida por Jesus, que nos é comunicada no Espírito, é dom de Deus que, acolhido na liberdade, no conhecimento e no amor, se torna nossa vida, traduzindo-se numa verdadeira experiência de intimidade pessoal, no Espírito.

A espiritualidade cristã, pois, além de incluir a fidelidade à lei, que será cumprida até o último traço, e de consistir num agir decorrente do dom santificante de Deus, manifesta-se na experiência do encontro pessoal com Jesus, que, como homem, vivia humanamente de sua relação com o Pai, no Espírito. Por isso dizemos que a espiritualidade cristã é a vida do nosso encontro pessoal com Jesus no seu Espírito.

Depois de haver considerado a longa história da espiritualidade cristã e apontado para o seu fundamento, que é a adesão efetiva a Deus, com base no acolhimento de Jesus, o problema que se levanta é saber, nas condições atuais, inseridos na cultura e na mentalidade de nosso tempo, como viver, de fato, segundo o Espírito de Jesus.

Tocamos aqui num ponto extremamente delicado para a Tradição espiritual cristã. Importantes correntes do pensamento contemporâneo, sob influência tanto da Tradição bíblica como da filosofia do espírito, chamaram atenção para a importância do relacionamento interpessoal, na base da vida propriamente humana. Para citar apenas dois expoentes, lembremos os nomes de Martin Buber († 1965) e de Maurice Nédoncelle († 1976), um da Tradição bíblica e outro da Filosofia cristã, que prepararam o reconhecimento da experiência interpessoal como forma de pensar a vida e a espiritualidade humana e cristã.

Essa posição, inicialmente, parecia entrar em choque com a doutrina que prevalecia na Igreja desde o século XVI, em contraposição à posição protestante no tocante à certeza experimental que o cristão pode ter de estar em estado de graça. Mas, se percebeu, então, que o problema estava mal colocado, como se pode falar de experiência cristã se a graça não pode ser experimentalmente vivida? A transcendência da graça tem como consequência que ninguém pode dizer se está realmente em estado de graça, isto é, unido a Deus pelo amor de caridade. Isso, porém, não impede experienciar realmente, no íntimo de nós mesmos, o amor de Deus para conosco, germe de todo nosso ser de criaturas, de toda nossa inteligência e de todo o ânimo que sustenta nossa busca da verdade e nossa fidelidade a Jesus até os mínimos detalhes de nossa vida cotidiana.

Apesar de mal colocado, o problema envenenou por muito tempo o reconhecimento da experiência na base da vida espiritual cristã. Contrariamente à posição luterana, que induzia à equivalência entre a certeza de se estar em estado de graça e a experiência da fé, a espiritualidade cristã nos ambientes de obediência antiprotestante, destoando da Tradição anterior, levava a encarar a fé como assentimento puramente racional, reduzindo o agir cristão a um simples fruto de deliberações da vontade e relegando a um papel periférico toda participação afetivo-experiencial no dom da graça e no desenvolvimento da vida cristã.

Nesse contexto, a iniciação cristã se reduzia à instrução religiosa a respeito dos dogmas da fé. Os sacramentos e a moral cristã se fundavam unicamente nas disposições pessoais necessárias para recebê-los dignamente, como sinais eficazes da graça e na obrigatoriedade dos mandamentos, como condição para ser fiel a Deus. É significativo que o *Catecismo* mandado publicar pelo Concílio de Trento (1566) desconheça qualquer preocupação maior com a afetividade na educação da fé e se concentre na instrução sobre os dogmas, inclusive relativos aos sacramentos, e no esclarecimento da abrangência dos mandamentos.

Assim se explicam as diversas crises vividas pela Igreja nos últimos quatro séculos — a crise protestante relativa à experiência da justificação e à certeza do estado de graça, fundada na fé, entendida como pura confiança em Deus; a crise jansenista, com a experiência da deleitação espiritual; a crise quietista, com a experiência da pureza do espírito; a crise tradicionalista, com o receio de que a experiência se oponha à razão; a crise modernista, enfim, que sobrepunha a experiência do coração à inteligência. Todas elas giram em torno da dificuldade em integrar a afetividade experiencial na iniciação cristã e na consequente desconfiança do papel central que deve desempenhar a experiência cristã.

A iniciação cristã, marcada pelo racionalismo e pelo cientificismo, não só impedia o desenvolvimento cristão dos batizados, homens e mulheres que viviam no clima cultural próprio de seu tempo, como ainda tornava impossível ao Cristianismo entrar em relação com o mundo da cultura secular, toda ela baseada na experiência humana, moral, científica ou psicologicamente considerada.

Acreditamos não exagerar ao afirmar que essa situação conflituosa entre a vida cristã e o lugar cada vez mais importante atribuído à experiência constituía, de fato, o grande obstáculo a ser removido para que a Igreja cumprisse sua missão de ser sinal de salvação para toda a humanidade nos dias de hoje.

Coube ao Concílio Vaticano II, redefinindo a Igreja como Povo de Deus e adotando uma nova orientação de sua ação no mundo, tentar superar esse obstáculo, com base no que poderíamos classificar como uma revisão da doutrina da fé e uma consequente revalorização da experiência cristã.

Sob esse aspecto, é preciso reconhecer a importância que teve nas formulações conciliares a obra pioneira de Jean Mouroux († 1973) sobre *A experiência cristã. Introdução a uma teologia* (Paris: Aubier, 1954). Não nos é possível, aqui, analisá-la em si mesma, nem mostrar a influência que teve nos grandes textos conciliares. Mas não nos podemos privar de registrar suas conclusões maiores sobre o que chamou de a estrutura da experiência cristã.

Não resta dúvida que o relacionamento pessoal com Jesus repercute na vida, como a árvore boa é reconhecida por seus frutos e quando o próprio Senhor diz rejeitar os que se limitam a lhe confessar o nome sem traduzir sua confissão em atos concretos.

Todavia o relacionamento com Jesus e, por meio dele, a comunhão com Deus, Pai, Filho e Espírito Santo são de ordem interior e não podem estar vinculados a nenhum comportamento exterior como tal, pois tudo que é visível, embora aponte e traduza o invisível, na medida em que é vivido pelo ser humano, não é senão sinal, portanto relativo, de uma realidade interior que o ultrapassa. A grande exceção é Jesus, não no nível ontológico, pois sua natureza humana não se confunde com a divina, mas no nível do agir moral, pois ele é a Palavra de Deus e seu agir temporal, intrinsecamente humano, é reflexo inequívoco do Espírito que o anima, embora só o possamos reconhecer baseados não na evidência mas na fé, capaz de nos levar a reconhecer todo o alcance de nossa experiência, em continuidade com a experiência vivida por Jesus.

Fundada no reconhecimento de que Jesus está vivo, a fé, longe de contradizer o que conhecemos por experiência – num certo sentido tudo, pois nada há na nossa inteligência que não tenha passado pelos sentidos –, confere à inteligência a capacidade de reconhecer o sentido profundo e o alcance do que nos é dado ter acesso pela vida, iluminada pela palavra de Jesus.

Ora, a fé é um ato humano, de que temos plena consciência na medida em que a vontade livre intervém no assentimento que damos a Jesus, como Palavra de Deus, unindo-nos pessoalmente a ele por seu intermédio e participando voluntariamente de seu Espírito. Esse ato livre de fé, princípio de uma adesão amorosa a Deus, traduz-se na certeza de que somos amados por Deus, base da esperança, e nos leva a agir animados por um amor de reconhecimento e de comunhão, constituindo, em si mesmo, o que denominamos experiência cristã.

Assim entendida, a experiência cristã não consiste na simples percepção de que somos movidos pela graça ou pelo Espírito Santo. Seria ceder a uma espécie de *empirismo* espiritual, que se pode admitir no caso dos dons que nos são feitos para o serviço dos outros, os carismas, mas que, a começar pelos reformadores, foi erroneamente estendido à fé e à graça. Certos movimentos pentecostais ou carismáticos, apelando para experiências desse tipo, até mesmo na base da vida cristã, tendem a desequilibrar toda a espiritualidade cristã, ainda que, no plano do conhecimento da fé, da ortodoxia, primem em acolher com a máxima fidelidade o ensinamento da Igreja e em se submeter às suas normas de vida.

Dizemos então, com Mouroux, que a experiência cristã não é *empírica*, mas *experiencial*, não é um experimentar da ação direta do Espírito, mas a experiência do "sim" que damos ao Pai no Espírito, concretizado nos atos de fé, esperança e amor com que acolhemos Jesus em nossa vida.

Compreendida desse modo, a experiência cristã é a base da espiritualidade cristã, cujo perfil deve, portanto, ser traçado não diretamente a partir da lei e da graça, tampouco do sentimento que parece imprimir em nós a ação do Espírito, dos carismas, mas a partir da vida que somos chamados a levar no Espírito, vida pessoal e livre de relacionamento com o Pai, o Filho e o Espírito, na fé, na esperança e no amor, pautada pela vida e pela palavra de Jesus, isto é, pela experiência de Jesus enquanto homem, sendo ele Filho de Deus.

## 2. A UNIVERSALIDADE DA EXPERIÊNCIA CRISTÃ

A experiência cristã não é, em primeiro lugar, a experiência que fazemos de estar unidos a Jesus na fé, na esperança e no amor, mas a experiência que o próprio Jesus viveu humanamente, na sua relação com o Pai. Usando um neologismo, dizemos que na base da experiência cristã está a experiência jesuânica, a experiência que Jesus, na nossa condição terrestre, fazia de Deus.

Os escritos do Novo Testamento em geral, e em particular as reflexões joaninas, apontam para essa centralidade da intimidade do homem Jesus com o Pai como sendo não apenas a expressão do mistério de Jesus, sua condição de Verbo de Deus encarnado, mas, ainda, como constituindo a chave para a compreensão de toda a obra de Deus, a começar da vida de comunhão com Deus do próprio Jesus homem, em cujo Espírito somos todos chamados a viver como cristãos.

Assim sendo, a universalidade da experiência cristã, corolário da universalidade da salvação, um dos pilares da Nova Aliança, é uma das verdades centrais para a qual o Concílio Vaticano II chamou enfaticamente a atenção. Em si mesma, a universalidade da salvação pode ser considerada sob três pontos de vista: no *seu princípio*, a universalidade da ação salvadora de Jesus, que se estende a todos os humanos; na *sua base antropológica*, considerando-se que Jesus nos salvou por um gesto humano perfeito de amor, mas da mesma natureza que o agir de todos os humanos; no *seu alcance*, enfim, ou significação, pois, a partir desse seu ato de amor, todo agir humano fiel à verdade e ao bem, segundo a consciência pessoal de cada um, comunga com o agir de Jesus e adquire uma significação salvadora.

### 2.1. A experiência humana vivida por Jesus

O princípio básico e imediato da universalidade do gesto salvador de Jesus é a sua qualidade de agir como homem sendo o Filho de Deus. Em Teologia se diz que é a graça de Jesus como cabeça da humanidade. Evidentemente, o Verbo, que vive e reina em Deus, atua em comunhão com o Pai e o Filho, na fonte de todo o ser e para o qual tendem como para seu fim derradeiro todas as criaturas. Mas o que se tornou manifesto com a revelação de Jesus, a partir da experiência de fé dos apóstolos, foi que o homem Jesus, nascido de Maria, que atravessou todas as vicissitudes a que se referem os textos evangélicos, triunfou da morte, vive agora e para sempre ao lado de Deus, e comunica seu Espírito a todos os humanos, tendo se tornado, de fato, princípio da humanidade redimida, o novo Adão, na expressão consagrada de Paulo.

Essa compreensão do papel desempenhado por Jesus na história da humanidade, com base nos escritos do Novo Testamento, foi um dos principais referenciais na formulação da fé desde as primeiras confissões cristãs. Através dos grandes concílios do século IV, que resultaram nas proposições discutidas em Éfeso (431) e definitivamente formuladas em Calcedônia (451), estabeleceu-se, então, numa terminologia renovada, mas significativa para a época, que Jesus era, em pessoa, o Verbo consubstancial ao Pai desde toda eternidade, e, ao mesmo tempo, homem vivendo a nossa vida: uma só pessoa divina em duas naturezas unidas no ser pessoal do Filho, sem confusão nem mistura, sem divisão nem separação, como dirá o Concílio de Calcedônia.

A tendência mística, então, denominada monofisista, por acentuar a divindade a ponto de esvaziar o peso salvador da humanidade, prevaleceu ainda por muito tempo em inúmeras comunidades cristãs ou Igrejas particulares. Até hoje sobrevive em seus resquícios, quando se pensa a salvação como uma ação divina, desconhecendo o caráter humano do ato salvador de Jesus. Há um monofisismo larvar, como observaram alguns grandes autores, quando se atribui a Jesus Deus a realização da obra da nossa salvação que o Novo Testamento atribui ao homem Jesus, que triunfou da morte.

Esse aspecto, aparentemente sutil, mas fundamental, foi estabelecido com clareza dois séculos mais tarde, no III Concílio de Constantinopla: é essencial para a fé católica afirmar, em continuidade com o ensinamento apostólico, que o ato humano de amor livre e perfeito de Jesus é a fonte de nossa salvação. A escolástica latina o reconheceu sob a forma de satisfação, sacrifício ou redenção, imagens já utilizadas na Bíblia para entender a natureza do ato salvador. Mas foi preciso esperar Tomás de Aquino para superar essas imagens e afirmar com clareza que o valor da ação salvadora de Jesus não é outro senão o que qualifica intrinsecamente a ação humana, a ação meritória, o amor, acrescentando que esse ato de amor de Jesus é como que o instrumento de Deus para salvar todos os humanos. As noções de satisfação, resgate ou sacrifício não são senão uma linguagem religiosa para exprimir a realidade do amor teologal e da eficácia que caracterizam intimamente o gesto humano salvador de Jesus.

Assim como o ser criatura é um fruto do amor de Deus, o ser cristão é igualmente fruto do amor. Somos salvos exclusiva e totalmente por amor. Em outros termos: é a ação humana livre de Jesus, no centro de sua experiência espiritual, alimentada por seu amor de caridade, que nos vale a salvação e a santificação. Esse ato de amor, de que Jesus tinha plena consciência, é sua experiência suprema de Deus e constitui em si mesmo o parâmetro e a fonte de toda a experiência cristã, na base da espiritualidade cristã.

## 2.2. A experiência na vida humana de todo dia

Para compreender a universalidade da ação salvadora de Jesus, porém, não basta considerar a experiência que Jesus, como homem, fez de Deus e que culminou na cruz. É preciso ter presente o fato de que essa experiência, no que tem de propriamente humano, ação livre inspirada no amor, é comum a todos os humanos. A experiência do agir por fidelidade à verdade, ao bem, à justiça e ao amor, da qual todos os humanos participam, independentemente da religião e da cultura, embora não possa ser considerada fonte da realização de nós mesmos, pois todo bem que fazemos depende da graça de Deus, é o cadinho e o lugar em que nos encontramos com Deus e a ele nos unimos para sempre, graças ao gesto salvador de Jesus.

Todos nascemos como Jesus, embora seu nascimento tenha sido exteriormente marcado pela insignificância social de uma criança nascida em berço improvisado, de uma forasteira que não encontrou lugar em nenhuma hospedaria. Todos, como Jesus, fomos, aos poucos, nos dando conta de nossa própria vida e vocação, tivemos de resistir a diversas tentações e fomos chamados ao dom de nós mesmos, na medida em que nos sentíamos interiormente pressionados pelo cumprimento de uma missão. Todos tivemos fome e nos cansamos, decepcionamo-nos até mesmo com os mais próximos, embora tenhamos vivido momentos de pura alegria e de grande consolação interior. Todos, enfim, sofremos física e moralmente de algum modo, embora ninguém tenha sofrido como Jesus, que, após um longo combate interior, entregou-se totalmente ao Pai, confiando-lhe o seu Espírito.

Isso significa que Jesus não nos salvou nem nos santifica por um gesto divino, que nos cobre os pecados. Poderia tê-lo feito, não há dúvida, mas o condicional é sempre mau conselheiro em Teologia, em que procuramos a compreensão dos gestos de Deus que se nos apresentam como realizados, sem que lhes possamos discutir as razões profundas. Não temos acesso à compreensão perfeita do mistério de Deus. O que sabemos, por acreditar nas palavras de Jesus e no testemunho apostólico, é que Jesus nos salva e nos santifica pelo seu Espírito, por um ato de amor, não simplesmente por um ato que tira sua força do cumprimento de uma obrigação religiosa, de um sacrifício, ou em virtude de uma compensação de justiça, dando satisfação pelo pecado, ou da realização de uma transação, em que paga o pretendido preço de nosso resgate ao poder do inimigo.

Muitas vezes, na Bíblia, recorre-se a tais categorias para situar a ação de Jesus no contexto do desígnio salvador de Deus, mas é preciso ter presente que elas são insuficientes em si mesmas e só devem ser entendidas como linguagem religiosa para designar a significação do ato de amor, que é a substância do ato salvador de Jesus. Fomos salvos pelo amor de Deus, de que participava em plenitude o coração de Jesus, assim como fomos criados por amor e somos chamados a encontrar Jesus e, por ele, o Pai, pelo caminho do amor.

Do ponto de vista da salvação e da santificação, portanto, não basta ter presente, na fé, que Jesus é homem como nós, mas é preciso levar em conta que, ao nos salvar, Jesus age como homem. O que nos salva é a qualidade da ação humana de Jesus, na medida em que dela participamos, em nossa ação igualmente humana, vivida como agir reto e livre de adesão ao que é verdadeiro e bom, segundo a nossa consciência.

Nos primeiros tempos, as comunidades cristãs realizavam a perfeição da vida cristã, vivendo sua vida diária num mundo pagão, destacando-se unicamente pela retidão e pela justiça. Fiéis ao ensinamento dos apóstolos e à Eucaristia, reuniam-se para ouvir a Palavra e colocavam em comum todos os seus bens. Com a evolução da história, os cristãos que buscavam a fidelidade total ao Evangelho se retiraram no deserto, vivendo isolados ou em comunidades. A vida religiosa tornou-se, aos poucos, cada vez mais importante, enriqueceu-se com a vida clerical, a ponto de muitas vezes parecer que esses regimes especiais de vida, religiosa e clerical, eram realizações mais perfeitas da vida cristã, num mundo, aliás, que se considerava cristão.

Mesmo valorizando as formas que até hoje assumem as comunidades que se constroem em torno de um ideal ou de uma espiritualidade determinada, convém jamais esquecer que não são o modo de viver nem as práticas cristãs que salvam ou santificam, mas a qualidade do amor com que se vive a vida humana, qualquer que seja ela, independentemente da forma que assuma na vida clerical, religiosa ou secular.

A qualidade da vida humana de todo dia é que nos faz participar da salvação e da santificação de Jesus. A vocação à santidade é comum a todos, pois todos somos chamados a viver na justiça e na solidariedade, como acentua o Concílio Vaticano II, no capítulo V da *Lumen Gentium*, sobre "a vocação de todos à santidade na Igreja".

João Paulo II, na passagem do milênio, quis dar ênfase especial a essa verdade. Quem sabe até mesmo num mundo globalizado e secularizado o mais importante para a Tradição cristã não seja dar prioridade à experiência cristã em si mesma, vivida no meio do mundo, mais do que chamar a atenção para as vocações, devoções e carismas particulares?

## 3. O POSICIONAMENTO DOS CRISTÃOS EM FACE DO MUNDO

A universalidade da salvação se concretiza na história, através da homogeneidade antropológica da experiência salvadora de Jesus com a experiência de vida de todos os humanos. Somos todos chamados a comungar na prática do bem, laço de união com Cristo e, por conseguinte, caminho de salvação, sejam quais forem as circunstâncias em que vivemos. Essa verdade, base, ao mesmo tempo, da unidade e da catolicidade da Igreja, tornou-se um dos pontos centrais do posicionamento cristão em face do mundo, tal como foi entendido pelo Concílio Vaticano II.

No processo de secularização que afeta o Ocidente e se estende, com a globalização, a todo o planeta, assistimos a um desmoronar progressivo do mundo cristão, de tal sorte que as expressões religiosas vão perdendo seu peso e nos obrigam a procurar novos canais de comunicação com o mundo, se quisermos, como cristãos nele inseridos, cumprir dignamente a missão de proclamar o Evangelho.

Foi com esse objetivo que João XXIII convocou o Concílio Vaticano II, tendo em vista a renovação (*aggiornamento*) da Igreja. Ninguém se deu logo conta do alcance da iniciativa tomada pelo papa sob a ação do Espírito Santo. Foi um gesto carismático no sentido estrito, uma grande profecia. Aos poucos se foi percebendo que essa renovação tinha duas faces indissociáveis, uma interna (*ad intra*) e outra externa (*ad extra*). A Igreja não estará jamais bem consigo mesma enquanto não estiver bem no mundo e o mundo não estará bem com Deus enquanto não acolher o Espírito de Jesus, que vive na Igreja.

Sabemos que a paz entre o mundo e a Igreja não será alcançada senão no fim da história, quando Deus for tudo em todos, como diz Paulo. Mas isso não nos dispensa de desejá-la de maneira eficaz, fazendo tudo para antecipar a vinda definitiva de Jesus. "Maranatá, vem, Senhor!" (1Cor 16,22). "Vem, Senhor Jesus!" (Ap 22,20). "O Espírito e a Esposa dizem: 'Vem'!" (Ap 22,17).

O Espírito nos convida, antes de tudo, a uma renovação de nós mesmos e da Igreja, ao tomarmos consciência de que somos o Povo de Deus na sua totalidade, chamado à santidade. O conjunto da humanidade é chamado a participar em sua vida, da vida, testemunhada pela comunidade cristã, sacramento da salvação universal. Fala-se, nesse sentido, da *Igreja sem fronteiras*.

Externamente, a renovação consiste na busca de uma nova interface da comunidade cristã com a totalidade dos seres humanos. A Igreja não pode mais, no mundo secularizado, contentar-se com basear sua presença e ação na sociedade em seus títulos religiosos, prestigiosos no mundo cristão, mas desprovidos de significação num mundo laicizado. A presença e ação dos cristãos no mundo se deve fundamentar no que temos em comum com todos os humanos, a busca da verdade e do bem, a justiça e o amor, que, no fundo, são o laço real que nos une a Jesus e a todos os humanos, o fundamento da fé e da esperança, a raiz alimentadora do amor universal.

O Concílio Vaticano II enfrentou diretamente esse problema na constituição denominada pastoral sobre a Igreja no mundo de hoje *Gaudium et Spes*. Sugestivamente, o documento trata primeiro dos fundamentos da vida cristã, na sua íntima relação com toda a vida humana, para, numa segunda parte, propor a forma cristã de abordar cinco grandes áreas atualmente em efervescência transformadora: a família, a vida cultural, a vida econômica, a vida política e a paz. Se esses temas levantam questões que vão além da Teologia Espiritual propriamente dita, os fundamentos da vida cristã, tratados desde o prólogo e em toda a primeira parte, são também os pilares da espiritualidade cristã. Não nos parece lícito, hoje, analisar a espiritualidade cristã sem levar em conta esses fundamentos apontados pelo Concílio.

Ao discutir o perfil da espiritualidade cristã, recorreremos constantemente a esse texto maior, em especial ao proêmio, à introdução e aos dois primeiros capítulos da primeira parte, dedicados aos fundamentos antropológicos do ensinamento cristão: a pessoa humana e o que poderíamos chamar de sua dimensão comunitária. Por enquanto parece-nos suficiente chamar a atenção para as duas tendências aparentemente antagônicas que se manifestaram no Concílio, a propósito dos fundamentos da vida cristã. A necessidade de se chegar a um texto comum, a respeito da posição da Igreja em face do mundo de hoje, levou os padres conciliares a formular esse antagonismo sob a forma de complementaridade.

O objetivo final da constituição pastoral era traçar o perfil da Igreja em face do mundo atual. Porém sobre o que deveria basear-se? Deixamos de lado a minoria ultraconservadora dos que julgavam inútil o debate, visto que a Igreja não deveria olhar para o mundo para saber em que direção mudar, mas sim permanecer como é, até o fim dos tempos, para não se afastar do que instituiu Jesus Cristo, a ser mantido sem mudança ao longo dos séculos. Por que, justamente hoje, quando o mundo se afasta da Igreja, vai ela se desviar de sua linha, seguindo o mundo? A Igreja será sempre Igreja, não há por que se inquietar em face das mudanças na história.

Rejeitada essa posição ultraconservadora, o debate conciliar se deu entre aqueles que aceitavam a ideia de mudança, percebendo a necessidade de uma renovação da Igreja. Manifestaram-se, então, duas tendências: a primeira, mais sensível à continuidade com o passado, pensava que se devia enfrentar a mudança a partir do ensinamento da Igreja, definido no Novo Testamento e na Tradição, cuja prioridade se precisaria manter, quaisquer que fossem as novas circunstâncias históricas em que vivesse a comunidade cristã hoje ou em qualquer outra época ou cultura. Tal tendência refletia um esquema binário, cuja questão a responder se poderia formular da seguinte forma: que tem a Igreja a dizer ao mundo de hoje?

Em contraposição, foi-se fortalecendo outra corrente, em grande parte apoiada no método da Ação Católica, ver–julgar–agir, que defendia a necessidade de a Igreja responder às questões suscitadas pela condição do mundo atual, perguntando-se, antes de tudo: que respostas dar às grandes questões que se colocam aos humanos e à sociedade no mundo de hoje? Como caracterizá-las como respostas cristãs em comparação com as muitas outras que hoje se propõem aos grandes dilemas humanos, num mundo que se debate entre as mais diversas soluções? Note-se o aspecto ternário da posição: as questões que todos nos colocamos, as múltiplas soluções propostas e, dentre elas, a solução cristã.

*A priori*, partimos do fato de que somos sensíveis às questões que todos juntos, inclusive os cristãos, nos colocamos a respeito da dignidade humana, da liberdade, da preservação do meio ambiente e da paz, por exemplo, pois estamos no mundo e precisamos estar no mundo real de homens e mulheres do nosso tempo. Depois, registramos o fato da multiplicidade de respostas que podem ser dadas a essas questões, em vista da realidade do mundo pluralista em que vivemos, sem nos colocarmos, por sermos cristãos, como mestres ou como quem têm, em virtude da fé, respostas feitas a todas as questões humanas. Finalmente, num terceiro momento, a necessidade de dialogar com nossos semelhantes, pois é através do diálogo que os cristãos devem procurar, em pé de igualdade, lançar mão das luzes da fé e do Espírito de Jesus para encontrar junto com todos os humanos os caminhos da verdade, da justiça e da paz.

Depois das infindáveis discussões que aconteceram nas comissões e na própria aula conciliar, ficou evidente, às vésperas do encerramento do Concílio, que não se poderia levar o texto à discussão final sem que os peritos encontrassem um compromisso entre essas duas tendências. Nessa altura, ficou igualmente claro que não se poderia deixar de integrá-las. Nesse espírito, foi redigido o texto que viabilizou a votação quase unânime do documento, no fim do outono de 1965.

O texto do compromisso é o atual n. 10 da *Gaudium et Spes*. Deixa claro que a vida cristã, portanto a espiritualidade cristã, é uma das muitas respostas às profundas interrogações humanas, cada dia mais numerosas e fundamentais, que hoje se impõem com extrema acuidade: que é o ser humano? Que sentido tem a dor, o mal e a morte? Que deve a pessoa dar à sociedade ou dela esperar? Qual o papel que os cristãos, a Igreja, deve desempenhar no seu diálogo com o mundo atual?

A resposta cristã, embora entre em diálogo com todas as demais respostas e deva respeitá-las e procurar integrá-las, não depende das discussões psicológicas, sociais ou religiosas por elas suscitadas, mas, em primeiro lugar, da fé em Cristo, que morreu e ressuscitou por todos e cujo Espírito nos dá a todos luz e forças para que possamos encontrar sentido em nossa existência, quaisquer que sejam as circunstâncias em que vivermos.

Os cristãos, em face do mundo, não se identificam com nenhuma das correntes filosóficas, científicas, artísticas, econômicas ou políticas que buscam soluções para os problemas humanos, mas raciocinando como todos os demais homens e mulheres têm a certeza básica e a convicção de que a chave, o centro e o fim da vida e da história humana é Jesus. Sua atitude fundamental consiste em haurir na vida de Jesus e nos ensinamentos do Evangelho, testemunhados pela Igreja, uma formulação mais adequada às questões humanas, considerando as formas como são colocadas, em cada época, em cada cultura e em cada disciplina. Inspirados nesses princípios, os cristãos, dada a universalidade da salvação realizada por Cristo, alimentam a certeza de que podem esclarecer o mistério da pessoa e cooperar na busca de soluções adequadas para os grandes problemas humanos.

A espiritualidade cristã, portanto, não é uma espiritualidade particular, apesar de os cristãos viverem sempre revestidos de suas particularidades históricas. Isso porque, em si mesma, não vem de fora, de uma ciência, de uma disciplina ou de uma determinada mística, ecológica ou de libertação. A espiritualidade cristã é, antes, o dom de Deus concretizado na vida, à luz da Palavra de Deus encarnada, cujo Espírito nos é comunicado e, por nós acolhido numa autêntica experiência humana, nos encaminha para a comunhão definitiva com Deus.

## 4. A ESPIRITUALIDADE DA TRANSFORMAÇÃO E DO DIÁLOGO

A aplicação à espiritualidade dessa Teologia da responsabilidade, da pluralidade e do diálogo, implicada na *Gaudium et Spes*, que adota uma estrutura ternária no posicionamento da Igreja em face do mundo, é um dos dados mais esclarecedores da espiritualidade cristã em nossos dias.

Pelo que aprendemos da análise do texto conciliar, nós, cristãos, não dispomos de soluções feitas para os grandes desafios humanos, pessoais e sociais, em especial para os problemas espirituais da humanidade. No passado, no mundo cristão, a autoridade da Igreja ainda era ouvida como tal. Apesar dos seus abusos, tanto na área da política, da ciência e até mesmo do comportamento moral, incumbia-lhe, de alguma forma, posicionar-se oficialmente em face das grandes interrogações humanas, dada a responsabilidade social que realmente detinha. O raciocínio binário servia para encaminhar a resposta da Igreja, haja vista a sociedade cristã em que operava. Perguntava-se legitimamente: que pensa a Igreja a respeito de problemas como a origem do mundo ou o comportamento a se ter nas diversas circunstâncias da vida? Bastava seguir os mandamentos e evitar os desvios denunciados pelas leis de Deus e da Igreja.

No mundo secularizado, porém, o Cristianismo nada mais pode trazer, como nos primeiros tempos, senão uma das muitas respostas possíveis às questões humanas. Por conseguinte, a intervenção da Igreja na esfera da ciência, da sociedade e da política não pode mais reivindicar uma posição de monopólio ou de prioridade, mas deve nascer do diálogo com as outras formas de responder às interrogações humanas, até mesmo as que, embora desconhecedoras de Deus, oferecem-se como pistas reais de solução. Esse parece ser um dos benefícios da sadia laicidade, como gosta de dizer Bento XVI.

Acreditamos que esse caminho se impõe até mesmo na área da espiritualidade. A globalização, a preocupação ecológica e a descoberta de valores humanos que alimentavam culturas originais, independentes do Cristianismo e até bem pouco tempo desconhecidas, até combatidas, quando não massacradas pelo expansionismo ocidental, oferecem hoje a todos os humanos um grande leque de espiritualidades que contrastam com a prática cristã efetiva e se impõem cada vez mais, em detrimento da Tradição espiritual do mundo cristão.

Durante algum tempo, desde os inícios da Modernidade e de maneira mais ou menos explícita, dada talvez a esperança que se depositava na ciência e no poder do Estado, viveu-se um período de ambiguidade, em que, quando se tratava de espiritualidade, ficava-se na esfera da Igreja, das Igrejas ou das religiões, enquanto a vida pessoal e social era cada vez mais efetivamente pensada e vivida na linha da razão e da ciência.

A falência dos mais promissores regimes e instituições, calcados no modelo tecnológico, deu lugar, na assim chamada Pós-Modernidade ou Modernidade tardia, a um crescimento progressivo e rápido de uma nova atitude em face do mundo e da vida, a atitude místico-religiosa. A humanidade, cansada e desiludida com as limitadas expectativas da razão e da ciência, se volta, sem nem sempre se dar conta, para novas espiritualidades.

Não cabe retomar aqui a análise desse fenômeno. O próprio Concílio Vaticano II a centrou no que veio a denominar a *angústia* das interrogações vitais de nossos contemporâneos. Essa consideração tem para nós o peso do magistério de um concílio ecumênico, porém, por enquanto, parece-nos importante considerar apenas a novidade que traz na forma de pensar a Teologia Espiritual.

Para a maioria dos autores, a Teologia Espiritual compreende uma sistematização do ensinamento da Igreja, herdado da Tradição cristã, sobre as exigências da lei e das formas de se comportar, em continuidade com as recomendações evangélicas, na esfera do relacionamento com Deus, das virtudes teologais, como se diz tecnicamente, e das virtudes morais, isto é, da maneira de conduzir a vida pessoal e de relacionamento com o próximo. Comportamento que não é analisado somente na ótica do que é reto e justo, como no caso da moral, mas na perspectiva de uma fidelidade crescente ao Espírito de Jesus, que nos santifica na graça batismal e, na medida em que é progressivamente acolhido, se vai aos poucos tornando o mestre interior de nossa vida, a qual passa a se desenrolar sob o regime denominado dos dons do Espírito Santo.

Do momento, porém, em que, seguindo a orientação do Concílio Vaticano II, se procura elaborar uma resposta cristã aos grandes problemas humanos, em diálogo com as muitas respostas dadas por outras religiões, filosofias ou concepções racionais da vida, não só a moral, mas também a espiritualidade cristã é tencionada. Defronta-se com a dupla preocupação de vir ao encontro das alegrias e das esperanças, das angústias e das tristezas de homens e mulheres de hoje, e, ao mesmo tempo, entrar em diálogo com todas as muitas outras propostas que hoje são feitas. Não para refutá-las ou lhes fazer concorrência, mas com o objetivo de valorizá-las no que têm de positivo, dado que são respostas, muitas vezes ambíguas, mas que exprimem, a seu modo, o desejo de bem e de felicidade, ou seja, o desejo de Deus inscrito no coração de todos os humanos. Esse ponto é capital e foi posto logo de início como base da iniciação cristã pelo próprio *Catecismo da Igreja Católica* (nn. 27-28).

Dando um passo adiante, em virtude das condições particulares de tempo e de cultura, o que se entende aqui por desejo de Deus engloba, segundo a maneira própria de cada cultura, todas as aspirações e atividades polarizadas pela busca de um sentido para a vida. Assim sendo, do ponto de vista da realidade, o agir, que qualifica o ser humano moral e espiritualmente, quando justo e reto, tem uma significação transcendente, desde que a decisão que o coloca na realidade seja tomada de acordo com a consciência de cada um. Do ponto de vista noético, à luz da fé cristã, a retidão e a qualidade espiritual da ação humana só se esclarecem e reforçam quando comandadas explicitamente pela Realidade Transcendente, a que chamamos Deus, sobretudo quando essa mesma realidade é reconhecida como o Pai de Jesus Cristo, que nos comunica o seu Espírito.

Num mundo marcado pela *angústia*, no sentido técnico do termo, os cristãos têm a missão de ser portadores da esperança, pois é na esperança que todos somos salvos. A espiritualidade cristã pode ter um efetivo significado para toda a humanidade, pois é prenhe de tudo a que aspira e pode aspirar o coração humano. Além disso, deve ser comunicada ao mundo, em diálogo com todas as outras respostas à inquietação humana, como fez de maneira admirável Bento XVI na sua encíclica sobre a esperança.

Não podemos mais nos contentar com uma Teologia Espiritual independente do diálogo com o mundo. Trata-se de uma disciplina prática, que deve analisar o que é, de fato, a verdadeira vida e as experiências cristãs, esclarecer-lhes o caminho concreto e fornecer os elementos indispensáveis para o que chamamos discernimento dos espíritos. Mais do que catalogar as obrigações do cristão ou lhes descrever os estados d'alma, a Teologia Espiritual visa discernir na prática do dia a dia como viver segundo o Espírito de Jesus.

## Resumindo

*A questão fundamental, num livro básico de Teologia Espiritual, é: como formular, nos dias de hoje, a espiritualidade cristã?*

*Procuramos responder, em continuidade com os dados mais importantes da antropologia atual: a pessoa nasce e cresce no contexto do relacionamento interpessoal e tal experiência tem papel fundamental, pois o outro não é percebido nem amado senão através dessa experiência original, que fazem as pessoas que se conhecem e se amam.*

*Consideramos, em seguida, o fato de que a vida no Espírito brota da experiência humana de Jesus, marcada pela característica da universalidade: sua missão é salvar todos os humanos; a experiência através da qual nos salva, um ato de amor, é universal; o resultado desse ato alcança a vida concreta de toda a humanidade.*

*Da universalidade da experiência humana, conjugada com a universalidade da salvação, nasce a relação dos cristãos com o mundo. Embora não tendo respostas definitivas às grandes questões espirituais da humanidade,* nós, cristãos, mergulhados nos mesmos desafios, podemos e devemos entrar em diálogo com todos os humanos na busca do sentido da vida.

A espiritualidade cristã transcende as fronteiras da Igreja e se alimenta do diálogo com todas as formas espirituais da busca de Deus, comum a todos os humanos, ao longo da história.

> **Perguntas para reflexão e partilha**
>
> 1) De que forma o Concílio Vaticano II pode nos ajudar na formulação da espiritualidade cristã?
>
> 2) Como traduzir na vida concreta o fato de que a experiência básica da espiritualidade cristã é a própria experiência espiritual de Jesus?
>
> 3) Como realizar a comunicação da espiritualidade cristã a toda a humanidade?

## Bibliografia básica

EDWARDS, D. *Experiência humana de Deus.* São Paulo: Loyola, 1995.

ESPEJA, J. *Espiritualidade cristã.* Petrópolis: Vozes, 1992.

GOFFI, T.; SECONDIN, B. *Problemas e perspectivas de espiritualidade.* São Paulo: Loyola, 1992.

NOLAN, A. *Jesus hoje;* uma espiritualidade de liberdade radical. São Paulo: Paulinas, 2008.

PANIKKAR, R. *Ícones do mistério;* a experiência de Deus. São Paulo: Paulinas, 2007.

SECONDIN, B. *Espiritualidade em diálogo.* São Paulo: Paulinas, 2002.

_____; GOFFI, T. *Curso de espiritualidade;* experiência, sistemática, projeções. São Paulo: Paulinas, 1993.

# PARTE III
# O PERFIL DA ESPIRITUALIDADE CRISTÃ

# INTRODUÇÃO

Traçar o perfil da espiritualidade cristã num livro básico de Teologia Espiritual pode se resumir em duas tarefas: primeiro, uma reflexão sobre a *estrutura* da vida espiritual; depois, uma análise dessa estrutura nos diversos *espaços* existenciais em que hoje se vive. Analisaremos no capítulo I desta parte a estrutura da vida espiritual, abordando nos seguintes a consideração dos diversos espaços em que ela se realiza.

Capítulo primeiro

# A ESTRUTURA DA VIDA CRISTÃ

Entendemos por estrutura a articulação dos elementos que desenham a natureza específica do agir cristão. Essa estrutura tem caráter formal, depende do que o ser humano é por natureza, pois o agir se molda a partir do ser. No entanto, nem sempre se destaca a originalidade do agir em si mesmo, passando-se com frequência da estrutura do ser para a ação concreta, sem considerar os aspectos formais do próprio agir, indispensáveis, porém, para a correta apreciação do agir, na particularidade dos atos que comporta. Fala-se de nossa condição de criatura e de nosso renascimento no Batismo, lembrando que devemos agir como filhos de Deus, sem que se dê a devida importância aos princípios que comandam imediatamente o agir dos filhos de Deus, homens e mulheres chamados à vida eterna e que para ela se devem encaminhar na vida de cada dia.

A omissão é tanto mais grave quanto se é levado, em consequência, a centrar o agir espiritual em espiritualidades, práticas ou devoções objetivas, deixando de lado o coração mesmo do agir como tal, consciente, orientado para o fim, radicado na liberdade e exercido na relação com os outros, na comunidade. Embora determinado concretamente pelos fatos, ideias ou objetos que o explicam aos olhos das ciências humanas, o agir humano tem uma estrutura própria dentre todas as criaturas, decorrente do fato de que o ser humano não se insere na estrutura da natureza, que age determinada pelas suas causas e, em última análise, pela causa primeira, que denominamos Deus, mas comporta uma estrutura específica, que difere o ser humano de todas as demais criaturas, como bem o compreendeu Tomás dc Aquino, consagrando ao agir humano específico toda a segunda parte da *Suma teológica*.

A originalidade do agir humano explica a necessidade de considerá-lo em si mesmo, brotando daquilo que o ser humano é e refletindo-se em tudo que o ser humano faz no tempo e no espaço. Por natureza, o ser humano tem uma vocação que transcende a história e não pode ser considerado apenas pelo que faz: seu agir, como ser espiritual, não só tem valor em si mesmo, mas é o aspecto de que depende o que há de definitivo em sua vida. Dizemos que no final seremos julgados sobre o amor, porque o amor é a qualidade do agir como agir humano e deve estar presente em todos os nossos atos e em tudo que fazemos.

A doutrina se confirma quando consideramos o agir humano de Jesus. A melhor Tradição cristã foi levada a reconhecer, com base no Novo

Testamento, que o agir humano de Jesus, parâmetro de todo agir humano, é causa imediata de nossa salvação e santificação. Compreende-se, então, a importância, para a espiritualidade cristã, de não estar centralizada numa lei, numa espiritualidade particular, numa prática específica ou numa devoção especial, senão na qualidade humana e cristã do agir, modelado segundo o agir de Jesus, ou seja, voltado para Reino, para a bem-aventurança, livre, autodeterminado pela consciência, e tendo como critério primeiro o amor do próximo, que tem o mesmo valor existencial do amor de Deus, na realização da vida de comunhão a que somos todos chamados.

Como, então, analisar a estrutura do agir humano cristão?

## 1. A ESTRUTURA DO AGIR CRISTÃO

A análise da estrutura do agir cristão é comandada por dois princípios, um antropológico e outro cristológico, isto é, por princípios de análise do agir humano no que tem de próprio como humano e por princípios decorrentes do ato salvador de Jesus, ato humano, animado pelo Espírito e a que devemos nossa salvação e nossa santificação

Do ponto de vista antropológico, encontramos uma imensa variedade de filosofias que interpretam o agir humano de acordo com as mais variadas maneiras de conceber a realidade total. Num livro básico de Teologia Espiritual não cabe discutir nem mesmo as mais significativas. Para nos mantermos no que há de mais consistente, do ponto de vista da doutrina cristã, adotamos a solução do *Catecismo da Igreja Católica*, na primeira seção da terceira parte, intitulada, precisamente, "A vocação do homem: a vida no Espírito", por meio da qual, como diz o texto, o ser humano realiza sua vocação através do amor e da solidariedade, apoiado nos auxílios gratuitos de Deus (cf. n.1699).

Opção tanto mais valiosa porque se baseia, de fato, na grande divisão da *Suma teológica* de Tomás de Aquino. Para Tomás, toda reflexão teológica versa, em última análise, sobre Deus. Depois de considerá-lo em si mesmo e como princípio de todas as coisas, na primeira parte da *Suma*, Tomás é levado a consagrar sua segunda parte à análise de Deus como fim da criatura humana, pois esta, dotada de inteligência e vontade, já espiritual sob esse aspecto, tende para Deus, fim de todas as criaturas, de uma forma que lhe é própria, decorrente da natureza do seu ser e de sua vocação à comunhão com Deus. Nas primeiras vinte questões da segunda parte da *Suma*, Tomás analisa as características próprias do agir humano que condicionam toda espiritualidade, inclusive a cristã.

A estrutura do agir humano como pessoa e comunidade decorre de sua forma específica de buscar a Deus como fim e pode ser considerada em si mesma, nos seus elementos estruturantes ou a partir da multiplicidade de seus atos, conscientes e livres. Estudamos neste capítulo os elementos que compõem tal estrutura, ou seja, as vivências subjetivas básicas do cristão a caminho para a comunhão com Deus: a bem-aventurança, experiência última, que só se efetivará na vida futura; a consciência e a liberdade, propriedades que estão na base da vida espiritual a caminho da bem-aventurança; e a comunidade a que pertencemos não só em virtude de nossa natureza, mas sobretudo em virtude do partilhar o dom de Deus, que nos chama desde agora à vida de comunhão com ele, por ele e nele.

## 2. A BEM-AVENTURANÇA

O nome é técnico em Teologia. Vincula-se, evidentemente, ao vocabulário bíblico, de acordo com as proclamações do Senhor Jesus registradas por Mateus e por Lucas. Mas não deixa de ser moldado sobre o pensamento grego, em particular sobre a moral aristotélica, na medida em que corresponde ao modo como o ser humano se apresenta no quadro da cultura ocidental. Exprime a realização final a que é chamado o ser humano, pressupondo uma harmonia perfeita entre o desígnio de Deus sobre a humanidade, a vocação presente de toda vida humana e a plena realização do ser humano em si mesmo.

A bem-aventurança é, portanto, o bem realizado, a felicidade, para Deus e para o ser humano, decorrente do fato de que, como criatura espiritual ou pessoa, no sentido também técnico do termo, o ser humano, criado à imagem de Deus, alcança o seu fim, não por suas próprias forças, mas consentindo em abraçar livremente o fim para o qual é chamado, que é o próprio Deus. Fundados nas proclamações evangélicas, descobrimos o caminho de Jesus, na realização de sua vocação terrestre, paradigma de nosso próprio caminho em vista da realização do desígnio de Deus.

Segundo o ensinamento de Jesus, o fim a que somos todos chamados é a comunhão de amor com o Pai, o Filho e o Espírito Santo e, por via de consequência, o amor para com todos os humanos, especialmente para com os que mais necessitam. Essa, aliás, é precisamente a realidade da Igreja comunidade humana, "o sacramento, ou sinal, e o instrumento da íntima união com Deus e da unidade de todo o gênero humano", segundo o Concílio Vaticano II (*Lumen Gentium*, n. 1). A dignidade da pessoa humana, por conseguinte, tendo como fundamento ontológico o fato de que somos criados à imagem e semelhança de Deus, se ratifica existencialmente pelo fato de que todos os humanos somos chamados desde agora, no seguimento de Jesus, à comunhão com Deus.

A realização de nossa vocação, que é, na verdade, realização e coroação de tudo que somos e do que somos chamados a ser, bem-aventurança, é o fim que sustenta todo nosso agir, da mesma forma que o fato de sermos imagem de Deus é o alicerce do nosso ser e da nossa vida.

Do ponto de vista do ser, a vida humana, pessoal e social, tem por fundamento a dignidade da pessoa humana, como esclarece, por exemplo, o

*Compêndio da Doutrina Social da Igreja* (n. 36). Do ponto de vista do agir, porém, tudo depende da bem-aventurança, que é o primeiro princípio sobre o qual se funda toda a estrutura do agir humano no espírito e, portanto, a espiritualidade. Aos olhos da Antropologia, sobre a qual se assenta a Teologia Espiritual, visto que a graça não suprime nem destrói a natureza, mas a aperfeiçoa e eleva, a vocação à bem-aventurança está na raiz de toda espiritualidade.

Trata-se, aqui, de uma verdade que não é, em geral, posta em relevo por um grande número de teóricos da espiritualidade cristã. Por isso insistimos: o ser humano, como criatura, não é fim de si mesmo. Certas concepções da liberdade são propostas como se o ser humano fosse um absoluto e seu fim, o tornar-se livre, a libertação. A libertação só tem sentido em função do bem para o qual se é libertado. No caso do ser humano, esse bem não pode ser outro senão o bem primeiro em si mesmo, Deus. Quando propugnamos por uma espiritualidade libertadora, devemos ter sempre presente que ela deve estar animada pelo desejo de Deus, pela busca da comunhão com Deus, da bem-aventurança, sem a qual não há, para o ser humano, verdadeira liberdade. A libertação encarada como um absoluto esconde uma tremenda mentira, a ideia de que o ser humano não é criatura, que existe, unicamente, por ser querido e amado de Deus. Libertamo-nos de tudo que não é Deus para viver exclusivamente de Deus, na vida eterna, depois de havermos colocado Deus em primeiro lugar na nossa vida presente.

A centralidade da liberdade, em certas espiritualidades que se qualificam de libertadoras, nasce de dois equívocos maiores: primeiro, o desconhecimento de que a comunhão com Deus é o fim de todo o agir humano, sobretudo do agir livre, desconhecimento que grassa nos dias de hoje, quando a maioria dos humanos vive como se Deus não existisse; depois, como consequência desse desconhecimento, a consideração da liberdade como um bem absoluto, válido por ele mesmo, resultante do antropocentrismo reinante que, quando generalizado, acarreta a postergação da vida eterna e pode chegar até a induzir a um ateísmo prático ou à separação entre os valores humanos e Deus, numa atitude inadmissível para o cristão.

A mola que sustenta toda a espiritualidade cristã é o desejo de Deus, e sua realização final, nossa bem-aventurança, a fonte suprema e, sob certo sentido, única de nossa felicidade é Deus. Sem Deus não há salvação. Sem Deus não há felicidade. Trata-se, aqui, de verdade fundamental da espiritualidade cristã que, do ponto de vista analítico, sustenta, dá consistência e significação ao encontro com Jesus. Esse encontro está fundado na ordem do agir, na bondade de Deus, cujo Espírito anima o coração de Jesus, causa imediata de nossa salvação e santificação.

Quando dizemos que não há vida espiritual sem Deus pressupomos o dado bíblico de que Deus nos criou e que ele é autor da vida. Mais ainda: nós nos referimos ao fato de que ele não pode ser senão a nossa bem-aventurança, fonte de sentido para toda a vida. Na ordem do agir, a vida é determinada pela bem-aventurança a que somos todos chamados, pois o fim comanda todos os meios. Na vida humana, portanto, Deus como fim, como bem-aventurança, comanda tudo que somos e fazemos, tudo que empreendemos e que realizamos neste mundo.

Qual é, porém, o caminho da bem-aventurança nas circunstâncias concretas em que vivemos? Jesus é o Caminho. A estrutura da espiritualidade cristã, de certo modo, se caracteriza pelo fato de que o desejo de Deus implica, na realidade, o encontro com Jesus e a busca de seu seguimento. É o que proclamam os Evangelhos, num texto que pode até servir para desenvolver a análise de um aspecto central da espiritualidade cristã. De maneira paradoxal e em contraste com o que parece ser a inclinação natural do ser humano, Jesus proclama bem-aventurados os pobres, os que têm fome, que choram e que são perseguidos (cf. Lc 6,20-23; Mt 5,1-12), acrescentando que, malgrado as aparências, essa situação é vivida numa misteriosa alegria, já antegozada pelos profetas, dada a significação que tem, em vista da bem-aventurança definitiva, do encontro com Deus, pelo caminho de Jesus.

Mesmo nas circunstâncias mais adversas, quem diz bem-aventurança diz alegria. A espiritualidade cristã fundada nas bem-aventuranças manifestadas por Jesus é uma espiritualidade de alegria. Eis por que atravessa os séculos e ainda hoje, apesar das muitas contradições em que vivemos, pode ser proclamada como Boa-Nova para todos os humanos.

Sob esse aspecto, ocorrem duas observações. Primeiro, a respeito da relação entre a espiritualidade cristã e o que hoje costumamos designar como valores humanos, como verdade, liberdade, justiça, solidariedade, honestidade etc. Do ponto de vista da espiritualidade cristã, há uma estreita relação entre os valores humanos e as bem-aventuranças. Os valores vividos por Jesus são a face concreta das bem-aventuranças por ele proclamadas e exprimem a forma histórica que assume nossa maneira concreta de vivê-los. A história testemunha que a fidelidade aos valores humanos se traduz concretamente numa vida de compromisso e contradição, cujo sentido é manifesto nas bem-aventuranças.

A segunda observação se refere à maneira de compreender a evangelização, inseparável da fidelidade a Jesus, do discipulado, como se diz hoje, e, por conseguinte, da espiritualidade cristã. Quando falamos de evangelização, devemos sempre ter presente que não se deve entender esse termo como um determinado modo de agir da Igreja, mas como o testemunhar de uma vida e um anúncio dos valores humanos vividos em união com Jesus, na fé e na vida concreta segundo o Evangelho, no seio da comunidade cristã. A fidelidade aos valores humanos não só integra como também fundamenta a evangelização, manifesta a força do Evangelho, transformando a vida das pessoas e das comunidades, segundo o espírito cristão.

Finalmente, toda bem-aventurança comporta uma referência explícita à realização final do desígnio de Deus, que é também a nossa felicidade. Sob esse aspecto, que denominamos escatológico, a bem-aventurança é objeto de esperança certa, pois é o que Deus quer de nós, em vista do que conduz toda a nossa vida e a vida de todo o universo, por maiores que sejam as contradições em que nos metamos. Deus escreve direito, ainda que por linhas tortas.

Mas não se pode esquecer que, além de escatológica, a bem-aventurança já agora é uma realidade presente. As bem-aventuranças a que se referem os evangelistas, que culminam na alegria de que fala Lucas, exprimem uma plenitude interior da mente e do coração, vivida certamente por Jesus, à medida que se aproximava sua hora, e que se traduz na paz imperturbável com que atravessou seus últimos dias, do horto até a entrega de seu Espírito ao Pai. Alegria inefável, mas real, que os espirituais cristãos experimentam, mesmo em meio às maiores contradições e em face dos maiores desafios.

Alegria cantada por Maria no *Magnificat*, que, mais do que um traço fundamental do perfil da espiritualidade cristã, é, de certo modo, sua fonte imanente, pois, assim como não há espiritualidade cristã sem participação da cruz de Jesus, também não há espiritualidade cristã sem a busca da serenidade interior, fruto do "sim" irrestrito que damos a Deus, protagonizado por Maria.

A Tradição cristã, longe de pregar uma via dolorosa no topo da espiritualidade, como acontece em algumas formas de piedade, deve alimentar a certeza profunda de que Deus nos ama e que seu amor se exprime, quase sempre, através de nossa fraqueza, por um caminho de aceitação das circunstâncias concretas em que vivemos, transformando-as em vivências do amor de Deus por nós e de nossa resposta de amor a Deus, no seguimento de Jesus, na docilidade ao Espírito.

## 3. CONSCIÊNCIA E LIBERDADE

A espiritualidade cristã se inscreve no quadro da bem-aventurança. No seguimento de Jesus, por conseguinte, o agir humano conserva e deve ter até mesmo reforçada sua característica de atender a todas as exigências de sua natureza, de agir consciente e livre, que se vai aperfeiçoando até seu coroamento final na bem-aventurança, a perfeita felicidade. É preciso, portanto, depois de refletirmos sobre a bem-aventurança, levar em conta a natureza própria do agir humano, de que depende antropologicamente a espiritualidade cristã.

Uma dificuldade inicial deve ser removida: a espiritualidade cristã é da ordem do agir, não do fazer. O desenvolvimento tecnológico e certo materialismo larvar podem hoje, com facilidade, induzir a entender o ser humano como *Homo faber*, produtor e consumidor, mais do que como *Homo sapiens*. Estaria o ser humano mais próximo do robô, do qual se pede eficiência, que dos seres espirituais e livres, chamados a viver da verdade e do bem? Inteligência e vontade humanas estariam ordenadas a produzir conhecimento para a construção de um mundo melhor, em que prevalecesse o bem atual das pessoas e das comunidades, segundo a diversidade de sua cultura e de seus sonhos. Tais perspectivas comprometem seriamente a estrutura da espiritualidade cristã, com o risco de desfigurá-la completamente.

É de primordial importância, tendo em vista a vocação do ser humano, pensar a vida voltada para o alto, dando primazia aos valores humanos definitivos, que são da ordem do espírito, portanto não podem ser fabricados, conquistados ou consumidos por poder ou dinheiro, mas se realizam no íntimo do coração de cada um de nós, dando origem a uma comunidade verdadeiramente humana, em torno da verdade e do amor, da justiça e da solidariedade.

A bem-aventurança, sendo a perfeita realização do ser humano, é um agir humano de acolhimento e participação no Bem, com diz o próprio nome. É, portanto, comunhão com o sumo Bem, Deus. A espiritualidade cristã é radicalmente um ato humano, que se perfaz, como agir, na adesão da consciência ao bem verdadeiro e da vontade ao que a consciência indica como sendo bom, justo e reto.

Não cabe aqui discutir os muitos problemas antropológicos que se podem levantar em torno da questão do ato humano, que comanda toda a reflexão sobre o agir, de que depende diretamente a Teologia, Moral e Espiritual. Registramos apenas o ensinamento do Concílio Vaticano II, em especial na *Gaudium et Spes*, retomado no *Catecismo da Igreja Católica*.

A consciência é um ato da razão, isto é, da inteligência humana, que constrói progressivamente o seu conhecimento e dele se utiliza, também progressivamente, para se orientar na ação. Como define o *Catecismo da Igreja Católica* (n. 1778):

> [...] é um julgamento da razão pelo qual a pessoa humana reconhece a qualidade moral de um ato concreto que vai planejar, que está a ponto de executar ou que já praticou. [Consequentemente] Em tudo o que diz e faz, o homem é obrigado a seguir fielmente o que sabe ser justo e correto. É pelo julgamento de sua consciência que o homem percebe e reconhece as prescrições da lei divina.

A fonte do bem vivido é o Verbo de Deus, unido a seu Espírito, a lei divina, a que se refere o texto, não é a lei historicamente promulgada, mas a própria sabedoria divina, que está no princípio da ordem de todas as criaturas, espirituais e materiais.

A pessoa acede à lei divina através de sua consciência devidamente formada, que lhe indica de modo imediato, no caso concreto, as exigências do Evangelho e do seguimento de Jesus. Portanto, a espiritualidade cristã é, em última análise, uma vida de perfeita fidelidade à consciência, e será tanto mais perfeita quanto melhor a consciência estiver iluminada pelo Evangelho e pelas exigências do seguimento de Jesus.

A vida espiritual cristã baseia-se, portanto, do ponto de vista concreto, no conhecimento amoroso de Jesus, que se torna cada dia mais nítido e exigente à consciência cristã. Daí o dado fundamental do "queremos ver Jesus". Mas do ponto de vista formal sua regra imediata é a consciência. Quando, em virtude das circunstâncias históricas ou obstáculos individuais, a consciência desconhece ou conhece mal a Jesus, emite o seu juízo baseada no que reconhece ser verdadeiro, bom e justo, valendo aqui os princípios universalmente admitidos no caso clássico da consciência errônea, salvaguardando na prática a qualidade cristã do agir, ainda que não explicitamente reconhecida.

A vida social e a religião, vinculadas às condições particulares da história e da cultura, encontram uma série de dificuldades em admitir o princípio do primado da consciência. A vida humana concreta é feita de compromissos, de ignorâncias e de cumplicidades. Na prática nosso agir está longe de ser razoável e, de fato, nosso agir depende de muitos outros critérios, mais ou menos válidos. Mas aos olhos de Deus somos e seremos definitivamente julgados pela fidelidade às indicações da consciência, que, normalmente, tendem a se aprofundar e a se generalizar, de tal sorte que a sabedoria, como a própria Bíblia lembra muitas vezes, vai aos poucos se tornando nossa companheira, alimentando-nos no caminho para a vida que não passa, a vida eterna.

Em face da proposta da consciência, a vontade é livre, pois adere ao bem, a partir do fundo de si mesma, quer este bem seja o Bem, que é Deus, quer se trate de bens limitados, em si mesmos ou em relação a outros bens, diante dos quais a liberdade deve escolher. Denominamos, por isso, livre-arbítrio a liberdade vivida nas circunstâncias em que, para se exercer, deve escolher. A própria bem-aventurança, o seguimento de Jesus e toda indicação da consciência são, de fato, para nós, em nossa vida, objeto de escolha. Mas é preciso ter sempre presente que, enquanto caminhamos na vida, Deus é objeto da escolha, porém não é a escolha que nos torna livres, senão Deus, que na vida presente devemos escolher.

Tal noção de liberdade é uma das principais chaves para traçar o perfil da espiritualidade cristã. Vale a pena relembrar aqui a definição do *Catecismo da Igreja Católica* (n. 1731):

> *A liberdade é o poder, baseado na razão e na vontade, de agir ou não agir, de fazer isto ou aquilo, portanto, de praticar atos deliberados. Pelo livre-arbítrio, cada qual dispõe sobre si mesmo. A liberdade é, no homem, uma força de crescimento e amadurecimento na verdade e na bondade. A liberdade alcança sua perfeição quando está ordenada para Deus, nossa bem-aventurança.*

A "perfeição da liberdade" é "nossa bem-aventurança, Deus". A estrutura da espiritualidade humana e, portanto, também cristã, iluminada pela consciência, é sustentada pela energia da vontade na escolha dos meios, justos e retos, quando segue a consciência, para alcançar a perfeição quando sua escolha é ditada pela busca de Deus, nossa bem-aventurança.

Aí residem a base e as duas principais vigas da espiritualidade cristã: por um lado, a bem-aventurança, cuja condição atual é manifestada em Jesus; por outro lado, a consciência e a liberdade, indicando e escolhendo o caminho para viver desde já e eternamente em comunhão com Deus.

Tudo mais é meio: expediente, método, fórmula, receita, plano, maneira, modo, aquilo que serve para ou permite alcançar o fim, procedimento, objeto, pedagogia, instrumento que favorece a realização da caminhada para a comunhão com Deus, sendo sempre manifestação da realidade espiritual de nosso agir. A Teologia Espiritual nada pode desprezar. Deve-se ocupar de todas as particularidades da vida e discutir tudo que, de algum modo, se ordena à bem-aventurança pelo caminho da consciência e da liberdade, indicar-lhes as vantagens, assinalar os limites e recomendar como proceder nas mais diversas circunstâncias. O básico, porém, não pode ser jamais esquecido: todos esses aspectos, por mais importantes que pareçam, são sempre meios, pois, como ensina a Tradição, o único necessário é o amor, pelo qual temos acesso à bem-aventurança. Quando identificado pela inteligência e correspondido pela vontade, penetra-nos inteiramente a vida e nos faz participar do Amor, que é o próprio Deus.

## 4. A COMUNIDADE

O agir humano, fundado na percepção e na escolha livre do que é justo e reto, integra-se no fim para o qual Deus nos chama, que é a definitiva comunhão de vida com o Pai, o Filho e o Espírito Santo. Existencialmente falando, essa condição da natureza se traduz, de fato, numa vida de comunidade. Feito para a comunhão, o ser humano é chamado a vivê-la desde a origem, na família e na sociedade, antecipando a vida de comunhão em Deus. A vida humana só se pode viver em comunidade. O relacionamento com os outros, a começar da relação do bebê com a mãe, faz parte integrante da vida humana. No relacionamento com seus semelhantes é que o ser humano desperta para a vida pessoal, cresce humanamente e alcança a bem-aventurança. Esse fato pode ser teologicamente interpretado como um reflexo de Deus, que é comunhão do Pai com o Filho no Espírito Santo, em continuidade com o dado básico de que o ser humano é criado à imagem de Deus.

### 4.1. A comunidade na história da salvação

É o que se percebe, aliás, nas Escrituras. A obra de salvação, que assume a estrutura violada depois da criação, se realiza através da constituição de um povo a que é oferecida historicamente a salvação, cuja fidelidade é constantemente reclamada de Deus como resposta coletiva ao dom que lhe é feito, e que culmina na vinda do Messias prometido.

No Novo Testamento, o povo escolhido se universaliza ao tomar consciência de que os laços carnais e legais não eram senão expressão de um laço espiritual mais profundo, de fidelidade pessoal, constituindo uma comunidade aberta ao universal, a Igreja, fundada no reconhecimento pessoal do dom divino e no dom de si mesmo a Deus e aos outros, na certeza de que somos todos chamados por Deus a constituir uma comunidade universal com base na liberdade e no amor.

No entanto, através da história da espiritualidade cristã assistimos, muitas vezes e de muitas formas, ao que poderíamos denominar encobrimento teórico e prático da vida comunitária, transformando a comunidade cristã quer numa sociedade baseada no poder, quer num agrupamento construído em torno de uma ideologia, que facilmente se reveste de cores religiosas. A importância que a Tradição católica atribui aos meios de salvação, às práticas devocionais ou à arregimentação em movimentos ou campanhas específicas corre sempre o risco de descentrar a vida pessoal do encontro com Deus em Jesus, que é eminentemente pessoal e deve estar sempre na base de toda vida comunitária autêntica.

O encontro pessoal com Deus, pela mediação do único mediador, Jesus, está na gênese de toda comunidade cristã e precisa ser claramente reconhecido como fonte e expressão de toda religião cristã. Ao recomendar: "Não chameis a ninguém na terra de 'pai', pois um só é vosso Pai, aquele que está nos céus" (Mt 23,9), Jesus nos ensina que a vida de comunhão com Deus é um dom exclusivo e pessoal de Deus, por mais importantes que sejam os meios através dos quais nos chegue. Espiritualmente falando, parece-nos importante restaurar na Igreja o senso da união pessoal com Deus e relativizar todos os elementos particulares dessa ou daquela espiritualidade, para proclamar o que há de mais essencial no Evangelho: o reconhecimento da mediação única de Jesus, não por exclusão de outras mediações, senão como pedra angular de todas as outras espiritualidades e práticas religiosas sadias.

Note-se, a título complementar, que essa característica da verdadeira espiritualidade cristã apoia-se não tanto na nossa condição terrestre, mas é, sobretudo, a expressão da natureza profunda de nossa caminhada para a eternidade. Quem se não Jesus pode nos mostrar o caminho seguro para ir ao seu encontro na eternidade? Nos dias de hoje parece-nos da maior importância reconhecer o caráter prioritário da relação pessoal com Jesus, no centro não só da pessoa do cristão, como no centro mesmo da comunidade cristã por excelência, que é a própria Igreja, e de todas as comunidades cristãs.

Na cultura atual, assistimos a um crescente desequilíbrio entre pessoa e comunidade. O individualismo, por um lado, se faz sentir em todos os setores da vida. Por outro lado, padecemos de formas cada vez mais amplas de massificação pelas estruturas burocráticas do poder, pela economia e pela mídia, que reduzem ao mínimo, quando não tolhem completamente o exercício da autêntica liberdade pessoal, através da qual somente o ser humano alcança a plena realização de si mesmo. Do ponto de vista espiritual, na medida em que a vida humana é pensada mais em função da presente realidade histórica, social, política e até mesmo religiosa, a pessoa, histórica e culturalmente dependente da comunidade, tende a ser considerada mais como uma engrenagem da sociedade massificada do que como uma pessoa que livremente se reúne em comunidade.

A pessoa deixa de ser considerada em primeiro lugar, sob a alegação de preservação das diferenças culturais, étnicas, tribais, sociais, econômicas, políticas e até religiosas, na prioridade que se confere, por exemplo, aos eventos sobre a qualidade pessoal da vida. Ou na forma de utilização da mídia, para atrair os que pertencem socialmente à Igreja, ou os não cristãos, ou, ainda, para arregimentar os cristãos ou os não cristãos em campanhas em favor das mais diversas políticas, como se diz, que nem sempre, porém, dão devido valor ao posicionamento pessoal, rejeitando toda crítica e agindo como se estivesse em jogo algo essencial ao comportamento social do cristão.

### 4.2. A edificação da comunidade cristã

A comunidade cristã é indispensável. A espiritualidade cristã a reconhece na fé e procura desenvolvê-la, não só rejeitando tudo que a ela se opõe ou que lhe cria dificuldade, mas também se empenhando pessoalmente em edificá-la – a imagem é sugerida por Paulo (1Cor 14,12.26; Ef 2,12) – em continuidade com o dom de Deus. Na edificação do corpo de Cristo se verifica a mesma estrutura da graça pessoal, que deve ser recebida ativamente, isto é, através de um "sim" que lhe assegura a fecundidade efetiva, tal como o "sim" de Maria é indissociável da encarnação do Verbo.

Em consequência, nossa relação com a comunidade não é de dependência espiritual, como se através dela nos uníssemos a Jesus e ao Pai no mesmo Espírito, mas de colaboração, pois, assentindo interiormente no dom de Deus, passamos, ao mesmo tempo, a pertencer à comunidade e a edificá-la, dado que ela primordialmente depende de nossa fé e de nosso amor, enquanto nós dela dependemos, como meio favorável ao acolhimento de Deus, na qual se exprimem a salvação e a santidade a que somos chamados como pessoas.

Tocamos aqui num dos aspectos centrais da comunidade cristã, que a distingue, como tal, de toda comunidade natural, baseada no sangue, no parentesco, na identidade cultural ou na nacionalidade, por exemplo, ou até mesmo na realização de nossos projetos temporais ou de nossa vocação aqui na terra. Não nascemos cristãos nem somos cristãos pelo que fazemos, por uma opção de vida radicada unicamente em nós mesmos. Tornamo-nos cristãos pela graça de Deus acolhida no mais íntimo do nosso coração.

Passamos a formar a comunidade do Povo de Deus, com base na fé, na esperança e no amor. Esse mistério pessoal profundo de conversão do coração nos faz, ao mesmo tempo, membros que pertencem ativamente ao corpo de Cristo, que contribuem pela mesma fé, pela mesma esperança e pelo mesmo amor a dar consistência espiritual e histórica à comunidade cristã, à Igreja, Povo de Deus, corpo e esposa de Cristo e templo do Espírito Santo.

O episcopado latino-americano, na V Conferência do Celam em Aparecida, em 2007, reconheceu a originalidade da comunidade cristã ao considerar como um dos fundamentos de sua análise da realidade da Igreja e ao colocar no cerne de suas recomendações o fato de que, sendo discípulos de Cristo, somos, ao mesmo tempo, missionários. Ouvir verdadeiramente a Jesus é indissociável do gesto de edificação da Igreja. Sendo discípulos, somos missionários, mesmo que nada façamos de visível na esfera pastoral, pelo simples fato de sermos fiéis ao discipulado, como foi paradigmaticamente, por exemplo, Santa Teresinha, que nunca saiu do Carmelo e é honrada pela Igreja como Padroeira das Missões!

Vale a pena lembrar aqui a doutrina da Igreja no que concerne à relação da vida pessoal e comunitária, expressa num parágrafo luminoso do *Catecismo da Igreja Católica* (n. 1886, citação da *Centesimus Annus*, n. 41), com base num texto clássico de João Paulo II, que se aplica diretamente à Igreja:

> *A convivência humana deve ser considerada como realidade eminentemente espiritual [pessoal, portanto], intercomunicação de conhecimentos à luz da verdade, exercício de direitos e cumprimento de deveres, incentivo e apelo aos bens morais, gozo comum do belo em todas as suas legítimas expressões, disponibilidade permanente para comunicar a outrem o melhor de si mesmo e aspiração comum a um constante enriquecimento espiritual. Tais são os valores que devem animar e orientar a atividade cultural, a vida econômica, a organização social, os movimentos e os regimes políticos, a legislação e todas as outras expressões da vida social em contínua evolução.*

A comunidade cristã é, por natureza, uma comunidade humana, que, como esta, não admite a inversão dos meios e dos fins. A pessoa não só está na origem como é o fim da comunidade, pois esta faz parte dos meios temporais que nos preparam todos para a participação na comunhão definitiva com Deus.

Há uma continuidade de estrutura entre a comunidade cristã na história, Igreja militante, e a comunidade cristã definitiva, na bem-aventurança, Igreja triunfante. A estrutura é a mesma, constituída pela participação humana na vida de Deus, por Cristo, no Espírito. Há perfeita continuidade entre a graça e a glória, entre o regime de fé e o regime da visão. A Igreja militante é sacramento da triunfante, em que viveremos definitiva e plenamente a vida divina de que começamos a participar no Batismo.

### 4.3. A comunidade cristã, instância decisiva da espiritualidade

A reflexão teológica sobre a comunidade como estrutura primária do ser e do agir humanos, considerada à luz de Deus, a que temos acesso pela fé, ultrapassa de muito a perspectiva da Teologia Espiritual, pois não só se radica na própria condição humana, mas está em estreita dependência da vocação de todos os humanos à comunhão com Deus e, portanto, à santidade.

Além de ser fonte de toda a espiritualidade cristã, é um dado fundamental para a compreensão do mistério da comunicação do Espírito de Jesus a todos os humanos, de que a Igreja é o sacramento, como ensina o Concílio Vaticano II. Não é possível elaborar uma análise teológica da Igreja independentemente de seus elementos constitutivos como comunidade cristã histórica, sinal e fermento da comunhão dos santos.

Colocada, porém, nesse conjunto, a comunidade cristã se apresenta como sendo uma instância decisiva na estrutura mesma da espiritualidade, enquanto traduz, na realidade da história, o casamento entre o fim, a bem-aventurança, e os meios, do ponto de vista formal, a liberdade, constituindo assim o fruto histórico em que se espelha ao mesmo tempo o mistério de Deus e o que há de mais profundo no ser humano, compondo, segundo a imagem paulina, o corpo de Cristo presente na história até o fim dos tempos.

Não se pode deixar de observar, terminando, que essa estrutura, indispensável à compreensão do perfil da vida cristã, nem sempre é hoje reconhecida como tal, dado o fato que muitas espiritualidades, que hoje se apresentam como cristãs, baseiam-se em opções unilaterais do dado cristão. Algumas tendências se deixam levar por perspectivas centralizadas no ser humano, sua felicidade ou plena libertação, chegando mesmo a querer orientar a vida cristã para finalidades parciais ou até mesmo temporais. Outras insistem de tal modo na fidelidade às práticas e modos de ser tradicionais que desconfiam da liberdade e pretendem se fixar em modelos mais ou menos rígidos, contrariando a liberdade do Espírito. Outras, enfim, cedem aos pendores individualistas, tão fortes em nossa atual cultura, ou se deixam envolver por concepções comunitárias massificadoras, entretendo ora o infantilismo, ora o fanatismo em movimentos e agrupamentos que mal se dão conta da falsa ideia da espiritualidade e da santidade em que se baseiam.

### Resumindo

*No intuito de traçar o perfil da espiritualidade cristã analisamos o aspecto formal da vida cristã, sua estrutura, e em seguida, suas realizações concretas, que denominamos espaços da vida cristã.*

*Sua estrutura se desenha a partir de três referenciais complementares:*

- *a bem-aventurança, como fim para o qual se orienta todo o agir humano e que, por ser gratuita, sobrenatural, funda todo o agir da graça;*

- *a liberdade, como estrutura característica do agir humano, visto que, dentre todas as criaturas, o ser humano é o único que se deve autodeterminar em relação ao fim. Aliás, bem-aventurança e liberdade se correspondem, sendo traços indissociáveis no perfil da vida cristã.*

- *o fato de que o ser humano não só nasce e cresce, como pessoa no seio de uma comunidade, como o fato não menos determinante de que a bem-aventurança, que coroa o correto exercício da liberdade, é a comunhão participativa da vida de Deus, que é, ele mesmo, comunhão, o que torna toda comunidade cristã antecipação e sinal da bem-aventurança a que todos somos chamados.*

*A restauração dessa visão da vida cristã constitui, a nosso ver, a contribuição mais importante que a Teologia possa dar à renovação prática da espiritualidade cristã em nossos dias. Indica-nos o caminho a seguir no contexto das muitas interpretações, nem sempre falsas, mas incompletas e unilaterais do perfil da vida cristã.*

---

**Perguntas para reflexão e partilha**

1) Na sua experiência, até que ponto as espiritualidades cristãs que você conhece atendem à estrutura da vida cristã, tal como é aqui exposta?

2) Como traduzir, na vida de todo dia, o exercício da liberdade na edificação da comunidade cristã?

3) Na sua visão da ação pastoral, qual o lugar que ocupa a perspectiva da bem-aventurança?

---

## Bibliografia básica

CASTILLO, J. M. *Deus e nossa felicidade*. São Paulo: Loyola, 2006.

CATÃO, Frei Bernardo (Francisco). *A Igreja sem fronteiras. Ensaio pastoral*. São Paulo: Duas Cidades, 1965.

CATÃO, F. *Pedagogia ética*. Petrópolis: Vozes, 1995.

FUELLENBACH, J. *Igreja;* comunidade para o reino. São Paulo: Paulinas, 2006.

RUBIO, A. G. *Elementos de antropologia teológica.* Petrópolis: Vozes, 2003.

TAVARD, G. H. *A Igreja;* comunidade de salvação. São Paulo: Paulus, 1997.

VANIER, J. *Comunidade, lugar do perdão e da festa.* 7. ed. São Paulo: Paulinas, 2009.

Capítulo segundo

# VIRTUDES:
# AS "HABILIDADES" REQUERIDAS

Na análise da vida cristã, ao passar da estrutura para o exercício, em que consiste concretamente nossa caminhada para a bem-aventurança, nosso agir vai enriquecendo progressivamente nosso ser e nos tornando mais conatural, por assim dizer, nossa busca de Deus. Esse enriquecimento consiste no desenvolvimento de capacidades de agir, ou "habilidades", denominadas virtudes, que vão sendo adquiridas ao longo da experiência. As virtudes podem ser consideradas seja na linha da causa eficiente, como um potenciamento da capacidade de agir, ou, então, na perspectiva do fim, como antecipações sempre mais significativas e ágeis, que vão tornando cada vez mais fácil e prazeroso o agir orientado para esse mesmo fim.

O ser humano, em sua condição existencial histórica, requer ser, por um lado, "potencializado" para viver à altura de sua condição humana e, sobretudo, à altura de sua vocação à comunhão com Deus. Daí o nome de virtudes que atribuímos a essa potenciação operativa, pois virtude significa força, de *virtus*, segundo a etimologia latina.

Por outro lado, os elementos que correspondem à progressiva habilitação a caminhar com firmeza e progressiva facilidade em vista do fim, segundo o vocabulário analítico de inspiração helênica, denominam-se "hábitos", dos verbos haver ou ter, que nos leva a adotar o vernáculo "habilidades" para melhor exprimir seu aspecto positivo.

Em espiritualidade, as virtudes, inteiramente voltadas para o fim, devem ser consideradas, sobretudo, como "habilidades dinâmicas" requeridas para uma aproximação cada vez mais perfeita do fim e que, na perspectiva da graça, são-nos dadas ou infundidas por Deus em vista da perfeita participação nossa na comunhão, que é a vida de Deus, nossa bem-aventurança.

O conjunto das habilidades adquiridas no exercício de atividades conscientes e livres, sustentadas e animadas pela educação, nos prepara para o aperfeiçoamento progressivo da vida humana propriamente dita, que é uma vida de relacionamento com Deus, em primeiro lugar, num sentido único; com o próximo na sua universalidade e, principalmente, conosco mesmo. Essas capacidades nos permitem agir humana e livremente em vista do fim a que somos chamados, nossa beatitude.

Esse mesmo agir humano virtuoso, quando nos colocamos na perspectiva da comunhão com Deus, efetiva participação de sua vida, vida da graça em vista da glória, é gratuitamente enriquecido por um conjunto de virtudes consideradas infusas, na linha da causa eficiente, pois não brotam de nosso esforço, mas do dom de Deus, que, porém, aperfeiçoa e dá continuidade ao esforço natural, dado que a natureza não destrói nem contraria a natureza, mas a aperfeiçoa e eleva.

Do ponto de vista da Teologia Espiritual consideramos as virtudes antes de tudo como virtudes infusas, tais como foram praticadas por Jesus, sem nunca esquecer que se assentam sempre, do ponto de vista da causa formal, na estrutura da própria natureza, ou seja, repetem, no plano da graça, o que o ser humano é no plano da natureza.

## 1. AS VIRTUDES

Ao comparar a vida humana ao esforço desenvolvido pelos atletas para vencer no estádio, chamam de virtudes a capacidade de agir segundo o que a consciência indica como justo e reto. Pecado é uma falha no agir humano e vício, a má disposição habitual de agir corretamente. Na Tradição bíblica, em que tudo é obra de Deus, consideram-se atos contrários, pecados e vícios, aos dons de Deus tudo que nos inclinamos a fazer em desacordo com a consciência, que é a voz de Deus ouvida no nosso íntimo.

A distinção entre virtudes adquiridas e virtudes infusas constitui uma ferramenta indispensável na análise da espiritualidade cristã, mas comporta também, como a história muitas vezes demonstrou, o grande risco de se conceber a espiritualidade cristã como constituindo uma vida à parte, sem articulação com as virtudes adquiridas. Fala-se do sobrenatural sem cuidar do natural, do que é exigência da natureza em relação ao próximo, a nós mesmos e a Deus.

Um dos pontos mais importantes da renovação teológica contemporânea foi a percepção de que o distanciamento entre a ideia de uma ordem sobrenatural independente da ordem da natureza constitui um desvio da doutrina clássica da graça e das virtudes, mal entendida pelos autores que participaram das controvérsias da Modernidade. Essas, que tiveram lugar principalmente no século XVII, se fizeram em torno da causa eficiente, de como concordar graça e liberdade. Deixaram de lado o princípio clássico de que, na esfera do agir, o que conta em primeiro lugar não é a causa eficiente, mas a formal, que provém do fim, da causa final. Graça e natureza não se distinguem pelo fato de que são frutos diversos da ação divina sempre gratuita – tudo é graça, dizem os santos —, mas pelo fim a que estão ordenadas e que não as opõe, antes as completa.

O Concílio Vaticano II pôs em questão a distinção até então corrente, entre natural e sobrenatural, entendendo a graça como uma abertura da condição humana (natural) à comunhão com Deus (sobrenatural), sem que essa nova perspectiva aberta pela graça consistisse numa espécie de segunda natureza. A Igreja, comunhão na graça, não vive à margem da vida, dotada de uma estrutura espiritual própria, mas é a própria vida humana, da totalidade dos humanos, ordenada a um fim que vai mais além de suas finalidades e estruturas temporais. Desde então, um dos grandes desafios da Teologia Espiritual é de evitar, sobretudo na prática, as decorrências de uma divisão que separe o sobrenatural do natural, a graça da natureza. Essa distinção, embora importante na análise teórica, em face do fim sobrenatural a que somos chamados, não justifica a separação prática, existencial e histórica entre o que é natural e a comunhão com Deus. Tal separação, que viola a unidade da criação, compromete também a unidade do pensamento de Deus em relação ao ser humano e à história. A bondade radical da criatura é um princípio que comanda o peso sobrenatural do agir humano concreto e histórico, em vista da justiça e da solidariedade a serem vividas nesse mundo, antes de chegarem à perfeição no céu.

Devemos, portanto, ao traçar o perfil da espiritualidade cristã, deixar de lado essa distinção, como sugere, aliás, Tomás de Aquino (cf. *Suma teológica,* Ia-IIae, q. 55, a. 4), e nos ater ao papel estrutural que desempenham as habilidades humanas, tais como as conhecemos através da Bíblia, presentes em todos os humanos, pois existencialmente não é possível separar o que é adquirido do que é infuso.

Não se deve fazer, pois, a análise das virtudes que dão sustentação à vida espiritual cristã a partir de sua causa eficiente, o dom da graça ou o agir humano, senão em função de sua causa final, enquanto habilidades requeridas para que o ser humano cumpra sua vocação à bem-aventurança, como peregrino na terra e como cidadão do céu.

Ora, a bem-aventurança é a comunhão pessoal com Deus, Pai, Filho e Espírito Santo, que engloba, alimenta e sustenta a comunhão com o próximo, em que essa comunhão se torna real e é chamada a se manifestar. As virtudes, portanto, devem ser analisadas como habilidades ao relacionamento com Deus e com o próximo, contrariando a tendência natural ao egoísmo e exigindo que se saia de si mesmo, o que requer um conjunto de condições que nos tornem subjetivamente capazes de encarar o bom relacionamento com o próximo como a regra suprema da vida, apesar das dificuldades que enfrentamos para realizá-lo, a fidelidade total ao amor.

O fundamento último dessa forma de entender as virtudes cristãs e os vícios que lhes são opostos se encontra nas Escrituras, desde o Antigo Testamento, e se torna absolutamente central no Novo Testamento, no exemplo e na palavra de Jesus, bem como nas exortações apostólicas. Nenhuma análise das virtudes e vícios na vida cristã pode ser feita independentemente desse dado da Escritura.

No entanto, o que se observa é que virtudes e vícios foram diferentemente sistematizados no decurso da Tradição cristã. Nos escritos apostólicos aparecem sob a forma de exortações, as parêneses do Novo Testamento. No monaquismo, sobretudo em virtude da influência estoica e da tendência a discorrer sobre as virtudes cristãs a partir dos vícios que ameaçavam a sua integridade, inspirou a catalogação das inclinações perversas que de Evágrio do Ponto († 399) passou para João Cassiano († 432/5) e resultou no que Gregório Magno († 604) chamou de vícios capitais, terminologia até hoje presente no *Catecismo da Igreja Católica* (n. 1866).

Desde Santo Agostinho, porém, sob a influência de Platão e, depois, de Aristóteles, a Idade Média acabou adotando uma lista de virtudes herdadas especialmente desse último, que reconhecia quatro virtudes básicas, ou cardeais: a *prudência*, habilidade da consciência para indicar de maneira segura e clara o que é justo e reto; a *justiça*, capacidade da vontade de estabelecer e manter com o próximo um relacionamento humano de qualidade; a *força*, capacidade de enfrentar as dificuldades e se manter perseverante na busca do bem; e a *temperança*, facilidade em usar das coisas desse mundo, que despertam ambição ou prazer, de maneira correta, sem prejuízo da retidão da consciência.

Essa forma de abordar as habilidades humanas, radicada no que é o ser humano, vale também para sistematizar as virtudes infusas, dons da graça, que aperfeiçoam, sem suprimir a natureza. Os autores cristãos entendem que prudência, justiça, força e temperança, virtudes adquiridas, devem ser também consideradas virtudes infusas, a ponto de não podermos, na experiência cristã, distinguir claramente o que é fruto de nosso esforço do que é dom da graça.

É certo, porém, que para o cristão o dom gratuito de Deus não só nos faz agir em vista da bem-aventurança como nos dota de certo número de habilidades, diretamente vinculadas ao relacionamento pessoal com Deus. A linguagem neotestamentária conhece a fé, a esperança e o amor, que hoje denominamos virtudes teologais. São virtudes que não se medem pelo que o ser humano é, senão pelo que é Deus, abertas, portanto, ao infinito. Essa infinitude das virtudes teologais faz com que, acima de seu modo humano de operar, dentro dos limites da razão, elas se abram a um modo divino de operar, sob a ação do Espírito, que, mais uma vez, sem contrariar nem destruir a natureza, nos faz viver e agir numa outra dimensão, verdadeiramente mística, como um coroamento de toda a espiritualidade cristã. A Teologia Espiritual da Idade Média se comprazia em descrever a vida cristã, nas suas formas mais significativas, através do agenciamento entre os dons do Espírito Santo e as virtudes, teologais e morais.

Depois de haver tratado das virtudes em geral, na primeira parte da segunda parte da *Suma teológica*, Tomás de Aquino estrutura todo o resto da segunda parte com base nas virtudes teologais e morais, à luz da qual aprecia todo o agir cristão.

## 2. A SABEDORIA

O traço supremo do agir humano, na espiritualidade cristã, é a sabedoria, que está na raiz de todo o relacionamento com Deus e com o próximo, sustentada pelas virtudes. Que se entende, porém, por sabedoria? Na impossibilidade de analisar aqui a fundo o que as Escrituras designam como sabedoria e de explorar como a Tradição cristã o interpretou, a começar pelos padres mais antigos, através de Agostinho, até Tomás de Aquino, digamos que a sabedoria é a habilidade que torna segura e fácil, agradável, suave e até mesmo saborosa — sabedoria vem de sabor — não só a indicação da consciência do que é justo e reto em função da bem-aventurança, bem como a docilidade da vontade em segui-la.

Tomás fala de prudência e corre, duplamente, o risco de ser mal entendido. Primeiro pelo desgaste do termo, que designa hoje uma "1. virtude que faz prever e procura evitar as inconveniências e os perigos; cautela, precaução; 2. calma, ponderação, sensatez, paciência ao tratar de assunto delicado ou difícil" (*Dicionário Houaiss da língua portuguesa*. 3. ed. Rio de Janeiro: Objetiva, 2009). Depois, porque a prudência se inscreve no rol das virtudes do agir humano e, como tal, não pertence à esfera do relacionamento pessoal com Deus, que caracteriza as virtudes teologais. Para evitar esses dois inconvenientes, recorremos ao termo bíblico de sabedoria, apesar de designar, na linguagem tomasiana, fundada na terminologia bíblica, o supremo dom do Espírito Santo.

Todo agir humano depende da consciência, passagem obrigatória quando se trata do exercício da liberdade. Em nome da integridade do ser humano, da dignidade da pessoa e da natureza da bem-aventurança, que é comunhão pessoal com Deus fundada na liberdade, na gratuidade e na generosidade.

Insistimos na importância da sabedoria na base da experiência cristã. Recusamos entendê-la, já o vimos, quer numa linha empirista, como se o Espírito de Deus se impusesse a nós, à maneira dos carismas, por uma ação direta que dispensasse o acolhimento de nossa parte, quer numa linha racionalista, que submetesse a ação do Espírito ao que nos pareça ser razoável, consentâneo com a prática cristã, tendo por consequência seu abafamento ou extinção, como adverte Paulo (cf. 1Ts 5,19).

A sabedoria é a docilidade cada vez mais livre e perfeita ao "próprio Espírito [que] se une ao nosso espírito, atestando que somos filhos de Deus" (Rm 8,16). Assistidos pelo Espírito, somos capazes de agir como filhos adotivos de Deus, tanto no relacionamento humano como no relacionamento com Deus. O Espírito de sabedoria ilumina-nos a consciência e fortalece-nos a liberdade para não nos deixarmos amedrontar com as dificuldades nem ser seduzidos pelas ilusões das ambições e dos prazeres.

Vale a pena lembrar aqui o início do longo trecho da Primeira Carta aos Coríntios (12,1-3), em que Paulo expõe sua doutrina sobre os dons espirituais. Começa lembrando a importância de agirmos com inteligência, não sendo ignorantes. A vida cristã tem, na sua base, um saber, uma sabedoria. Relembra a situação da comunidade no tempo do paganismo, em que se deixavam arrastar por ídolos mudos. O cristão não se pode deixar mover por um espírito qualquer. Estabelece, então, o critério: a confissão de Jesus, isto é, o conhecimento de Jesus e da significação de sua doutrina, a partir das Escrituras. Em todo o texto se observa na ação do Apóstolo o verdadeiro exercício da sabedoria, ao regular a questão dos carismas, as dificuldades que criam em vista da unidade da comunidade e a necessidade de adotar um critério supremo, além da fé, da esperança e da caridade.

Na verdade, diferentemente do sentimento do que convém fazer, da prudência aristotélica, na espiritualidade cristã o que comanda é a sabedoria, que engloba a função da prudência, não se limita ao âmbito das virtudes morais, ultrapassa as próprias virtudes teologais, especificadas pela fé e pela esperança de que fala o Apóstolo, e se regula, em última análise, pela caridade. Por isso podemos, com razão, concebê-la como sendo a expressão maior da caridade, como amizade íntima e total com Deus e com o próximo.

## 3. O RELACIONAMENTO COM DEUS

Na ordem do ser, Deus é o nome com que designamos a realidade primeira, princípio pessoal e fim de todas as coisas criadas. Jesus chamou de Pai a misteriosa realidade primeira com que convivia no íntimo de seu coração e cuja vontade obedecia integralmente, como que dela se alimentando a vida inteira. Na esfera do agir, Deus, o Pai, é o *tu* com que nos relacionamos. Conduzido pela sabedoria, esse relacionamento, em resposta ao dom recebido, aos poucos vai nos habilitando a levar uma vida em face do tu que vem a nós.

Habilitar o ser humano para viver em face do Pai é habilitá-lo para o encontro pessoal com Deus. A partir desse relacionamento com o Pai, através de sua Palavra e de seu Espírito, a fidelidade cada vez mais perfeita à Palavra de Deus e a docilidade ao seu Espírito vão penetrar toda a vida, transformando o ser humano à imagem do Filho de Deus. A habilitação ao relacionamento pessoal com Deus começa por exigir que estejamos habilitados a acolhê-lo na fé e a ele nos entregando, na esperança, num clima de comunhão e de amizade, que denominamos caridade. Esse é o lugar das chamadas três virtudes teologais.

Ora, Deus, em si mesmo, é mistério. Não podemos saber o que é, nem quem é. Sabendo, porém, que existe, podemos nos relacionar com ele, na certeza da fé, que não vê, mas pressente sua presença. Ninguém pode ver Deus e permanecer em vida. Esse dado é fundamental quando nos propomos discorrer sobre as habilidades requeridas para o exercício da vida cristã. Como pode o ser humano se relacionar com o Mistério, que não sabe quem é, mas apenas que é, que existe?

As religiões de todos os tempos buscaram responder a essa questão. A sedução do sagrado está presente em todas as culturas, até mesmo nos dias de hoje, e o ser humano não pode viver sem acreditar em alguém ou em alguma coisa. Tende-se sempre a sacralizar nossos objetivos maiores, pois só nos sentimos seguros e felizes quando encontramos um ideal, uma pessoa ou uma atividade que nos confira sentido à vida.

Na Tradição bíblico-cristã, Deus, de quem tudo depende e para quem tudo tende, é quem dá sentido ao ser e ao agir de todas as criaturas, como também tomou a iniciativa de vir ao nosso encontro, chamando-nos à comunhão de sua própria vida. Não encontrando resposta, enviou numerosos mensageiros e arautos, prometendo um mediador definitivo, um ungido – *messias* em hebraico, ou *cristo* em grego – capaz de nos introduzir de modo novo e na comunhão a que Deus nos destinou desde sempre.

Foi para isso que Deus enviou de maneira definitiva o seu próprio Filho, que nos mostrou o caminho e nos comunicou a luz e a força, a verdade e a vida, seu Espírito, capaz de nos possibilitar o acolhimento de seu convite, feito desde o início dos tempos. A novidade de Jesus, que faz a história da humanidade entrar em sua fase definitiva, consiste no fato de que nele e por ele nos é revelada e comunicada a vida de Deus desde agora, habilitando-nos a nos relacionar com o Mistério de maneira direta, participando plenamente de seu Espírito.

Fé, esperança e caridade, portanto, nada mais são do que a designação das habilidades que recebemos de Deus para estar em relação com ele. A Tradição cristã desenvolveu enormemente a reflexão sobre cada uma delas, na sua respectiva distinção. Ao traçar o perfil da espiritualidade cristã, porém, convém antes insistir nas suas semelhanças, tecnicamente falando, no aspecto quase genérico que nos permite tratá-las como virtudes que nos habilitam ao relacionamento direto com Deus, teologais, como dizemos.

### 3.1. A virtude da fé

O termo *fé* designa, mais do que uma habilidade, a vivência íntima da adesão ao Mistério, que, concretizada numa experiência humana, comporta, indissociavelmente, uma expressão dessa mesma união espiritual, em si mesma inefável. A confissão de fé é expressão verbal, e também do relacionamento pessoal com Deus, isto é, da fé. O culto no seu conjunto, sobretudo de louvor, acompanhado do testemunho da vida, das atitudes e dos gestos despertados pela experiência de Deus, inspira-se na fé e a manifesta no âmbito de nossa vida pessoal e comunitária.

Hoje, uma das questões mais delicadas da espiritualidade cristã é precisamente a distinção entre a realidade da fé, vivência inefável da adesão pessoal e íntima a Deus, e suas expressões, que variam com a história, o tempo e a cultura. Expressões que precisam ser acolhidas e interpretadas levando em conta o contexto cultural em que foram sancionadas pelo assentimento da comunidade cristã, mas que precisam ser constantemente revistas, num mundo em mudança, para que não venham a trair a originalidade da vivência de fé, que transcende todas as suas expressões.

A espiritualidade cristã ou é uma espiritualidade de seu tempo, ou até deixa de ser espiritualidade, quanto mais cristã. Quantas expressões, pensamentos, sentenças, ritos e até mesmo doutrinas ou práticas religiosas não se transformaram hoje em procedimentos pseudoespirituais que reivindicam, mais por ignorância do que por deslealdade, talvez, ser a expressão autêntica da fé e do Evangelho? A prática, na maioria das vezes, tem origem cristã, mas o espírito com que é vivida hoje deixou há muito tempo de ser o Espírito de Jesus, transformando-se, quando muito, numa expressão religiosa genérica, ritualista, sentimental ou emotiva.

Outra questão, também de particular importância no perfil da espiritualidade cristã, é a certeza que podemos ter da fé que nos justifica. A doutrina comum aponta duas características da fé: ela é uma graça, um dom de Deus, que requer um acolhimento livre por parte do ser humano. É preciso ter sempre presente que o dom de Deus não se concretiza na vida, senão quando efetivamente recebido, de tal sorte que a experiência de fé não pode ser interpretada como a pura recepção de uma moção que nos leva a agir como fiéis, mas deve ser entendida como um dom recebido no íntimo do coração, que nos faz agir livremente segundo a Palavra de Deus e o Espírito de Jesus.

A certeza que temos do ato de fé é, subjetivamente, da mesma ordem que toda certeza a que temos acesso como criaturas humanas, embora objetivamente seja ainda muito mais certa do que toda conclusão a que possamos chegar, a partir dos dados e dos princípios que enquadram nosso conhecimento habitual. Objetivamente, a fé nos faz participar da certeza da Palavra viva de Deus, o Verbo, embora, subjetivamente, esteja sujeita a todas as costumeiras limitações do pensamento humano. Deve-se, por isso, resistir à tendência de enunciar princípios e práticas de espiritualidade como tendo valor absoluto e indiscutível, sem levar em conta a precariedade de tudo que é humano, até na esfera da simples moral cristã.

Resta, ainda, um terceiro traço do papel que a fé desempenha no perfil da espiritualidade cristã: a grandeza dos horizontes que nos abre. A fé nos faz participar da luz da Palavra. Seu regime de obscuridade, por não estar baseada na evidência da razão, não se opõe à luz, pelo contrário, decorre mesmo da intensidade da luz da Palavra, recebida através de expressões sempre deficientes e limitadas. A fé não nos fecha à luz, mas nos permite receber, sem ver, um impacto inexprimível, mas real, da realidade de Deus.

Para o espiritual cristão, Deus nos introduz pela fé, como filhos, na comunhão de seu Filho, que é Palavra e nos faz, por sua luz, entrar, ainda que, por enquanto, de maneira imperfeita, na comunhão de vida, a comunhão no Espírito, que, quando perfeita, no face a face da visão, será nossa bem-aventurança para sempre.

O relacionamento de Deus conosco tem a consistência de Deus. Em vida, não se nos manifesta em sua luz, mas podemos acolhê-lo realmente na fé, início de nossa bem-aventurança. Somos justificados pela fé e Maria é proclamada bem-aventurada porque acreditou.

### 3.2. A virtude da esperança

A *esperança* nasce da fé. É o que a Tradição cristã deixou consignado no famoso capítulo 11 da Carta aos Hebreus, a que recorrem todos os grandes autores e, recentemente, o papa Bento XVI, em sua segunda encíclica, sobre a esperança. Em certos textos, é até difícil distinguir a esperança da fé, e houve quem tropeçasse, prejudicando o equilíbrio interno da espiritualidade cristã.

O relacionamento com Deus começa com a adesão ao Mistério, capacitando-nos a exprimir de algum modo, pelo menos para nós mesmos, a raiz inefável de todas as coisas e o fim misterioso a que tendemos. Completa-se quando esse Mistério, além de conhecido, se torna realmente o fundamento primeiro e inabalável de nossa vida, a realidade que, atual e efetivamente, determina a totalidade de nossa existência.

A esperança nos possibilita viver de modo habitual firmados em Deus, indo ao seu encontro como bem absoluto de nossa vida, buscando-o em primeiro lugar, ou ao seu Reino, como diz a Escritura, em todo nosso agir.

Discute-se qual desses dois aspectos é o primeiro: firmar-se em Deus, independentemente das circunstâncias boas ou más de nossa vida, favoráveis ou adversas, ou buscar, antes de tudo, Deus, nossa bem-aventurança, nossa felicidade? O que nos parece caracterizar a espiritualidade cristã é a unidade entre esses dois aspectos. Sua dissociação seria desumana e desastrosa.

Firmar-se em Deus sem dele esperar todo bem é violentar nossa natureza, pois nossa afetividade espiritual e sensível é movida pelo bem, um bem absoluto, que relativiza o peso e a significação de todas as demais preocupações.

Desejar a felicidade e viver em função de sua busca é cair na desastrosa ilusão de que nossa vocação à felicidade é o critério último no empenho com o qual devemos procurar a bem-aventurança. Seria aplicar à religião os princípios do epicurismo, tentação a que cedem hoje muitos pregadores, mesmo autodenominados cristãos, indo ao ponto, às vezes, de buscar, no fundo, sua própria exaltação e o enriquecimento de suas agremiações, denominadas Igrejas.

O relacionamento com Deus é, sem dúvida, a fonte da felicidade derradeira. Sua base, porém, e sua medida não estão em nós, na nossa busca da felicidade, mas em Deus, que nos quer bem-aventurados. Tomás de Aquino explica que nossa capacitação a nos firmarmos habitualmente em

Deus merece o nome de virtude teologal, porque é comandada pela certeza indubitável de que Deus nos ama e tem o poder de realizar a sua obra, que é o bem de todo o universo e, em particular, o propósito de nos admitir na sua intimidade, participando de sua vida.

O princípio de que a esperança é, antes de tudo, a certeza de que Deus quer o nosso bem e tem o propósito de realizá-lo, por mais adversas que sejam as circunstâncias de nossa vida, serve de critério para perceber alguns desvios mais ou menos graves que desfiguram atualmente a espiritualidade cristã. Bento XVI chega a falar, a respeito, da necessidade de uma autocrítica do Cristianismo (*Spe Salvi*, nn. 22 e 25). Indiquemos três pontos mais sérios sobre os quais deve incidir tal autocrítica.

Já assinalamos o primeiro. A esperança cristã autêntica requer que se corrija uma série de posturas e de práticas que alimentam orações ou devoções voltadas para a obtenção de graças, como se diz. Orações e preces, sobretudo quando apresentadas, ora como absolutamente eficazes, ora como dependentes de uma circunstância pessoal ou material qualquer, o cumprimento de uma promessa ou a intercessão de um santo, até mesmo de Maria, ou a exatidão de um ritual praticado como fonte de graça, desde o acender uma vela até a fidelidade a uma novena ou trezena.

Sem desconhecer o benefício que tais práticas podem, efetivamente, trazer para a religiosidade pessoal, enquanto formam um conjunto de práticas religiosas que exprimem e sustentam a fé, é indispensável que fique bem claro que tudo depende de Deus, do Pai, como dizia Jesus, e que, portanto, é em Deus que colocamos nossa esperança, qualquer que seja a prática que nos pareça mais adequada a conseguir o fim desejado.

Depois, não menos importante, é a facilidade com que, relegando a segundo plano o firmar-se em Deus, se é levado a alimentar a esperança em torno de um bem, verdadeiro em si mesmo como bem, mas que acaba, na prática, tomando o lugar de Deus, transformando-se numa superstição ou até mesmo num ídolo. A fé nos ensina que Deus está acima de todas as coisas, que ele quer o bem de todas as criaturas e que cuida especialmente dos pobres e dos necessitados, incitando-nos a trabalhar por um mundo mais justo e solidário.

Toda vontade de Deus é um bem que devemos buscar e dele esperar, sem dúvida. Mas a esperança não se perfaz no esperar um verdadeiro bem, seja ele a saúde, seja a transformação do mundo, seja a paz entre os povos. Só há verdadeiramente esperança quando firmamos nossas aspirações no propósito divino de nos conceder todo bem, a começar pela intimidade com ele, dom gratuito de sua misericórdia. O relacionamento com Deus se baseia na esperança, quando vivemos em função não do que pensamos ser o bem da Igreja, do mundo ou nosso, mas na certeza de que Deus, na sua misericórdia, tudo faz em função de seu amor pela sua obra e de maneira especial pelos seus filhos, que realmente somos no Filho, em quem acreditamos.

Uma terceira direção, de que trata Bento XVI, é o fato de que, firmada em Deus, não no nosso desejo, a esperança cristã nada tem de individualista ou egoísta. Esperar a bem-aventurança ou a vida eterna não é, em primeiro lugar, esperá-la para mim. Esperar e fundar a vida na certeza de que Deus tem o propósito, na sua misericórdia, de salvar toda a humanidade, em cujo seio vivo, e que, portanto, tudo quanto desejo depende da realização do desígnio amoroso de Deus sobre o mundo, em especial sobre as pessoas chamadas à vida eterna, em função de quem Deus dispõe todas as demais circunstâncias.

### 3.3. A virtude da caridade

A adesão a Deus e o acolhimento de sua Palavra recebem o nome técnico de caridade, em continuidade com a doutrina apostólica, tornando-se o referencial e o alicerce da vida cristã, nossa capacitação ao relacionamento com Deus, entendida como amizade recíproca, generosa e total.

Não se trata de analisar, na sua totalidade, o universo da caridade. Bento XVI o traçou em suas linhas gerais na sua primeira encíclica, a *Deus Caritas Est,* que versou justamente sobre o tema. Nosso objetivo limita-se a algumas considerações de maior destaque no perfil da espiritualidade cristã, levando em conta os princípios estruturantes e as consequentes exigências para participarmos de maneira segura e fácil da amizade com Deus a que somos chamados.

O primeiro passo parece-nos ser a articulação necessária da caridade com a fé e com a esperança. A autêntica amizade com Deus requer, em primeiro lugar, seu reconhecimento como Deus, adesão ao Mistério e acolhimento de sua Palavra, tal como se manifesta à nossa consciência. Mas nenhuma amizade se limita a teorias ou a um conhecimento de pura informação. Mesmo no amor à primeira vista existe implícita uma esperança de reciprocidade, de que podemos contar com o amado. No caso de Deus, seu reconhecimento como Deus só é real e concreto quando o acolhemos como fundamento real de nossa vida, quando nele depositamos nossa esperança, a ponto de nos firmarmos em seu amor misericordioso, como nosso rochedo e fortaleza.

Um puro sentimento de amor, mesmo que nos comova até o transe, quando não se baseia na adesão ao Mistério, limitando-se ao que se denomina experiência religiosa ou a um estado alterado da consciência, não é caridade, ainda que a caridade possa, em certos casos, manifestar-se desse modo. A alegação de que se está agindo por amor de Deus, expressa em formas generalizadas de quase juramento – "por amor de Deus!" –, não é apelo de esperança e fica muito distante das expressões autênticas da caridade.

Para caracterizar esse mundo revestido de conceitos e valores aparentemente cristãos, utiliza-se a expressão: uma sociedade "decorativamente" cristã. Quantos gestos de natureza religiosa, entendendo por religião as expressões do relacionamento com Deus, não passam de gestos puramente "decorativos" de caridade, porque a reproduzem de fora, sem que nasçam interiormente da adesão ao Mistério e da colocação radical de toda a vida nas mãos de Deus? A caridade não pode existir sem fé e sem esperança. Nada mais a pode trair do que o amor que a mimetiza, como, por exemplo, na vida do casal, quando a intimidade é mantida só por egoísmo a fim de encobrir outros interesses ou por rotina. Sendo amizade, a caridade, relacionamento de amor com Deus, exige fé e esperança, assim como todo amor, para ser verdadeiro e recíproco, requer verdadeiro acolhimento do outro e confiança no amado.

É também relevante, para a vida espiritual, chamar a atenção para a unidade da vida virtuosa. As habilidades para agir à altura dos fins a que somos chamados, as virtudes, embora se diversifiquem segundo o aspecto sob o qual o fim é encarado, são sempre habilidades em vista do fim, que não é outro senão a comunhão com Deus, a bem-aventurança.

Todas as virtudes, portanto, formam uma unidade, não apenas a unidade do sujeito virtuoso e do fim a que tendem, mas uma unidade na ação, atuante no âmbito da amizade, sendo o nosso agir, sob todos os aspectos, agir de quem vive na amizade com Deus, agir de caridade. Todas as virtudes são envolvidas pela caridade, que é única e sempre a mesma. Tudo, na espiritualidade cristã, é amor, feito em vista do amor e alimentado pelo amor. É o que os teólogos denominam *conexão* das virtudes na caridade e o que parece dizer São Paulo quando fala da caridade como vínculo da perfeição (cf. Cl 3,14).

As consequências dessa doutrina são inúmeras. Em primeiro lugar, justifica-se teologicamente a supremacia da caridade na vida cristã. Encarado do ponto de vista do sujeito, o relacionamento com Deus requer a capacidade de acolher o Mistério e a decisão de viver em função de Deus. Esse relacionamento se constitui pela amizade, nascida do amor de Deus, quando acolhido num gesto de amor, que nos faz viver do Espírito que anima o relacionamento do Filho com o Pai, presente em plenitude na vida humana de Jesus, que nos é comunicado e nos faz participantes da vida divina.

Consequentemente, na caridade se realiza a perfeição da espiritualidade cristã, denominada, aliás, espiritualidade, não tanto por ser a vida do ser humano, como criatura espiritual, mas por ser, de fato, vida do Espírito em nós. O ato de amor com que amamos a Deus é, antes de tudo, ato de Deus, efetivação de seu amor, criador e salvador, que permanecerá sendo a vida de nossa vida, mesmo depois de ultrapassados os limites que vivemos da fé e da esperança. A caridade nos abre para a eternidade, porque o amor não passa.

A virtude da caridade, que nos possibilita compartilhar, como nosso, do ato pelo qual Deus se ama, o seu Espírito, constitui, portanto, a norma suprema da vida, norma pela qual se devem medir e julgar todos os nossos atos. Há, portanto, uma relação estreita entre a sabedoria e a caridade, pois a sabedoria, como capacidade de orientar toda a vida, é indissociável da caridade, norma suprema da mesma vida cristã. A Teologia clássica explora essa relação entre sabedoria e caridade quando articula com a caridade o dom do Espírito Santo denominado sabedoria, como dom feito a Jesus. Só o agir no Espírito de Jesus responde plenamente ao amor de Deus por nós.

Finalmente, assim como o amor de Deus está na origem de todo o universo e que tudo se volta para Deus, a caridade possui intrinsecamente uma universalidade, que serve de teste à sua autenticidade. Não seria autêntico um amor egoísta de Deus. Amar a Deus como Deus se ama e ama todo o universo é amar também todas as criaturas e todos os humanos, a começar por nós mesmos, na medida em que somos amados por Deus.

Assim, a caridade é o princípio da plena aceitação, na alegria, do que somos, em todas as circunstâncias de nossa vida, e de nosso relacionamento com todas as criaturas, a começar pelo nosso próximo, com quem somos chamados a entreter uma relação de amizade coroando todos os laços que nos prendem uns aos outros. O amor de caridade não elimina a complexidade das relações inter-humanas, mas lhes confere um sentido novo, tornando-as instrumento e expressão da caridade, como amizade com Deus.

## 4. O RELACIONAMENTO COM O PRÓXIMO

O papel envolvente do ato de amor com que nos relacionamos com Deus, fruto da caridade como habilidade suprema do ser humano, traduz-se na conexão existente entre a caridade e as demais "habilidades" que nos possibilitam caminhar com firmeza para a bem-aventurança. A percepção e o aprofundamento desse nexo, que se exprime no que denominamos conexão das virtudes, são particularmente importantes no que diz respeito a nós mesmos e ao próximo, embora hoje, dada a difusão das preocupações ecológicas, tenha adquirido também especial relevância nosso relacionamento com o meio ambiente.

As reiteradas admoestações ao amor recíproco, que sempre reaparecem nas parêneses paulinas, a clareza e a força dos escritos joaninos, que não só insistem na unidade do amor, já sublinhada nos sinóticos, como estabelecem o amor do próximo como critério verificador do amor de Deus, servem de base à doutrina segundo a qual a autenticidade da caridade se manifesta através do relacionamento entre as pessoas, alimentado pelo amor e levando em conta as exigências da justiça, que os regula imediata e diretamente.

### 4.1. A justiça

A caridade, como vínculo da perfeição, é a condição primordial do conjunto das virtudes, mas não elimina, ao contrário, reforça e aprofunda os princípios que comandam o agir concreto, ditados pela natureza das situações e das ações em que se exprime o amor. Ao se tratar dos relacionamentos humanos, inspirados na caridade, mas regulados pela justiça, observa-se uma espécie de simbiose entre caridade e justiça. No relacionamento com o próximo, aos olhos da espiritualidade cristã, são absolutamente inseparáveis caridade e justiça.

Não há, de fato, concretamente, caridade sem justiça, nem justiça sem caridade. Todo amor que não comporte o respeito do outro, em si mesmo, é falso, egoísta ou utilitário. Toda caridade que desdenha a dignidade do próximo e o trata como objeto, de amor, de carinho ou de serviço, não merece o nome de caridade, é expressão de um posicionamento também egocêntrico ou utilitário em relação a Deus.

Pode-se igualmente dizer que não há justiça sem caridade. Reivindicar os seus próprios direitos e defender os alheios em nome da justiça é um ato humano bom e louvável, que merece ser reconhecido pela sociedade, mas sua qualidade moral é relativa, se não se refere ao absoluto de Deus, o que significa, concretamente, que não está, pelo menos objetivamente, aberto à verdade, à justiça e ao amor, que são como que as expressões da presença de Deus na vida de todos os humanos. Essa vinculação da busca da justiça em si mesma com o absoluto de Deus, em continuidade com o Novo Testamento, une a justiça à caridade.

A caridade nos proporciona a medida da justiça e o modo de agir, cumprindo toda justiça, da mesma forma que a justiça manifesta a autenticidade do amor com que amamos a Deus e nos amamos uns aos outros, suportando-lhes os limites e o peso de suas exigências, nem sempre dentro dos limites, como sugere Paulo, para que seja cumprida com perfeição a lei de Cristo (cf. Gl 6,2).

Na linguagem de hoje talvez fosse mais claro falar de solidariedade em vez de caridade. Não há justiça sem solidariedade, nem solidariedade sem justiça. Do ponto de vista cristão, porém, é preciso deixar claro que é o amor de Deus, a caridade, que nos possibilita viver a solidariedade na justiça e a justiça na solidariedade, mesmo que não se tenha diante dos olhos o fundamento último da unidade dessa dupla exigência, que é o Espírito de Jesus.

Além disso, é também preciso ter presente a extensão do campo do inter-relacionamento humano, presidido pela justiça, que só atingirá a perfeição quando compenetrada pela caridade, a capacidade de agir levando em conta a norma suprema do agir, que orienta com sabedoria o ser humano em vista da bem-aventurança.

Vale a pena considerar aqui o esforço feito por Tomás de Aquino para ordenar o amplo e variado campo dos relacionamentos humanos, em que deve prevalecer a justiça, animada pela caridade. É a doutrina das várias "partes" da justiça, por ele denominadas subjetivas, integrais ou potenciais.

Considerada em si mesma, a justiça pode ser de duas espécies: regra que regula o comportamento da sociedade ou da comunidade para com as pessoas, justiça distributiva; relacionamento interpessoal propriamente dito, justiça comutativa. Aplica-se, de um modo geral, o princípio da razão prática: a cada um segundo o que lhe é devido. No caso, porém, do comportamento cristão, ambos os tipos de justiça são comandados pela caridade: deve-se levar em conta a dignidade das pessoas chamadas à bem-aventurança e a prática se deve orientar pela caridade para com todos, respeitadas as necessidades de cada um. Era a regra observada nas primeiras comunidades cristãs, tais como no-las descrevem os Atos dos Apóstolos (cf. 2,45; 4,34). Ao mesmo tempo, as pessoas se devem respeitar umas às outras, atribuindo a cada uma o que lhe é devido a qualquer título.

A justiça nos habilita a procurar efetivamente o bem do outro, sobretudo quando animada pela caridade. Esse aspecto é primordial. O cristão, movido pela caridade, se empenha na promoção do bem do outro. Mas, ao mesmo tempo, a justiça nos leva também a combater o que se opõe ao bem do outro, como, por exemplo, as muitas situações de violência e exploração que predominam na sociedade.

A prioridade da promoção do bem sobre o combate ao mal, cultivada, nos dias de hoje, por diferentes práticas da não violência, deve ser mantida em todos os níveis e sob todos os aspectos, para que se preserve a autenticidade da espiritualidade cristã, muitas vezes contrariada pelo caminho da violência na solução dos problemas humanos, que os próprios cristãos admitem, complacentes para com soluções políticas animadas por princípios contrários. Do ponto de vista da espiritualidade cristã, a justiça sem caridade contraria a sabedoria cristã e deixa até mesmo de ser virtude, como ensina Tomás de Aquino!

Na *Suma teológica*, ditada pela preocupação de sistematizar a Tradição cristã, a esfera da justiça se estende praticamente a toda a rede complexa de relacionamentos mais ou menos diferenciados que se verificam na totalidade da vida cristã. O justo relacionamento com Deus, por exemplo, denomina-se religião e abrange desde o reconhecimento do sagrado até os atos particulares em que se exprime. O relacionamento reto e justo dos pais com os filhos, dos responsáveis pelas diversas comunidades com os seus integrantes, e vice-versa, requer uma série de capacitações diversas, que são virtudes diferentemente denominadas.

Distingue-se ainda a justiça apoiada nas exigências dos princípios morais de um tipo de relacionamento que pode também merecer o nome de justiça, mas que não é tanto ditado por exigências objetivas como pela qualidade da convivência ou por simples gratuidade. Sob esse aspecto, a espiritualidade cristã implica uma docilidade recíproca na maneira de nos relacionarmos uns com os outros, traço que guia, por exemplo, a espiritualidade de São Francisco de Sales († 1622).

Na verdade, é a perspectiva analítica que nos leva a distinguir caridade e justiça. Numa visão prática, mais existencial, somos levados a considerar que não há caridade sem justiça, nem justiça sem caridade. Uma espiritualidade baseada no amor só é autêntica quando se traduz em comportamentos concretos de justiça, para com Deus e para com o próximo, assim como só é justa uma prática interiormente alimentada pelo amor, pois o fazer o bem não basta, se não for benfeito: "Bonum est non solum quod fit bonum, sed etiam bene fit" [o bem não é apenas o que se faz, mas também o que é benfeito] (*Suma teológica*, Ia-IIae, q. 65, a. 4c).

Nenhum ato concreto é, de fato, benfeito se não for alimentado pelo amor de Deus, de nós mesmos e do próximo. Tomás de Aquino chega aqui a atribuir a Aristóteles esse grande princípio, convalidando a característica existencial da moral e, portanto, também da espiritualidade cristã. A realidade da existência é o que conta para o ser humano, mais do que os enunciados da lei ou a formulação dos princípios do agir.

## 5. A AUTONOMIA ESPIRITUAL

O relacionamento com Deus, a que nos dá acesso a caridade, regra suprema da sabedoria cristã, é inseparável do relacionamento com o próximo, pautado pela justiça, que, embora distinta da caridade, dela precisa para ser exercida em perfeição. Caridade, sabedoria e justiça, porém, são "habilidades humanas", virtudes, recebidas como dom de Deus, em vista da bem-aventurança, dom supremo, que requerem, portanto, não apenas ser acolhidas no fundo do coração, mas se tornar efetivamente nosso modo de viver como cristãos.

O grande desafio da vida cristã, a ser enfrentado em todas as ocasiões, está no acolher plenamente o dom de Deus, deixar a vida ser compenetrada pelo seu Espírito, segundo o parâmetro da vida do próprio Jesus, Palavra de Deus encarnada. O acolhimento da fé e da esperança não pode ser apenas teórico, fruto da instrução cristã, a que se limitou durante muito tempo a catequese, nem apenas afetivo, como tende a entendê-lo a pura devoção, tendência ainda hoje presente em muitas espiritualidades. O acolhimento do dom de Deus precisa se traduzir na prática, tornando-se a regra efetiva de nossa vida. Se ficarmos apenas a dizer *Senhor! Senhor!* nunca chegaremos a viver segundo a vontade de Deus, que é a nossa santificação.

### 5.1. A fé e a vida

Reside aqui, talvez, a maior dificuldade que encontra hoje a espiritualidade cristã. Os bispos latino-americanos, nas suas sucessivas conferências, de Medellín (1968) a Aparecida (2007), passando por Puebla (1978) e Santo Domingo (1992), sublinharam sempre, sob diversos ângulos, a dissociação entre a fé e a vida, que seria a grande carência do Cristianismo no continente ibero-americano.

Essa dissociação, responsável pela categoria dos "católicos nominais," tão numerosos entre nós, era percebida inicialmente como causa da coexistência da Igreja, comunidade histórica e social, com as enormes injustiças latentes na sociedade, cujas estruturas eram ditadas e sustentadas em grande parte por cristãos. Orientou-se, então, a pastoral para a luta contra as injustiças do sistema, a fim de que a fé e a esperança transformassem o mundo e se tornassem promotoras efetivas de uma sociedade de justiça e de paz.

A insistência nessa direção, porém, criou uma nova forma de dissociação entre a fé e a vida: o esforço pela promoção da justiça passou a ser a expressão maior da espiritualidade cristã, sobrepujando o relacionamento íntimo com Deus, que é, indiscutivelmente, a fonte da vida cristã.

Essas duas formas de dissociação entre a fé e a vida têm uma raiz comum: relegam ambas ao segundo plano, do ponto de vista antropológico, a exigência primária do efetivo relacionamento com Deus e com o próximo. Sem negar teoricamente a prioridade do exercício teologal da fé, da esperança e da caridade, dão prioridade, na espiritualidade cristã, à esfera da justiça legal, ou moral, religiosa (justiça para com Deus), justiça cidadã (no âmbito da sociedade) ou comutativa (na base do é dando que se recebe, ou, mesmo, da lei de talião).

Por mais completa que seja a observância da justiça, não há relacionamento válido com Deus e com o próximo sem amor. Só a caridade alcança a perfeição a que somos chamados no exercício da sabedoria, que se radica no mais íntimo do coração, em que o Espírito nos faz viver como verdadeiros filhos de Deus e na bem-aventurança.

Somos chamados a viver, mais do que como servos, a vida de filhos, a qual requer muito mais do que a prática da justiça. A capacitação a agir, de modo habitual segundo a caridade, que coroa a vida no Espírito, merece o nome de autonomia espiritual. Sem ela jamais se alcançará a unidade entre a fé e a vida.

## 5.2. Livres para o amor

Antropologicamente, todo o edifício virtuoso da fé, da esperança e da justiça depende da autonomia em relação a tudo que nos impede de agir na luz e na força exclusivas do amor de Deus e do próximo. Sob esse aspecto, a caridade é o caminho de nossa libertação espiritual e só seremos verdadeiramente livres quando o amor atuar em todas as esferas de nossa vida.

Ora, essa liberdade interior, em tudo que pensamos, queremos e fazemos nasce do amor, requer que superemos todos os obstáculos que desviam o nosso coração das pessoas amadas, Deus e o próximo. Só a retidão e a plenitude do amor podem nos assegurar a fidelidade a Deus e ao próximo, quer em face dos obstáculos que se opõem à realização de nossa caminhada, quer diante da atração que exercem sobre nós bens menos compatíveis com a bem-aventurança. Feitos por amor e para o amor, a liberdade interior ou autonomia espiritual é o fundamento antropológico indispensável de nosso progressivo viver no Espírito.

Um dos traços mais preocupantes da espiritualidade cristã nos dias de hoje é o menosprezo, quando não desconhecimento, da importância fundamental da autonomia espiritual pessoal. Por um lado, numa tendência mais conservadora, chega-se a ponto de combater ou, pelo menos, limitar a liberdade, como um risco de que os fiéis devem estar protegidos pela submissão à lei e à autoridade dos pastores e superiores religiosos. Ora, sem liberdade não há vida no Espírito. "É para a liberdade que Cristo nos libertou", exclama Paulo, concluindo suas longas considerações feitas aos gálatas (5,1). Embora o termo vise aqui à liberdade em relação à lei, tem sentido mais amplo: chamando-nos à bem-aventurança, Deus nos chama à liberdade, sem a qual não haveria nenhum ato propriamente humano, nem a bem-aventurança.

Em outra perspectiva: corre-se o risco de entender a liberdade como valor absoluto, esquecendo-se de que nossa liberdade é segunda, dado o fato de que somos criaturas. Somos livres para entrar em comunhão com Deus. O valor da liberdade vem, precisamente, do fato de que ela é o pressuposto antropológico necessário à realização em nós mesmos do chamado divino a participar de sua vida.

O Concílio Vaticano II, que insiste sobremaneira no valor da liberdade, começa por afastar a falsa concepção de que a liberdade humana esteja na origem de todo bem e seja o valor supremo a que tenhamos acesso. Libertação não significa fazer o que bem entendamos, mas poder fazer o bem a partir de nós mesmos, de nossa própria decisão.

O valor supremo da vida é a comunhão com Deus e o relacionamento pessoal com o próximo. Mas para que esse valor seja autenticamente vivido é necessário que seja acolhido e querido em profundidade e livremente. A constituição *Gaudium et Spes*, observando que não é possível fazer o bem sem liberdade, afirma:

> [...] A liberdade verdadeira é um sinal privilegiado da imagem divina no homem. [...]O homem [...]libertando-se da escravidão das paixões, tende para o fim pela livre escolha do bem e procura a sério e com diligente iniciativa os meios convenientes. A liberdade do homem, ferida pelo pecado, só com a ajuda da graça divina pode tornar plenamente efetiva esta orientação para Deus. E cada um deve dar conta da própria vida perante o tribunal de Deus [de que depende a efetiva bem-aventurança], segundo o bem ou o mal que tiver praticado (n. 17).

## 5.3. A caminho da liberdade

A liberdade é o que há de mais extraordinário e de mais precioso no ser humano. Na nossa condição histórica, porém, precisa ser purificada do cativeiro das paixões. Sob esse ângulo, a autonomia espiritual requer duas grandes capacitações. Primeiro, que estejamos habilitados a não desistir de buscar a bem-aventurança e de perseverar nessa busca, por maiores que sejam as dificuldades que enfrentarmos. É o que os antigos denominavam a virtude da "força", de que a expressão máxima é o martírio.

Depois, que estejamos também habilitados a não nos envolver totalmente na busca daquilo que satisfaz nossas inclinações naturais, o poder, a riqueza e os inúmeros prazeres desta vida, que facilmente se transformam em objetivos por si mesmos, contrariando nossa busca radical de Deus, da bem-aventurança. É a virtude a que os antigos tratavam pelo nome de "temperança".

Como a justiça, força e temperança são inseparáveis da caridade. Todo amor mexe em profundidade conosco. Estimula nossas energias no enfrentamento das dificuldades e nos dispõe a aceitar, até mesmo com alegria, as exigências do Amado. Todo amor nos faz colocar de maneira exclusiva no Amado nossos desejos e nossas expectativas. A comunhão com o Amado dá sentido à vida, tornando-se a fonte de nossa felicidade.

O preceito do Senhor, de amar a Deus acima de todas as coisas, com todo o coração e com todas as forças, que se prolonga e se concretiza no amor de nós mesmos e do próximo, implica o empenho incansável pela purificação do coração de todo apego ou até mesmo desvio na exclusividade do amor a Deus, que povoe nossa vida de objetivos outros, do desejo de posse de outros bens na linha do poder ou da riqueza, quer em função da satisfação na realização imediata ou ilimitada de toda sorte de prazeres.

Desde a Antiguidade, a espiritualidade cristã reconhece essa necessidade de conversão interior, sempre ameaçada pela tendência medrosa à fuga do mal que nos ameaça ou agride, e pela sedução de toda espécie de prazeres, não só claramente desordenados, mas até mesmo legítimos, mas que ameaçam a superioridade única e, até certo ponto, exclusiva da busca da comunhão com Deus, da bem-aventurança.

A purificação, em vista da bem-aventurança, não se faz unicamente por uma decisão da vontade. A grande ameaça, hoje em dia, é cedermos a uma concepção naturalista, digamos assim, do ser humano, que mais valoriza as nossas inclinações espontâneas do que é fruto da sabedoria e da cultura. A conversão do coração é indispensável, pois este designa nossa mais profunda intimidade pessoal enquanto construída pela razão e pela liberdade, pela fé e pelo amor, de modo a nos permitir desenvolver as habilidades que ordenam nossas inclinações de agressividade e de prazer, as chamadas virtudes de força e de temperança. Muitos fracassos ou a morna mediocridade da vida cristã, para uma grande maioria de fiéis, mesmo de religiosos, se devem à pouca intensidade da conversão, que se restringe habitualmente à esfera exterior do conhecimento e do comportamento segundo as normas e os costumes, sem que se chegue a viver, de fato, de uma real experiência de Deus.

A partir dessa experiência, porém, é necessário que nossa afetividade adote um caminho de aperfeiçoamento constante, guiada pela razão e na prática cotidiana da liberdade, de modo que o coração, cativado por Deus, se torne a mola interior de uma caminhada pessoal na linha da bem-aventurança.

Trata-se, aqui, de um dado antropológico básico, que assumirá fisionomia própria na espiritualidade cristã. Os autores cristãos são praticamente unânimes quando, com base na vida teologal, comandada pela fé, pela esperança e pelo amor, concebem o progresso espiritual, do ponto de vista subjetivo, como fundado na força e na temperança, que atravessa humanamente como que quatro fases, apontadas por Tomás de Aquino (*Suma teológica* Ia-IIae, q. 61, a. 5c e ad. 2m), que retoma uma doutrina que vem de Plotino († 270) e já havia sido formulada pelos autores cristãos do século IV.

Na sua caminhada em vista da comunhão com Deus, o ser humano passa por quatro grandes etapas. Começa por uma fase em que a sabedoria regula progressivamente o agir humano, obtendo um apoio cada vez mais significativo das virtudes que regulam nossas inclinações. Domínio de si, porém, que só será pleno e definitivo na posse da bem-aventurança, que resume todo o bem procurado pela prática virtuosa. Entre essas duas fases extremas situam-se duas fases intermediárias: a dos perfeitos, cuja vida se aproxima da vida dos bem-aventurados, mas que ainda não participam do que esta tem de definitivo; e a fase de purificação, marcada pelo crescimento interior, nem sempre constante, que conhece avanços e recuos, na medida em que o ser humano vai superando as dificuldades e evitando, de maneira mais ou menos radical, satisfazer as inclinações a tudo que não é vivido em vista da bem-aventurança.

Fala-se, em geral, em progressos do amor, o que tem a sua verdade. Mas, de fato, esses progressos consistem no processo de purificação, que constitui o chão da caminhada cristã.

### 5.4. Espiritualidade e psicologia

Hoje não se pode falar de afetividade sem pelo menos mencionar as questões levantadas pela Psicologia, especialmente a partir da Psicanálise. Não nos cabe entrar na particularidade dos problemas que levantam a propósito do papel que podem ou até devem exercer a análise e a terapia psicológica no discernimento e nas orientações requeridas para uma vida espiritual sadia, em vista do saneamento psíquico das bases em que se edifica a espiritualidade cristã.

O primeiro a sublinhar é que todas as questões de ordem psicológica se situam na esfera do que os antigos tratavam sob a denominação *paixões*, reguladas diretamente pelas virtudes da força e da temperança. As paixões são a concretização humana do relacionamento com Deus e com o próximo, pois nada do que é humano vive independentemente do corpo, dos sentimentos e da sensualidade.

O próprio Tomás de Aquino (cf. *Suma teológica*, Ia-IIae, q. 22-48), depois de tratar dos atos da vontade, empenhou-se numa minuciosa análise dessa importante esfera do comportamento humano, em vista não só de articulá-la com a moralidade, regulada pela consciência e pela liberdade, mas de compreender também a subjetividade do comportamento humano, que depende, na prática, muito mais da afetividade do que da racionalidade e da pura deliberação da vontade.

Do ponto de vista teológico e mesmo antropológico, a análise tomasiana guarda até hoje seu valor. A partir do século XX, a perspectiva científica nos levou a melhor conhecer não apenas o condicionamento físico do comportamento humano em geral, mas também os condicionamentos emocionais. Operando, porém, numa perspectiva pré-cartesiana, que pressupunha a análise metafísica da esfera da razão e da vontade, independente da esfera das influências somáticas e emocionais, a *Suma teológica* permite não só esclarecer a base psíquica do funcionamento da inteligência e da vontade, como integrar a regulação do universo das paixões pelas virtudes de força e de temperança, conexas com as exigências do relacionamento com Deus e com o próximo, presidido pela caridade.

A leitura do texto tomasiano parece nos levar a colocar em questão todas as orientações analíticas que, embora se afirmem racional e terapeuticamente válidas, não consideram a vocação concreta e universal do ser humano à bem-aventurança. Na perspectiva de um "humanismo integral," o agir virtuoso, com base numa visão sadia do ser humano, não se limita nem aos princípios abstratos da moral, nem às injunções do somático e do emocional. Como não é possível pensar uma vida no Espírito sem a participação da afetividade humana, também não é possível encontrar a verdadeira orientação para essa afetividade se não se levar em conta a vocação universal à bem-aventurança.

Por causa da dicotomia entre corpo e alma que marca desde a Modernidade a cultura ocidental, não é fácil para um espírito formado na metodologia científica da análise perceber todo o alcance das reflexões tomasianas.

Necessitamos fazer um esforço para unir a afetividade racional e voluntária à afetividade somática e emocional, na análise do amor e do ódio, do prazer e da dor, da esperança e do desânimo, do temor e da audácia, finalmente da agressividade, estudando em cada caso sua natureza como paixão, a especificidade de sua qualificação moral, suas causas e efeitos e os cuidados que reclama a sua assimilação no conjunto da vida virtuosa, comandada pela caridade e pela sabedoria.

Tais considerações guardam todo seu valor para uma análise mais aprofundada da espiritualidade cristã, até mesmo na perspectiva prática, para se encontrar, em cada caso, um caminho de purificação, exigência incontornável do crescimento no amor, à luz do qual seremos todos julgados.

## 6. À LUZ E NA FORÇA DO ESPÍRITO

Ao estudarmos a análise da vida perfeita, que antecipa de certo modo a bem-aventurança, na perspectiva plotiniana, adotada por Tomás de Aquino, manifesta-se um protagonismo cada vez mais acentuado do Espírito. A vida no Espírito é sempre, em todos os seus estágios, comandada pelo parâmetro de Jesus, centro de toda a espiritualidade cristã. Na medida, porém, em que as exigências de Jesus vão sendo seguidas e se aprofundam em nossa vida, nosso espírito passa a ser cada vez mais inteiramente movido pelo Espírito de Jesus. "Eu vivo, mas não eu: é Cristo [a unção ou o Espírito de Jesus] que vive em mim" (Gl 2,20).

### 6.1. O Espírito e a vida cristã

Nos dias de hoje, a vida e a espiritualidade cristã são ameaçadas por duas leituras, aparentemente contrárias, da ação do Espírito tanto nos fiéis, individualmente, como na Igreja, comunidade e estrutura.

A acentuação do papel de Cristo na Igreja, como fonte do poder hierárquico ou como único referencial do caminho a ser seguido para o cumprimento da vontade de Deus, confere à ação do Espírito um papel subsidiário. O Espírito agiria apenas no aperfeiçoamento da Igreja, inteiramente constituída pela ação salvadora de Jesus. É o que os autores classificam de "cristomonismo", que tende a relegar a segundo plano a ação do Espírito na constituição mesma da Igreja e o considera simples dom adventício, ornamento da comunidade, dotada por Jesus da posse perfeita dos meios de salvação, graças ao sacerdócio ministerial conferido aos apóstolos e a seus sucessores.

A reação ao "cristomonismo" foi obra do Concílio Vaticano II. A Igreja, antes de ser dotada de uma estrutura hierárquica, é uma comunidade, um povo, como explicita o segundo capítulo da *Lumen Gentium*. Como comunidade, a Igreja é sacramento da unidade de Deus e de todo o gênero humano (cf. *Lumen Gentium*, n. 1). Quem diz comunidade diz amor. Quem diz amor reconhece a presença atuante do Espírito na Igreja, como num templo. O Espírito não só faz amar como é amor, constituindo formalmente a Igreja, causalidade formal extrínseca, sem a qual ela não existiria como tal. Dizemos extrínseca para não cair no panteísmo, confundindo a criatura com o Criador, mas desde agora, na sua realidade histórica, a Igreja é animada pelo mesmo Espírito, que une o Pai ao Filho, e vice-versa, constituindo a Trindade. O Concílio Vaticano II, citando Cipriano de Cartago († 258), diz explicitamente que a Igreja é "o povo unido pela unidade do Pai e do Filho e do Espírito Santo" (*Lumen Gentium*, n. 4).

Mas superar o "cristomonismo" não implica vincular a espiritualidade cristã exclusivamente ao Espírito, como se, numa leitura defeituosa de João (14,16), o Espírito fosse um desdobramento do Verbo, como propõem alguns autores eivados de hegelianismo, ou "outro" Paráclito, qual agente independente e autônomo que se somasse à missão de Jesus, como quer o Pentecostalismo clássico. Na verdade, a missão do Verbo e do Espírito é uma só, embora o papel de cada uma das duas Pessoas divinas seja diverso, em continuidade com sua posição no seio da Trindade.

O *Catecismo da Igreja Católica* (n. 689s) fala, com efeito, da *missão conjunta* do Verbo e do Espírito. Se a ação de Cristo, meritória e eficiente, nos obtém a salvação e a santificação, e, por conseguinte, o dom do Espírito, a ação do Espírito, que deve ser entendida na linha da causa formal extrínseca, enquanto é a alma da Igreja, nos torna salvos e santos, participantes da vida de Jesus, pela conversão, ratificada no Batismo, e pela vida conduzida cada vez mais ampla e intensamente segundo sua inspiração, como Espírito de Jesus. A distinção entre os dois papéis do Verbo e do Espírito na unidade de uma mesma missão é o fundamento teológico de uma sadia Teologia do Espírito Santo e da Igreja.

A ação específica do Espírito se entende na linha da causa formal, como dissemos, não da causa eficiente: o Espírito não nos faz santos, mas nos santifica, sendo o amor a forma que nos une a Deus e ao próximo. Quando se insiste em entender a ação do Espírito na linha da causa eficiente, reduz-se a espiritualidade cristã a uma mecânica alimentada pelo dom gratuito de Deus, os carismas, hierárquicos ou não, independentemente de seu efetivo acolhimento interior, dom, por conseguinte, desumanizador e utilitário, que não torna santo o seu portador, mas simplesmente o qualifica para fazer algo, seja uma função ministerial, seja o bom desempenho de uma missão junto à comunidade.

Nesse contexto mais propriamente eclesiológico, mas que tem uma incidência direta na forma de entender a espiritualidade cristã, a tendência é de inverter a ordem do papel do Verbo e do Espírito, no seio da comunicação divina e das missões das Pessoas divinas. O Cristianismo se reveste, então, de um caráter pentecostal. Parecendo exaltar o papel do Espírito, desconhece sua ação específica e a espiritualidade cristã tenderá a acentuar mais as manifestações visíveis e emocionais, indiscriminadamente atribuídas ao Espírito, do que a santificação interior, à qual se acede pelo silêncio e pela humildade, correndo o risco de ceder à forma farisaica de encarar o relacionamento com Deus, em detrimento da forma característica do publicano, que saiu do templo justificado e santificado.

## 6.2. A ação interior do Espírito

O Espírito ilumina e conforta, como ensina o grande discurso de Jesus após a ceia, na redação joanina, em que não se fala de carismas, mas, como é bom notar, de uma ação caracterizada pela interioridade. A doutrina, aliás, está em continuidade com o ensinamento paulino, segundo o qual é o Espírito que leva o nosso espírito a clamar ao Pai. Essa interioridade, explícita em Pentecostes, descrita como chamas na forma de línguas de fogo, é a causa imediata do fato público e manifesto de os apóstolos se fazerem compreender em todas as línguas.

Reunidos em oração, os apóstolos foram iluminados e criaram coragem para se manifestar, virtude da força, sendo apoiados pelo Espírito, com um carisma glossolálico. Seria preciso tomar cuidado para não inverter essa ordem e dar impressão de que o carisma sobrepuja a experiência interior do Espírito, como parece acontecer na importância que se tende a reconhecer, hoje, às celebrações, eventos ruidosos, *shows* e manifestações de cura dita espiritual, psicológica ou até corporal, ou de descontrole racional da linguagem orante.

Nesse contexto, parece-nos de primordial importância sublinhar a interioridade da ação do Espírito. Sem negar ou querer abafar os carismas, é preciso desconfiar da autenticidade de suas manifestações exteriores e fazê-las constantemente passar pelo crivo de rigoroso discernimento. São meios sempre arriscados, que seria mais sábio relegar a segundo plano, mesmo sem desprezá-los, pelo risco espiritual que representam, num desenvolvimento confiável da vida cristã. São João da Cruz († 1591), mestre incontestado da vida no Espírito, o estabeleceu com evidência e rigor.

O Espírito atua no coração. Ilumina o caminho a ser trilhado no seguimento de Jesus e nos dá as forças indispensáveis para vivermos cada vez mais segundo o Espírito de Jesus. Os autores antigos, considerando a multiplicidade dos aspectos do Espírito – "espírito de sabedoria e compreensão, espírito de prudência e valentia, espírito de conhecimento e temor do SENHOR" (cf. Is 11,2) –, vieram a falar dos diversos dons que caracterizam a espiritualidade cristã, vividos por Jesus e que nos são comunicados de modo especial, capacitando-nos a seguir com docilidade como que naturalmente as moções interiores do Espírito. É a doutrina clássica dos dons do Espírito Santo.

São Paulo, menos analítico, sintetiza o clima interior da vida cristã, compenetrada pelo Espírito. Esboça, de um lado, o clima que inspira o agir segundo a carne: imoralidade sexual, impureza, devassidão, idolatria, feitiçaria, inimizades, contenda, ciúmes, iras, intrigas, discórdias, facções, invejas, bebedeiras, orgias e outras coisas semelhantes (cf. Gl 5,19-21), que, como temos de reconhecer, podem vir a constituir a tônica nada exagerada do clima hoje vivido na indústria do entretenimento.

Por outro lado, Paulo descreve o clima interior em que somos chamados a viver, desde que nos deixemos conduzir pelo Espírito: "Amor, alegria, paz, paciência, amabilidade, bondade, fidelidade, mansidão, domínio próprio" (cf. Gl 5,22-23). São os "frutos do Espírito", como os denomina Paulo, denominação que conservaram até hoje na Teologia cristã.

Os dons, em geral, são analisados em conexão com as virtudes. A diversidade das virtudes provém dos objetos que as especificam na ordem do conhecimento e do amor de Deus, do relacionamento com os outros e da superação dos obstáculos afetivos, que perturbam o exercício da sabedoria. A diversidade dos dons, acompanhando a diversidade dos comportamentos virtuosos, nos sugere, porém, outra ordem, comandada pela progressiva disposição interior a se deixar conduzir pelo Espírito.

Sabedoria, inteligência e conselho, os três primeiros dons, capacitam-nos à plena docilidade na condução de nossa vida de acordo com o Espírito de Jesus. Fortaleza, ciência, piedade e temor de Deus nos capacitam a uma prática de vida cada vez mais dócil ao Espírito, sempre em conformidade com o Espírito de Jesus, no enfrentar as dificuldades, no saber como nos guiar pelo conhecimento do mundo e da história, a nos comportar como filhos de Deus em nossa vida cotidiana, agindo, sempre aos olhos de Deus, na sua santidade, como alguém que exige sermos perfeitos como ele mesmo o é.

Os frutos são como que a manifestação experiencial de que, a partir do mais íntimo de nós mesmos, do coração, correspondemos ao que o Espírito nos sugere. Essa correspondência ao Espírito, que Maria, em sua vida, realizou de maneira total, é o segredo da plena realização de nós mesmos e do que o Criador, que nos chama à bem-aventurança, quer, finalmente, de todos nós.

### Resumindo

*O ser humano, chamado a ir se realizando progressivamente no tempo, mais ainda, a alcançar a bem-aventurança, que ultrapassa a esfera de seu agir natural, necessita ser dotado de uma série de capacidades cognitivas, voluntárias, afetivas, e até sentimentais, que o possibilitem ir cumprindo aos poucos sua vocação com naturalidade e facilidades crescentes.*

*O que denominamos virtudes nada mais é do que esse conjunto de habilidades, fruto ora do esforço e da disciplina, no cumprimento das exigências de seu próprio ser, ora do dom divino da graça, que o permite agir à altura da bem-aventurança a que é chamado.*

*Todo o organismo das virtudes é, por assim dizer, presidido pela sabedoria, que resulta da participação da vida divina pelo acolhimento de sua Palavra na fé, pela total certeza de que Deus, por si mesmo, nunca nos faltará e, finalmente, pelo laço de uma amizade cada vez mais íntima e mais ampla, a que denominamos caridade.*

*No relacionamento com os outros, a sabedoria, animada pela caridade, nos leva à prática da justiça e nos faz triunfar, ao mesmo tempo, de todas as dificuldades que se opõem ao reto direcionamento de nossa vida, e de todas as seduções capazes de nos afastar do reto caminho.*

*Por necessária e valiosa que seja a estrutura das virtudes, ela não é suficiente se não for animada pelo Espírito, que realmente está presente no mais íntimo de nosso espírito e que nos faz agir como filhos de Deus. Só a* ação interior do Espírito de Jesus nos faz caminhar com naturalidade para a bem-aventurança, participação no Espírito de Deus. Nesse sentido é que se pode dizer que a espiritualidade cristã é, de fato, a vida no Espírito.

> **Perguntas para reflexão e partilha**
>
> 1) A partir do que estudamos, por que e em que sentido o ser humano precisa ser progressivamente "habilitado" a agir em vista da bem-aventurança?
>
> 2) Que é que você aprendeu neste texto sobre como articular as virtudes com a liberdade? Qual a importância disso para o acolhimento da Palavra na fé e para a plena realização de nós mesmos?
>
> 3) Qual o papel do Espírito Santo na prática da vida cristã?

## Bibliografia básica

AMARAL, L. *Virtudes;* o caminho para a santificação. São Paulo: Loyola, 1995.

ANDRES, J. R. F. *Vida cristã, vida teologal;* para uma moral das virtudes. São Paulo: Loyola, 2007.

BENTO XVI. *Deus caritas est.* Carta encíclica sobre o amor cristão. São Paulo: Paulinas, 2006. (Coleção A voz do papa, n. 189.)

_____. *Spe salvi.* Carta encíclica sobre a esperança cristã. São Paulo: Paulinas, 2007. (A voz do papa, n. 192.)

BINGEMER, M. C. L.; YUNES, E. *Virtudes.* São Paulo: Loyola, 2001.

CANTALAMESSA, R. *O canto do Espírito;* meditações sobre o *Veni Creator.* Petrópolis: Vozes, 1998.

CENCINI. A. *Viver reconciliados;* aspectos psicológicos. São Paulo: Paulinas, 1985.

CONGAR, Y. *Ele é o Senhor e dá a vida.* São Paulo: Paulinas, 2005.

DRAGO, A. *Os dons do Espírito Santo na vida do cristão;* contemplativos na ação. São Paulo: Paulus, 1997.

GALILEA, S. *O caminho da espiritualidade cristã;* visão atual da renovação cristã. São Paulo: Paulus, 1983.

GRÜN, A. *Caminhos para a liberdade.* Petrópolis: Vozes, 2005.

PAOLI, A. *Espiritualidade hoje:* comunhão solidária e profética. São Paulo: Paulus, 1987.

Capítulo terceiro

# O ESPAÇO ESPÍRITO

A estrutura da vida no Espírito, cujo perfil acabamos de traçar brevemente, constitui um construto que, quando real, se materializa em determinados modos de viver e, portanto, ocupa um *espaço* em nossa vida pessoal e comunitária. A metáfora do espaço aqui utilizada, embora pouco habitual, permite uma consideração mais existencial da vida no Espírito, característica da espiritualidade cristã, que sempre procurou reproduzir, no tempo e no espaço, comportamentos que remontam a Jesus e que são expressão do que realmente ele é e que somos chamados a ser.

Sugere-a, por exemplo, o belo livro *L'espace Jésus: la foi pascale dans l'espace des religions*, do beneditino belga Benoît Standaert. O autor analisa, do ponto de vista teológico-cultural, as formas de vida brotadas do Espírito de Jesus e as põe em diálogo com os espaços das outras grandes tradições religiosas. Em face de outros espaços religiosos, o espaço Jesus ressalta sua identidade, pela tomada de consciência do que o caracteriza de fato.

A força da metáfora do espaço reside no fato de que os problemas reais se colocam não apenas na esfera das essências ou da verdade, em que o relativismo é inaceitável, mas na esfera da existência concreta, em que as diferenças contribuem para o enriquecimento da comunidade e para que cada um aprofunde a riqueza de sua própria Tradição. Assim, analogicamente, o espaço do Espírito nos permite uma visualização concreta da espiritualidade cristã, esclarecendo os indispensáveis laços dos princípios da vida no Espírito, anteriormente analisados, com o cotidiano, que constitui a grande marca da espiritualidade em nossos dias, que valoriza a experiência e a autenticidade de uma vida expressão da fé.

O espaço Espírito é habitado, em primeiro lugar, pelas formas cristãs de viver nossa vocação à bem-aventurança, nas suas múltiplas facetas. É habitado também pela árdua fidelidade ao Espírito, num mundo pouco inclinado a trilhar o caminho apontado por Jesus, o que nos permite compreender melhor o combate espiritual em que todos estamos engajados.

Felizmente, tanto na busca da santidade como no combate espiritual não estamos sozinhos. Ao nos convertermos, formamos uma comunidade que, na luz da Palavra e na força do Espírito, se apresenta como espaço histórico da vida no Espírito, vida a que todos somos chamados. Ao acentuar o caráter místico ou sacramental da Igreja, o Concílio Vaticano II definiu o sentido e o alcance desse espaço sem fronteiras, de fidelidade ao Espírito, que compõe a realidade eclesial em que vivemos, apesar de todos os seus limites e carências.

Mas a comunicação da vida de Deus, que coincide com o espaço Espírito, inclui também uma série de manifestações históricas, cujo parâmetro transcendente é o Verbo encarnado. Tendo por foco Jesus, primeira de todas as criaturas, como o assinalam em particular as cartas aos Efésios e aos Colossenses, Deus está presente na história através de inúmeras manifestações temporais que se diversificam na forma e no conteúdo.

Essas manifestações, que acompanharam a ação de Jesus na origem mesma da Igreja, participam da expressão eclesial do espaço Espírito na medida em que a própria Igreja, sacramento da salvação, as integra, quer no sentido genérico do termo, como se fala dos múltiplos carismas da Igreja, quer no sentido mais específico e técnico, dos dons especiais que alimentam e sustentam a fé da comunidade.

No centro desse espaço, porém, estará sempre a oração, que é o "lugar" por excelência do contato experiencial com Deus e, por conseguinte, do exercício da vida de fé, esperança e caridade. "Minha casa será chamada casa de oração", proclamava Jesus ao purificar o espaço do templo, num *lógion* comum aos quatro Evangelhos (Mt 21,13 par.), recordando a passagem em que Isaías anuncia a abertura do espaço sagrado a todos os que praticam a justiça, estrangeiros ou eunucos!

Parece-nos particularmente importante, na Teologia Espiritual, abordar essas cinco temáticas: santidade, combate espiritual, vida na Igreja, carismas e oração, reconhecendo-as como os principais constitutivos do espaço Jesus, indissociável do espaço Espírito, na caracterização concreta da espiritualidade cristã.

## 1. HUMANISMO E SANTIDADE

No vocabulário neotestamentário, o Espírito se opõe à carne. Mas é preciso lembrar que carne, nesse contexto, designa, em primeiro lugar, a condição histórica de distanciamento do fim para o qual o ser humano, no entanto, foi criado. Distanciamento tanto maior da bem-aventurança quanto mais se torna evidente, pelo conhecimento da lei e pela tomada de consciência do caminho que se deve tomar e que não se pode seguir sem o auxílio especial de Deus. "Sem mim, nada podeis fazer", coloca o evangelista João (15,5) na boca de Jesus.

Nessa perspectiva, Paulo acentua a oposição entre o Espírito e a carne. Sublinha nossa incapacidade existencial de fazer o bem, de nos orientarmos efetivamente para a bem-aventurança. A distância só pode ser superada pela submissão interior à Palavra e a consequente docilidade ao Espírito. Nesse sentido, a carne se opõe ao Espírito e impede a plena realização do que somos como humanos.

A oposição entre carne e Espírito é, portanto, um aspecto de nossa condição histórica, causada pelo pecado. No pensamento de Deus, homem e mulher foram criados capazes de conhecê-lo e amá-lo, desde que correspondessem ao chamado a participar da sua vida. Essa vocação primordial à santidade é, pois, um aspecto existencial da vida humana, que constitui, por assim dizer, uma primeira definição do espaço Espírito. A vida no Espírito, longe de se opor ou de algum modo contrariar qualquer particularidade da vida humana, é, pelo contrário, o espaço em que a pessoa tem a possibilidade de se realizar plenamente como criatura chamada a participar da vida divina. Embora natureza e graça, quanto à essência, se distingam como capacitações diversas, existencialmente se completam e se aperfeiçoam, pois o que é natural se realiza plenamente sob o regime da graça e o que é graça só existe realmente quando acolhido humanamente por um ato livre que adere ao que a consciência aponta como justo e reto, que é um dado fundamental da natureza.

Esse aspecto do espaço Espírito, indiscutível em si mesmo do ponto de vista bíblico e teológico, tornou-se, por injunções culturais e religiosas várias, um dos nós mais intrincados da espiritualidade cristã.

Em certas áreas, combate-se a natureza em nome da graça, ou até mesmo se esquece a natureza, tudo esperando da graça. Em outras, como em épocas passadas, procura-se favorecer o recurso à natureza contra os perigos ou desgostos da vida, desconhecendo a verdadeira arena do combate espiritual.

Correm-se riscos opostos. Em oposição à confiança depositada na graça, nos afastamos hoje de tudo que parece contrariar a natureza, a ponto de não se combater nada que se considere natural, nem mesmo o que provém da carne, no sentido paulino. Procura-se tudo que favorece a natureza e contribui para a qualidade de vida num clima dominado pelo bem do corpo e pela satisfação das necessidades temporais, mesmo as mais ilusórias. Tudo é bom e permitido, desde que não seja estritamente contrário ao direito dos outros ou não destoe do comportamento social da maioria, nem do império da moda. Denunciar os desvios de alguns comportamentos ou sua oposição à vida no Espírito chega a ser considerado uma violação inaceitável do direito que todos teriam de viver segundo seus próprios critérios, sem levar em conta sua condição de criatura, que, portanto, depende do Criador na determinação do que é seu bem.

Essa situação coloca para os cristãos uma série de dificuldades e problemas que ultrapassam de muito os limites da Teologia Espiritual. Não podemos sequer mencioná-los, aqui, pois implicam, além da antropologia cristã, a própria definição do âmbito em que a Igreja tem necessidade de atuar, tanto na vida pessoal como na sociedade, ainda que esta não tenha como princípio constitutivo o acolhimento ao Evangelho. O cristão precisa reclamar sua liberdade de viver segundo sua consciência em face de uma sociedade laicizada e secularizada, para ser fiel à real vocação do ser humano e às injunções pessoais e sociais que dela decorrem.

Considerando que a espiritualidade cristã, pressupondo todas as exigências éticas, é um espaço caracterizado pelo que é exigido por uma vida de total docilidade ao Espírito de Jesus, devemos ter sempre presente que esse Espírito é, na realidade histórica, o caminho de nossa plena realização como seres humanos. Nossa vida precisa ser vivida à luz da razão, mas de uma razão iluminada pelo exemplo e pela palavra de Jesus, que veio justamente trazer a todos a possibilidade de plena e integral libertação de todos os obstáculos, por mínimos que sejam, que se opõem à nossa bem-aventurança, no sentido forte e definitivo do termo.

Sob esse aspecto, a Teologia Espiritual, mais do que a análise de um caminho particular proposto pela Tradição bíblico-cristã, quer ser uma reflexão sobre os caminhos de plena realização do ser humano, qualquer que seja a Tradição religiosa ou cultural em que se insira em virtude do que é em si mesmo, como pessoa, e do que é chamado a ser, numa vida de plena comunhão com Deus, que é nossa bem-aventurança.

Sem negar sua identidade histórica, a espiritualidade cristã consiste, por um lado, numa resposta às mais profundas e autênticas exigências do que o ser humano é, em todas as tradições culturais e religiosas, por outro, apresenta-se como uma proclamação do caminho a seguir por todos, na busca da realização final de si mesmos.

Na espiritualidade cristã, humanismo e santidade são inseparáveis: não há santidade sem humanismo, mas também não é plenamente humano aquele que desconsidera a santidade. A tensão entre esses dois critérios é a primeira característica que define a espiritualidade cristã, aliás, toda espiritualidade, pois se trata de uma característica do espaço Espírito, onde e quando quer que se concretize.

## 2. O COMBATE ESPIRITUAL

A razão fundamental da inseparabilidade entre humanismo e santidade permite compreender devidamente a segunda nota do espaço Espírito, o combate espiritual.

Historicamente, é preciso considerar que as primeiras formulações da espiritualidade cristã eram herdeiras de duas tradições opostas, mas que não se excluem reciprocamente, justamente por causa de seu humanismo: a Tradição bíblica e a Tradição grega.

Sem discutir esse ponto, extremamente importante, nem pretender fazer a história, nem sequer sumária, dessa questão, parece-nos indispensável ter presente que o laço entre essas duas tradições é seu humanismo. Humanismo que se fundamenta na realidade histórica do que é o ser humano, corporal ou espiritual, religioso ou ateu, mas no fato de que é um ser voltado para a transcendência, por ser criado à imagem de Deus, como reza a Tradição bíblica, e aberta à transcendência, como o reconheceu a Tradição grega.

Imagem de Deus e vocação à vida no Espírito são as duas faces do humanismo, que levam a considerar a vida humana nesta terra como marcada pela luta de se tornar plenamente o que se é chamado a ser, libertando-se das amarras que embaraçam seu entendimento ou seduzem a sua vontade aos apegos ilusórios da vida corporal e terrena.

A leitura dos antigos textos judeo-cristãos, a começar pela literatura bíblica sapiencial, passando pelas exortações apostólicas até os autores cristãos dos três primeiros séculos, é profundamente ilustrativa desse encontro cultural *sui generis*, que marcou de maneira indelével a Tradição cristã. Lento e silencioso processo de inculturação, até agora jamais repetido na história, que devemos analisar sem preconceitos, cuidando, sobretudo, de não procurar qualificá-lo com categorias que vieram a surgir muito mais tarde, que se demonstram incapazes de exprimir toda a riqueza da procura apaixonada do que é ser verdadeiramente cristão, e que manifestam esses textos.

Tudo nos é dado em Jesus. O cristão vive do Espírito de Jesus. Mas esse mesmo Espírito, recebido no íntimo de nós mesmos, constitui o princípio e a exigência de uma vida que nos liberta para Deus, não que essa libertação nos seja oferecida acabada, como um pacote fechado, mas nos é proposta como uma meta a ser conquistada, com o esforço análogo ao do atleta, que se deve constantemente empenhar na obtenção do galardão. Considerando o que o ser humano é, só poderá se tornar o que é chamado a ser, seguindo as pegadas de Jesus, que combateu até o fim o bom combate, opondo-se desde o início às falsas alegações do Adversário e acolhendo a sorte de todos os humanos, até mesmo dos mais desgraçados, como quem acolhe o cálice oferecido por Deus, em cujas mãos deposita seu próprio espírito.

"Eis o homem", coloca o evangelista na boca de Pilatos, como palavra profética. Sob as aparências do desumano, o humano é sobre-humano. É expressão do humanismo cristão, que inclui, portanto, um aspecto de radical e inigualável combate, ao mesmo tempo que mantém a plena serenidade interior, a paz de quem se entrega livre e totalmente nas mãos de Deus.

Quando, no século IV, o Cristianismo surgiu como um caminho novo e, ao mesmo tempo, proposto à sociedade como único verdadeiro, a multidão se tornou social e politicamente cristã, sem que se generalizasse o combate espiritual implicado no humanismo, quer bíblico, quer grego. As comunidades judias e cristãs, até então minoritárias, incharam-se rapidamente com a afluência de grupos cada vez mais numerosos, de mulheres e homens que se beneficiavam do nome cristão.

No seio dessas mesmas comunidades, grupos de cristãos mais fervorosos procuraram, então, viver de acordo com as orientações do Evangelho, respondendo de maneira integral ao convite de Jesus de tudo abandonar e procurando se dedicar também integralmente ao serviço do próximo. Na esteira dos mártires, por sua dedicação total, ficaram conhecidos como virgens, confessores e monges.

Em que consistia seu combate? Em seguir Jesus, viver exclusivamente para Deus, num clima animado pelo Espírito do Senhor, presente entre dois ou mais que se reunissem em seu nome. Quando lemos os autores monásticos do século IV, impressiona o fato de que entendem a centralidade do monaquismo como sendo o combate espiritual focado na busca da intimidade com Deus, que denominavam oração na sua pureza, *oratio pura*.

Com o desenvolvimento do mundo cristão, o combate vai se encarnar em muitas outras práticas, já mencionadas quando percorremos a história da espiritualidade cristã. A virgindade e o deserto, a solidão e a vida comum, as austeridades e as penitências, mais tarde os votos e a consagração, a dedicação ao culto e o trabalho manual nos campos, o estudo e a pregação vão se tornar elementos que compõem a vida monástica, parecendo, às vezes, até pretender caracterizá-la. Mas, como diz o ditado, não é o hábito que faz o monge. Não são as práticas monásticas que definem o monaquismo, mas sim a busca interior de Deus, que está na fonte de todas as práticas monásticas. No terreno espiritual da busca de Deus é que o monge encontra sua verdade profunda, que deve lutar para que se torne realidade em toda a sua vida.

Cabe, aqui, relembrar a doutrina dos vícios capitais difundida por Gregório Magno († 604). Na Tradição monástica antiga o combate espiritual era visto como erradicação dessas más inclinações.

Na literatura espiritual contemporânea observam-se algumas tentativas de revalorização dessa doutrina. Umas a consideram como espaço próprio do autoconhecimento, base indispensável do discernimento e exigência incontornável da vida de oração. Outras se caracterizam pelos esforços menos bem-sucedidos de objetivá-los como atos em si mesmos pecaminosos, o que revela uma visão da espiritualidade menos atenta aos movimentos interiores do coração e que acaba valorizando mais a emoção ou as manifestações exteriores do que a vida no Espírito propriamente dita.

## 3. A IGREJA E O UNIVERSO SACRAMENTAL

O espaço Espírito, de fato, para o ser humano, comporta mais do que uma base humanista e uma condição universal de combate espiritual. Em harmonia com o que o ser humano é, na busca do que é chamado a ser, a autêntica humanização e o combate espiritual, longe de nos isolarem da humanidade, tornam-nos ainda mais humanos, por nos aproximar uns dos outros e de todos os que se realizam como seres humanos, vivendo de acordo com o que a consciência mostra ser justo e reto, formando uma humanidade que caminha para a bem-aventurança, voltada para a paz, em comunhão com Deus. É a multidão estendida no tempo e no espaço, de Adão até o último justo, como diziam os antigos, daqueles que buscam a Deus.

### 3.1. A unidade espiritual da humanidade

Essa unidade espiritual da humanidade, em comunhão com Deus e de uns com os outros, é mais importante do que a simples unidade abstrata de natureza e até mesmo do que os direitos humanos universais, quando entendidos como fundados na natureza. O que real e definitivamente constitui a unidade da humanidade, hoje reconhecido como fundamento da dignidade de cada pessoa real e histórica, é a vocação comum e universal à bem-aventurança. Somos todos irmãos, não apenas pelo fato de que somos humanos, mas porque somos todos chamados a ser filhos do mesmo Pai que está nos céus, portanto irmãos.

Esse tema, aliás neotestamentário, presente na mais antiga Tradição cristã, foi acentuado pelo Concílio Vaticano II, sendo hoje reconhecido como um dos traços mais decisivos da espiritualidade cristã, de que constitui um princípio determinante. Na conclusão do primeiro capítulo da primeira parte da constituição *Gaudium et Spes* (n. 22), dedicado à dignidade da pessoa humana, lê-se que

> [...] É verdade que para o cristão é uma necessidade e um dever lutar contra o mal através de muitas tribulações, e sofrer a morte; mas, associado ao mistério pascal, e configurado à morte de Cristo, vai ao encontro da ressurreição, fortalecido pela esperança. E o que fica dito, vale não só dos cristãos, mas de todos os homens de boa vontade, em cujos corações a graça opera ocultamente. Com efeito, já que por todos morreu Cristo e a vocação última de todos os homens é realmente uma só, a saber, a divina, devemos manter que o Espírito Santo a todos dá a possibilidade de se associarem a este mistério pascal por um modo só de Deus conhecido.

No mundo pluralista não se pode jamais esquecer esse fundamento maior da espiritualidade cristã, que não se identifica com nenhuma de suas formas históricas, embora todas elas sejam expressões mais ou menos felizes do Espírito de Jesus e todas tenham seu lugar no espaço Jesus. Teologicamente, o espaço Jesus é tão amplo quanto o espaço Espírito, o que se tornará manifesto na escatologia.

Historicamente falando, porém, o espaço Espírito antecipa a escatologia e é mais amplo do que o espaço Jesus, pois atinge todas as pessoas que vivem em outras tradições culturais e religiosas. A diversidade das espiritualidades resulta de fatores culturais e históricos, que explicam a não coincidência histórica dos espaços Jesus e Espírito. Mas na natureza profunda do seu conteúdo, na participação na salvação de Jesus no Espírito, há uma unidade espiritual de todos os humanos e sob esse aspecto se há de considerar a universalidade das exigências básicas da espiritualidade cristã, que abrange tudo que há de humanamente verdadeiro e bom, permitindo-nos dizer que o espaço Jesus, em profundidade, é sem fronteiras e coincide com o espaço Espírito.

Essa dissociação provisória, entre o espaço Jesus e o espaço Espírito, entre história e escatologia, traria, porém, o risco de nos desumanizarmos, se de algum modo Jesus não continuasse presente na história como expressão do espaço Espírito, localizado no tempo e no espaço. A presença histórica de Jesus, do seu corpo, como diz Paulo, é a manifestação da comunhão no Espírito a que toda a humanidade é chamada. Tal manifestação é o que denominamos Igreja, definida pelo Concílio Vaticano II, no início da constituição dogmática sobre a Igreja, *Lumen Gentium*, como sendo "[...] em Cristo [...]o sacramento, ou sinal, e o instrumento da íntima união com Deus e da unidade de todo o gênero humano, [...]" (n. 1).

O desenvolvimento desses dois princípios, a universalidade da salvação e a sacramentalidade da Igreja, parece-nos hoje, no mundo pluralista, indispensável para a caracterização da espiritualidade cristã, no que tem de específico, a realidade da comunhão com Deus, manifestada nas suas diversas formas históricas. Em outros termos: o cerne mesmo da espiritualidade cristã, presente em todas as espiritualidades, é manifestado histórica e sacramentalmente pelas diversas espiritualidades cristãs, como a Igreja é, analogamente, o sacramento da união com Deus e da unidade de toda a humanidade.

Daí o caráter ecumênico, no sentido lato, da espiritualidade cristã, que precisa estar presente em todas as suas manifestações. As tradições culturais se opõem relativamente, isto é, pela natureza de suas manifestações e não pelo que as constitui especificamente. Esse aspecto paradoxal é essencial à espiritualidade cristã em relação às outras tradições, que se opõem quanto às formas através das quais se manifestam, mas não em relação ao fim, podendo todas elas figurar no espaço Espírito, desde que, apesar de todas as suas ambiguidades (cf. *Catecismo da Igreja Católica*, n. 28), contribuam para que pessoas e comunidades vivam praticamente orientadas para Deus.

## 3.2. A Igreja e a espiritualidade

A pessoa e a sociedade precisam de uma expressão histórica do espírito ou dos valores que as levam à plena realização do que são chamadas a se tornar. Esse dado antropológico possibilita entender o sentido e o papel da Igreja, como realização histórica, na sustentação dos fiéis. As diversas tentativas feitas ultimamente, no campo da Teologia das religiões, para justificar esse fato parecem ter falhado justamente por não reconhecer nem prática, nem metodologicamente, a prioridade do dado antropológico, procurando compreender a unidade espiritual da humanidade a partir da Igreja, e não da própria humanidade. Sem entrar na questão do pluralismo religioso, entendemos que o problema se resolve melhor a partir de seu fundamento antropológico, que está na base da realidade da Igreja como sacramento da salvação assim como, na base da graça, está a natureza.

Cada ser humano, individual ou comunitariamente, na medida em que é fiel ao que sua consciência mostra ser justo e reto, situa-se no espaço Espírito. Esse dado de fé decorre da condição histórica do ser humano e explica, em grande parte, porque Deus enviou seu Filho como homem para reunir toda a humanidade, e mesmo todo o universo, como participante de sua vida. O Filho de Deus encarnado, Jesus, veio para salvar a humanidade como homem, tornando-se, assim, a expressão eficaz da ação salvadora de Deus na história. Em outros termos: constituindo a realidade histórico-sacramental que manifesta e realiza o desígnio de Deus sobre a humanidade.

Refletindo sobre o fato da encarnação redentora, a Tradição chegou a uma série de afirmações derivadas que se articulam numa visão de conjunto da obra salvadora de Deus realizada por Jesus. O Verbo se encarnou. Não basta dizer que Jesus é Deus e homem, o que não exprime todo o alcance da fé. A encarnação é encarnação do Verbo, da Palavra de Deus, através da qual Deus se comunica. A comunicação da vida de Deus aos humanos não apenas provém do Verbo, que está junto de Deus desde toda a eternidade, mas começa com o próprio Verbo encarnado. Jesus, Verbo feito homem, opera, como homem, nossa salvação. A perfeição humana do agir de Jesus, agir do Filho de Deus, é o princípio de que deriva a salvação para toda a humanidade santificada, que não se constitui pelo caminho da geração carnal, mas que se constrói a partir do acolhimento livre do dom de Deus, o Espírito de Jesus.

Essa humanidade nova, presidida por Jesus, que tem a plenitude do Espírito, que, pela graça, é como que a cabeça do corpo de Cristo, constitui o espaço Espírito, que encontra, em continuidade com Jesus, sua expressão histórica na comunidade participante da vida da Trindade, ou seja, na Igreja, o espaço Jesus, expressão da comunhão com Deus de toda a humanidade.

Daí decorrem duas consequências maiores para a espiritualidade cristã: a prioridade absoluta da comunidade, formada pela adesão pessoal e livre de cada um de seus membros, e, para cada pessoa, o caráter decisivo do acolhimento pessoal de Jesus no coração, irradiando-se sobre toda a vida. Comunidade e pessoa são inseparáveis: as pessoas formando a comunidade e a comunidade conferindo à pessoa seu pleno desabrochamento.

A espiritualidade cristã em si mesma é prioritariamente comunitária, eclesial, se quisermos. O Espírito e a Igreja se dizem "vem", na bela imagem que conclui a Revelação ou o Apocalipse (22,17), não apenas no sentido restrito, em que só se vive cristãmente na Igreja histórica, mas no sentido estrito, em que a vivência cristã, na raiz de toda forma de viver animada pelo Espírito, se traduz escatologicamente por um ser Igreja, muito além das fronteiras históricas, numa comunidade que coincide com o espaço Espírito e que merece, por antonomásia, o nome de Igreja.

A conversão a Deus pela aceitação de Jesus e recebimento do Espírito, expressa no Batismo, se faz prioritariamente pela integração na comunidade eclesial, não que o Batismo seja, antes de tudo, ingresso na Igreja, mas é pelo Batismo que se entra historicamente no espaço Espírito. Sob esse aspecto, o Batismo precede a Igreja como comunidade histórica, o que justifica, teologicamente, que toda expressão histórica da Igreja deve aceitar o Batismo, mesmo quando conferido à margem da comunhão eclesiástica propriamente dita.

Quando se insiste na importância de viver em plenitude a graça batismal, renovando-se, por exemplo, as promessas batismais, lembram-se as exigências da integração espiritual na comunidade que vive desde agora no espaço Espírito, sem o que a pertença a uma determinada comunidade histórica nada significa de definitivo, em termos cristãos. A espiritualidade cristã, na Igreja, é a vida no espaço Espírito. Vida desenvolvida em continuidade com a comunidade histórica que busca a fidelidade a Jesus no caminho herdado dos apóstolos.

A segunda grande consequência é que nossa pertença à Igreja se mede menos pela nossa conformidade aos modos de agir da comunidade, regidos por seus costumes próprios e particulares, do que pela nossa efetiva integração pessoal no espaço Espírito. As fronteiras da Igreja passam através do nosso coração, dizia o grande teólogo Cardeal Charles Journet († 1975), muito antes do Concílio Vaticano II. Visão que nos parece hoje um pouco espiritualista da Igreja, mas que tem a vantagem de sublinhar que somos Igreja, teologicamente falando, antes de tudo, pela qualidade espiritual de nossa vida concreta, ou seja, pelo fato de o nosso coração aderir em profundidade à Palavra encarnada, Jesus, e agir em conformidade com a luz e a força do Espírito Santo.

Em outros termos: a espiritualidade cristã, longe de ser uma qualificação da Igreja, é a sua própria alma. Seria pouco lúcido, por exemplo, conceber a vida no Espírito e, portanto, a santidade, no sentido próprio do termo, como uma qualidade da Igreja, quando, na verdade, a Igreja é a expressão concreta da vida no Espírito, em continuidade com a santidade de Jesus. Yves Congar († 1995) destaca, por isso, a santidade considerada nota da Igreja, afirmando que é a primeira das quatro notas clássicas (santidade, unidade, apostolicidade e catolicidade), justamente porque define a Igreja como Igreja, tecnicamente falando, na linha da causa formal.

Concluindo, podemos dizer que espiritualidade cristã e Igreja são inseparáveis. A Igreja deve estar concretamente voltada para despertar e alimentar a vida no Espírito e a vida no espírito, sendo a alma da Igreja já aqui no tempo e na história, deve em tudo buscar sempre a comunhão eclesial, que lhe garante a autenticidade como Igreja.

### 3.3. O universo sacramental

A estreita relação entre espiritualidade e Igreja nos leva a refletir sobre os sacramentos, que na prática pastoral são indissociáveis da espiritualidade cristã. Não é nosso objetivo considerar cada um dos sete sacramentos, cujo número foi definido pelo Concílio de Trento, que sancionou a Tradição medieval. Nem é tarefa nossa discutir as diversas formas de entender o papel dos sacramentos na Igreja, que vai desde a sua relativização, a que tendem as denominações herdeiras da Reforma, até a sua acentuação, que chegou a grandes excessos na Tradição católica e que, ainda hoje, permanece na tendência reconhecida como sacramentalista.

Do ponto de vista da Teologia Espiritual, é mais importante compreender a necessidade dos sacramentos como meios de santificação que não podem ser colocados como fins da ação da Igreja e da pastoral, sob pena de se relegar a segundo plano a vida no Espírito propriamente dita.

Para poder resolver uma série de problemas que se colocam na prática, é fundamental recorrer aos princípios que esclarecem o sentido de toda a vida humana, em particular na perspectiva do relacionamento com Deus. A doutrina cristã, tal como a elabora o *Catecismo da Igreja Católica* (n. 27), começa lembrando que o desejo de Deus está inscrito no mais íntimo do coração humano, porque somos criaturas de Deus. Como criatura, dotada de consciência e de liberdade, na sua subjetividade, o ser humano é chamado a crescer em tensão entre dois centros, na expressão de Santo Agostinho, o amor de Deus e o amor de si mesmo.

Temos, entretanto, dificuldade em equilibrar essas duas forças: o centrifugismo do amor de Deus, a propensão ao dom de si mesmo até a completa autodoação, expressão suprema do desejo de Deus, e o centripetismo do amor de si mesmo, que pode levar até à negação de Deus.

O centripetismo é tanto mais sedutor quanto mais disfarçado. Sua tendência é de se objetivar numa realidade ou experiência imediata, que lhe confere uma aparência de autodoação, mas que, de fato, constitui uma expressão do amor de si mesmo para a qual transferimos o impulso do desejo de Deus. A realidade ou a experiência em questão torna-se, então, o nosso deus, mas é, de fato, um verdadeiro ídolo, uma realidade criada, em função da qual vivemos uma egolatria disfarçada, especialmente virulenta quando assume exteriores religiosos, como no caso do farisaísmo. Passamos a viver em função da prática religiosa, quando, na verdade, somos chamados a viver para Deus no Espírito.

Essa inversão de sentido é um risco nem sempre fácil de evitar na prática religiosa em geral e, em particular, nos sacramentos. Viver no Espírito, tendo a consciência iluminada pela percepção e pela experiência de Deus, e a vontade inteiramente voltada para Deus, chega a parecer uma exigência meio exagerada da religião.

Em sua misericórdia, Deus se faz presente nos sacramentos, nas devoções, nas obras pias, de tal sorte que nos consideramos verdadeiros religiosos quando o empenho em seguir as leis da Igreja e praticar as devoções que mais nos atraem constitui o objetivo primordial de nossa vida. Chegamos mesmo a ponto de centralizar a espiritualidade cristã em torno de determinadas práticas, como a oração segundo um determinado modo de entendê-la, o rosário ou a fidelidade à missa dominical, procurando garantir o céu na base de promessas que foram feitas a tal ou qual santo, ou que a própria Igreja vinculou a tais ou quais práticas.

Não se pode negar sentido às muitas práticas devocionais que povoam o universo sacramental cristão. No passado elas geraram polêmicas e controvérsias infinitas entre cristãos. Hoje, porém, chama-se mais a atenção para as exigências centrais da espiritualidade cristã, tendo-se desenvolvido a consciência da relatividade de todas as práticas quando consideradas como tais. São sempre meios que não se pode deixar de lado, meios que provêm do que viveu e estabeleceu o próprio Jesus, ao instituir, por exemplo, a Eucaristia. Mas meios: expressões, sinais e sacramentos de uma realidade de outra ordem, a união com Deus e a unidade de todos os seres humanos.

Quando, na prática ou no discurso, desaparece esse caráter de mediação dos sacramentos e de todas as práticas devocionais, e se passa a viver a Igreja e todo o construto religioso cristão como um fim em si mesmo, desfigura-se a verdadeira natureza da Igreja, desvirtua-se o sentido de todo o universo sacramental e corre-se o risco sempre presente de farisaísmo, quando não se cede a uma sutil espécie de idolatria.

Uma das urgências da espiritualidade cristã nos dias de hoje é a fixação do coração lá onde realmente reside nosso tesouro, no espaço Espírito, em Deus. Na Regra monástica transmitida por São Bento, o principal critério para o discernimento da autêntica vocação monástica é a busca de Deus: "se o candidato verdadeiramente busca a Deus". Esse mesmo critério vale para todas as formas de vida consagrada, independentemente da especificidade das muitas vocações particulares. Pode mesmo ser considerada a principal nota da vida cristã e, por conseguinte, também da Igreja, um povo que busca a Deus, unido a Jesus no Espírito.

## 4. AS MANIFESTAÇÕES DE DEUS NA HISTÓRIA

O espaço do Espírito, em continuidade com o que o ser humano é, na história, enfrentando mil dificuldades para ser fiel à sua vocação à bem-aventurança, no seio de uma comunidade que com ele e por ele vai realizando o desígnio de Deus, comporta, desde as origens, uma dimensão que o manifeste visivelmente.

## 4.1. Por uma Teologia das manifestações de Deus na história

As manifestações de Deus na história, segundo a fé, têm sido estudadas como diversos aspectos do fenômeno religioso, na medida em que os fatos assim entendidos são humanos e históricos, objeto próprio das diversas ciências humanas, da História das Religiões à Psicologia, passando pela Sociologia e por todas as ciências que hoje se agrupam sob o designativo de Ciências da Religião.

No entanto, é preciso analisá-los do ponto de vista teológico, ou seja, à luz de Deus, tal como se dá a conhecer na Tradição das Escrituras. Do ponto de vista teológico, os diversos aspectos do fenômeno religioso perceptíveis pela ciência devem ser considerados em continuidade com a encarnação do Verbo, de quem releva toda comunicação de Deus, conjuntamente com o Espírito, que dá consistência efetiva ao que é fruto da comunicação divina. Ora, desse ponto de vista, todas as manifestações históricas de Deus resultam do seu amor inteira e radicalmente gratuito, pois ele não está sujeito a nenhum condicionamento e a nenhuma necessidade de criar ou chamar a si as criaturas. Nesse sentido, tudo é graça (*charis*, em grego), toda manifestação de Deus é "carisma".

Com efeito, Deus em si mesmo é invisível. Suas manifestações perceptíveis aos sentidos, que se inserem na história e passam a fazer parte de seu amplo e variado tecido, não podem ser divinizadas. Transformar-se-iam em verdadeiros ídolos. O endeusamento das realidades históricas é o grande responsável pela negação de Deus, que afeta hoje inúmeros aspectos do mundo da cultura. Os próprios cristãos não estão aqui isentos de responsabilidade, como reconhece a constituição conciliar *Gaudium et Spes* (nn. 19-21).

As formas como foram endeusados, em diferentes épocas, o poder, inclusive da organização eclesiástica, a liberdade, a razão ou, em sentido contrário, as muitas manifestações do sagrado, interpretadas como intervenções diretas de Deus ou de seu Espírito, têm constituído grande ameaça à integridade da espiritualidade cristã.

A discussão dos problemas teológicos aqui envolvidos nos levaria muito longe. No entanto, do ponto de vista da Teologia Espiritual, é necessário destacar os riscos concretos que corre a espiritualidade cristã, em particular na esfera latino-americana.

Tem-se observado com frequência que as manifestações de Deus em nossa história, os sinais do tempo, como se veio a dizer na época do Concílio Vaticano II, têm sido interpretados em duas grandes direções, por vezes contrastantes, voltadas ora para as exigências de atuação direta na sociedade, em vista do estabelecimento de estruturas sócio-político-econômicas mais justas, ora, num outro sentido, para o revigoramento da vida interior com base nas intervenções diretas do Espírito, que fortaleceriam a Igreja, a despeito dos descaminhos do mundo.

Do ponto de vista da espiritualidade, é preciso não se deixar envolver na polêmica entre essas duas interpretações das manifestações de Deus na história, geralmente caracterizadas pela prioridade reconhecida à ação política ou à ação religiosa de caráter hierárquico-carismático. Para tanto, têm sido buscados diversos tipos de orientação, não se tendo conseguido maiores resultados nem teóricos, nem práticos, com evidente prejuízo espiritual. No entanto a solução pode ser mais simples do que parece.

Desde que essas diversas orientações sejam reconhecidas como interpretações da ação de Deus na história, é claro que devem ser entendidas teologicamente a partir da encarnação. Segundo a fórmula clássica, sancionada no Concílio Ecumênico de Calcedônia (451), a suprema manifestação histórica de Deus, em que a humanidade no seu conjunto foi unida à divindade, na pessoa do Verbo, que é Jesus, tudo que há de verdadeiramente humano em Jesus diviniza-se pelo Espírito, sem confusão nem mistura, e, ao mesmo tempo, sem separação nem divisão entre a divindade e a humanidade. Esse homem Jesus, que é Deus, em comunhão com o Pai no Espírito é, agora e para sempre, um dos nossos. Homem que preside a toda a humanidade e a levará, através da história, a se realizar plenamente na vida eterna.

A encarnação é, assim, a estrutura transcendente da união do humano ao divino. Transcendente porque se realiza no caso único da união do humano com o divino na pessoa de Jesus. Tal união é dita tecnicamente hipostática, união na hipóstase ou pessoa. Verifica-se, porém, segundo uma estrutura que serve de regra, analogicamente interpretada, a toda manifestação de Deus na história e para sempre. As realidades históricas, quando consideradas como participações da encarnação, não são, portanto, divinas, mas unicamente frutos da ação de Deus, obras de Deus. Não podem ser consideradas divinas, pois são realidades criadas, inscritas no tempo e no espaço.

Vale aqui o que já o *Catecismo Tridentino* dizia da Igreja e que foi retomado no *Catecismo da Igreja Católica*: "[...] fazemos profissão de crer em uma Igreja Santa [...] e não *na* Igreja, para não confundir Deus com suas obras e para atribuir claramente à bondade de Deus *todos* os dons que ele pôs em sua Igreja" (*CIC* n. 750).

Os dons de Deus não são divinos. Tratá-los como tais seria idolatria, seria confundir a criatura com o Criador. Todas as manifestações de Deus, polarizadas pela teofania suprema da encarnação, se inserem nos muitos e variados contextos humanos e culturais, adquirindo a ambiguidade característica de todas as coisas criadas.

Esses dois polos inseparáveis de todas as manifestações de Deus na história – os dons de Deus e o contexto humano-cultural em que se inserem – servem de fundamento para o seu discernimento, uma vez que, segundo as próprias Escrituras e a Tradição, devemos desconfiar de toda manifestação que se choca com a busca profunda de Deus, inscrita no coração do ser humano, ou que contraria os caminhos de Deus à luz dos critérios do verdadeiro discernimento, com que sempre se preocuparam os cristãos, desde os livros do Novo Testamento, a partir da maneira de agir de Jesus.

## 4.2. As teofanias

Habitualmente, a Teologia das manifestações de Deus na história se desenvolve em relação à Teologia da Igreja, que é, de fato, o contexto imediato em que se levanta a maioria das questões pastorais. Nem sempre, porém, se atenta para o dado bíblico na sua amplitude, que se aplica a todas as manifestações de Deus no cosmo e na história. Refletir unicamente sobre as manifestações atribuídas ao Espírito, em continuidade com o Novo Testamento, parece-nos limitar a questão a um dos seus aspectos, em face da grande problemática religiosa contemporânea, que vai muito além das fronteiras históricas da Igreja.

Não resta dúvida de que a comunidade cristã, desde as suas origens, considera-se o lugar por excelência das manifestações do Espírito. Mas essas manifestações, inscritas na história, devem ser consideradas numa perspectiva mais ampla, como expressão do que preside a todas as manifestações de Deus, desde o início da história até a escatologia.

O desconhecimento ou mesmo o simples esquecimento dessa problemática mais ampla pode a tal ponto materializar a forma de entender a ação de Deus, de modo que o fato neotestamentário passe a ser considerado como um absoluto na ordem do ser, de que todas as manifestações históricas de Deus seriam como que a participação. A encarnação tem, sem dúvida, algo de absoluto, na ordem do ser, mas não pode ser interpretada como paradigmática senão na ordem do agir. O que Jesus instaura não é uma nova humanidade de natureza crística (na ordem do ser), mas uma humanidade que viva em comunhão com ele (na ordem do agir), pela qual seu Espírito permaneça atuante no mundo e na história.

Em outros termos: as manifestações históricas de Deus, exceto o próprio Verbo encarnado, são realidades em si mesmas criadas, não divinas, frutos da comunhão com Jesus no seu Espírito, por isso mesmo não podem ser consideradas absolutas, por mais divinas que sejam, como no caso dos sacramentos e, em particular, da Eucaristia.

Dois textos fundamentais traçam as coordenadas em que se inscrevem todas as manifestações de Deus.

Primeiramente, a passagem do Livro do Êxodo (33,18-23) em que Deus, depois de declarar que o ser humano não pode vê-lo e continuar vivendo, coloca Moisés na fenda da montanha e lhe cobre o rosto com sua mão até que tenha passado, de sorte que Moisés só pode ver Deus de costas, detectando os sinais de sua passagem. Gregório de Nissa († 395), que viu nesse relato uma expressão maior da experiência cristã, traça o roteiro da espiritualidade cristã a partir da vida de Moisés.

O segundo texto (1Rs 19,11-18) é a passagem em que Elias, na mesma gruta do monte Horeb, onde se refugiara Moisés, recebe a visita de Deus, que parece se anunciar sucessivamente no furacão, no terremoto e no fogo, mas vem, de fato, no ruído de uma brisa ligeira, quase imperceptível aos sentidos, mas que orienta Elias e o sustenta no cumprimento de sua missão.

Todas as manifestações divinas requerem a profunda e silenciosa convicção de sua total invisibilidade, caracterizam-se mais pela interioridade do que pela ação temporal ou pelo barulho, que podem bem ser sinais da passagem de Deus na nossa vida pessoal e da comunidade, mas que não podem ser valorizados em si mesmos a não ser como vestígios de uma luz e de um convite ao seguimento de Jesus.

Uma espécie de contraprova desse critério haurido da Tradição javista é a famosa passagem de Paulo (1Cor 14) em que estabelece a prioridade da profecia sobre o orar em línguas que acontecia na comunidade e se apresentava como manifestação da ação do Espírito. Depois de lembrar que o dom de Deus por excelência é a caridade, Paulo estimula a procurarmos os dons de Deus, mas, antes de tudo, a profecia, comunicação inteligível do pensamento de Deus, pois só ela comporta um enriquecimento da compreensão que se tem da Palavra de Deus, o que é propriamente constitutivo da comunidade e, portanto, que a edifica.

Depois de se referir a seu próprio exemplo, estabelece que quem fala em línguas deve orar para que seja interpretado. As línguas são manifestações exteriores, não iluminam a fé, situando-se na periferia da vida cristã, ao passo que a profecia tem força verdadeiramente alimentadora da espiritualidade cristã. Podemos deduzir que todas as manifestações de Deus na história estão voltadas, direta ou indiretamente, para o bem da comunidade. Essas manifestações são caminhos, meios, para se alcançar a intimidade da vida com Deus, vivida em comunidade.

### 4.3. Manifestações de Deus e espiritualidade cristã

As manifestações de Deus integram o espaço Espírito, ocupam um lugar de destaque na história da Igreja, mas não são o coração da Igreja nem, portanto, a matriz da espiritualidade cristã. O coração da espiritualidade cristã é o amor, com todo o conjunto de capacitações indispensáveis para viver do amor e no amor, desde a progressiva habilidade a lidar com Deus, condensada no crer, no esperar e no amar, até a disposição estável de se relacionar universalmente com o próximo, numa vida alimentada pela sabedoria, segundo as exigências do amor e da justiça, na plena liberdade, sem se deixar vencer pelas dificuldades, nem ser desviado de seus objetivos por outros amores.

Observa-se, porém, hoje, uma diversidade na maneira de entender a espiritualidade cristã, em relação às manifestações de Deus, diversidade acentuada pelo fato de que as múltiplas experiências atribuídas ao Espírito se verificam num contexto de questionamento do verdadeiro papel das instituições eclesiais, em si mesmas e no seu relacionamento com o mundo. Em consequência, convivem diversas maneiras de ser Igreja, como se diz habitualmente.

Que importância dar às manifestações de Deus, seja na esfera política, seja na religiosa, em que prevalecem os carismas? Qual o papel exato das instituições eclesiais na regulação da vida da comunidade, da liturgia, da espiritualidade? Que lugar atribuir na vida da Igreja ao diálogo com o mundo leigo secularizado ou com os movimentos populares que, em nome da justiça, procuram se empenhar na luta em favor dos mais pobres e dos oprimidos?

Do ponto de vista da Teologia Espiritual não é possível dar resposta satisfatória a todas essas questões. Seria querer separar o joio do trigo e esquecer que somente Deus julga os corações. Que orientação, então, seguir, do ponto de vista da espiritualidade cristã, para sermos fiéis ao que há de central na Tradição bíblica e cristã? Duas exigências maiores parece que se impõem.

Primeiro, cultivar a sabedoria cristã. Exercer uma vigilância lúcida e corajosa sobre as verdadeiras motivações de nossa fidelidade ao Evangelho e à Igreja, fundando-a na docilidade interior da inteligência e do coração à verdade, ao que realmente Deus quer de cada um de nós e da comunidade em que vivemos. Assumir a atitude do publicano e se colocar no fundo da igreja, sem se deixar contaminar pela ilusão do fariseu que, autossatisfeito, proclama proceder segundo as exigências da lei.

Atravessamos um período em que, com maior facilidade do que podemos imaginar, nossa consciência se deixa guiar por aspectos ou exigências parciais da fé, cujo resultado é sua redução ao nível da ideologia. Os imperativos de acompanhar, exclusivamente e sem crítica, somente as orientações da Igreja que mais nos satisfazem, de seguir sem o devido discernimento, em nome da fé, o que acreditamos ser impulso do Espírito ou exigência da luta pela justiça e pela promoção humana, resultam na transformação da fé numa espécie de ideologia, fruto da deformação da consciência cristã. A fidelidade ao que há de verdadeiramente central na espiritualidade cristã comporta a superação de todas as abordagens parciais e ideológicas e a submissão humilde e dócil ao que nos faz comungar em profundidade com a comunidade cristã no seu conjunto.

Depois desse primeiro cuidado de saneamento crítico da consciência, é de suma importância, do ponto de vista da espiritualidade cristã, não permanecer numa atitude criticista de avaliação das possibilidades e limites dos caminhos propostos ou experimentados, sem nunca se empenhar totalmente na busca de Deus e no dom de si mesmo. As diferenças mais radicais, mesmo ideológicas, não devem, em hipótese alguma, determinar nosso comportamento como cristãos. Ceder a tentações desse tipo é minar pela raiz, se não a autenticidade, pelo menos a qualidade da espiritualidade cristã.

O que deve inspirar nossa forma de apreciar os outros e nossa disposição a nos empenharmos na docilidade ao Espírito de Jesus e na luta pela justiça é o amor, que busca, antes de tudo, Deus e seu reino de unidade e de paz, com a preocupação de desenvolver a capacidade de conviver com a diferença, sem a ilusória pretensão de buscar o apoio de todos ou tentar fazer prevalecer nossas próprias posições.

## 5. A ORAÇÃO

Depois da Igreja e das manifestações de Deus na história, o lugar mais central do espaço Espírito é a oração. A oração tem a mesma amplitude da Igreja, desde que as entendamos como vivência e expressão da vocação universal de toda humanidade à comunhão com Deus. É o que coloca a oração no centro de toda espiritualidade e, de modo especial, da espiritualidade cristã, que segue, nesse ponto, o ensinamento do próprio Jesus, respondendo ao pedido dos apóstolos, que os iniciasse na oração.

Desde as origens da Igreja, a oração do Senhor foi considerada a matriz da oração cristã, comunicada aos catecúmenos no decurso de sua iniciação e comentada por todos os grandes autores cristãos. Em continuidade com essa Tradição, que atravessou os séculos, inseriu-se a oração na quarta parte do *Catecismo* mandado publicar pelo Concílio de Trento (1566) e o *Catecismo da Igreja Católica* (1992) a retomou, numa introdução geral, com o objetivo de expor, de maneira sintética, a natureza profunda da oração cristã.

Como conjunto, esse texto do *Catecismo da Igreja Católica* sobre a oração (nn. 2559-2758) é um modelo de texto básico, em que nos inspiramos na redação deste nosso ensaio. Vale a pena segui-lo de perto como iniciação à espiritualidade cristã.

### 5.1 Que é a oração?

Depois de situá-la no conjunto do mistério cristão como sendo a relação pessoal com Deus em que se alimenta a fé, celebra-se nossa intimidade com Deus e se vive, de fato, a vida de Deus no Espírito, o *Catecismo da Igreja Católica* (n. 2558) começa a sua exposição sobre a oração com uma exclamação de Santa Teresinha de Jesus († 1897), que se tornou famosa: "Para mim, a *oração* é um impulso do coração, é um simples olhar lançado ao céu, um grito de reconhecimento e amor no meio da provação ou no meio da alegria".

A interpretação desse texto exige cuidados. Encontra-se numa passagem em que Teresa reflete sobre o poder da oração, graças à qual ela mesma, unida a uma de suas noviças, havia obtido a conversão de uma alma, como diz. De onde vem a força da oração, que, aliás, é a base da vocação carmelita? Teresa explica que não confia nas orações compostas de belas frases, como é tão comum hoje em dia em certos ambientes cristãos.

> Para mim, a oração é um impulso do coração, é um simples olhar lançado para o Céu, é um grito de gratidão e de amor no seio da provação como no seio da alegria; enfim, é alguma coisa de grande, de sobrenatural, que me dilata a alma e me une a Jesus (Manuscrito G(onzaga), 25r. In: História de uma alma. São Paulo: Paulinas, 2008. p. 265).

A oração não é o que se pensa nem o que se sente, muito menos o que se fala, mas a realidade íntima e incomunicável do relacionamento pessoal com Deus e com Jesus no Espírito, realidade que não pode ser descrita nem, a bem dizer, experimentada em si mesma, senão nos seus efeitos, mas que é vivida na profundidade do coração, em todas as circunstâncias da vida. É um "sim" a Deus, que vem a nós, um comprometimento com Deus, que nos ama, e uma comunhão inefável, experienciada no ato mesmo pelo qual nos abrimos a Deus que vem a nós, nos comprometemos com ele e o amamos em retorno (cf. *Catecismo da Igreja Católica*, nn. 2559-2565).

Por isso a oração não se confunde com nenhuma experiência de vida, nem com o sofrimento, nem com o contentamento, sobretudo quando estes se situam na esfera do emocional ou do racional. Ela está presente em todas as circunstâncias da vida, é incessante e contínua, como dizem Paulo (1Ts 5,17) e a Tradição monástica. É a luz e o clima em que somos chamados a viver, que nos realiza como seres humanos e como cristãos, em que se antecipa a bem-aventurança. Nesse sentido, a espiritualidade cristã tem por centro a oração, é o lugar por excelência em que se vive no Espírito, no seguimento de Jesus.

A confirmação dessa forma de entender a oração se encontra na Bíblia. Num longo capítulo sobre *a revelação da oração*, o *Catecismo da Igreja Católica* fala da vocação universal de todos os humanos à oração, em continuidade com o que o ser humano é (nn. 2566-2567), lembrando, do Gênesis ao Apocalipse, o que foi a oração em todos os momentos da história da salvação (nn. 2568-2619), continuando depois pelas diversas formas de oração na vida da Igreja (nn. 2619-2643), dentre as quais tem prioridade a oração de louvor (nn. 2639-2643), justamente por ser pura expressão desse "grito de reconhecimento e de amor, no meio da alegria e do contentamento"!

## 5.2. A Tradição e a vida de oração

A oração, presente em toda a Tradição bíblica e eclesial, não se restringe aos impulsos do coração, mas tende a se afirmar a si mesma de maneira concreta, imprimindo-se em determinados textos, consagrando certos caminhos e impregnando a vida de testemunhas, que se podem considerar verdadeiros guias da oração. A vida cristã da comunidade e de cada um de nós se desenvolve através das figuras da oração, desde o silêncio e o recolhimento até o louvor proclamado em comunidade, na liturgia.

Como tudo que é vivido pelo ser humano, também a oração está na gênese de uma verdadeira cultura, cujo enraizamento e o aprimoramento são indispensáveis para consolidá-la na vida das pessoas e das comunidades.

A espiritualidade cristã deve se alimentar constantemente da Palavra de Deus recebida na fé e vivida aqui e agora, sob pena de não passar de um ideal sonhado, mas que não se traduz na vida concreta. Esta é, de fato, a fonte da oração. Não se pode desvincular a oração real da vida, sem prejudicar, ao mesmo tempo, a qualidade da vida cristã, que passa a ser regulada por outros objetivos e critérios, que não são a busca incessante de Deus, e a qualidade da oração, que, quando distante da vida, se reduz a pensamentos talvez até muito profundos sobre Deus e seus mistérios, sobre o Reino de Deus e sobre a Igreja, sem alcançar a esfera do relacionamento íntimo e pessoal em que se deve inscrever.

Essa concretização da oração na vida nos coloca no caminho de Jesus e de Maria, acompanhados de todos os santos, que se tornam, assim, verdadeiros guias da oração. Não há prática espiritual que mais necessite se inserir na Tradição do que a oração e seria ilusão pensar que a qualidade da vida de oração dependesse, antes de tudo, de nossa criatividade pessoal ou da criatividade da comunidade, confundindo criatividade com a liberdade indispensável na adesão pessoal e sincera às formas de oração vividas pela Igreja, em especial na liturgia.

A oração é como que nossa respiração espiritual como seres humanos e como cristãos, e não se pode nunca esquecer que esse respirar espiritual é, de fato, o respirar do Espírito em nós, que nos faz clamar *"Abbá, Pai!"* (cf. Rm 8,15). E o respirar do Espírito é dom de Deus em Jesus, ou seja, dom que é, antes de tudo, feito à comunidade no Espírito, característica que recebemos sendo introduzidos no espaço Espírito, muito mais do que qualquer privilégio individual.

Sendo o respirar do Espírito em nós e por nós, a oração não somente decorre da unidade e é expressão da unidade – como hoje se tornou claro para toda a Igreja, na esfera do ecumenismo –, assim como ela mesma é una, apesar de suas diversas facetas, muitas vezes erroneamente entendidas como degraus. O *Catecismo da Igreja Católica* pode dar essa impressão ao distinguir as diversas *expressões da oração* (nn. 2697-2719), como diz, assemelhando-as a ritmos (n. 2698), mais pelo seu lado exterior, é verdade, do que pela sua realidade interior propriamente dita (n. 2699), como *vida do coração novo* (n. 2697).

Quando fala de oração vocal (nn. 2700-2704), meditação (nn. 2705-2708) e oração mental ou contemplativa (nn. 2709-2719) – como diz o texto latino –, o *Catecismo da Igreja Católica* se refere a três aspectos que em si mesmo se podem distinguir, mas que existencialmente nos parecem inseparáveis. Ainda que, no início da vida espiritual, possa prevalecer a vocalização da oração, em seguida, o caráter reflexivo da meditação e, em estágios mais avançados, prevaleça a união íntima da mente com Deus, não se pode esquecer que, humanamente falando, o impulso interior que caracteriza a oração deve estar mais ou menos presente tanto na oração vocal como na meditação e na oração contemplativa, sem o que nenhuma delas mereceria, a bem dizer, o nome de oração.

Na realidade, a oração encontra, até mesmo acentuadas, todas as dificuldades da busca de Deus, que caracteriza a espiritualidade cristã. Por isso o *Catecismo da Igreja Católica* dedica um capítulo inteiro ao *combate da oração* (nn. 2725-2745). A escola da oração será muitas vezes marcada pelo que viveu Jesus ao se aproximar de sua hora, na medida em que tomamos consciência de tudo que nos afasta o coração de Deus e do pleno acolhimento de sua vontade no cotidiano de nossa vida (nn. 2746-2751).

### Resumindo

*Até não muito tempo, a Teologia se contentava em analisar as essências das realidades do cosmo, da história e de nossa própria vida, abstraindo de suas realizações concretas, ou das circunstâncias de tempo e espaço em que eram vividas.*

*Atendendo à evolução cultural que atravessa a humanidade, essas circunstâncias concretas ganham importância. Na sua análise e compreensão se empenham as Ciências da Religião, hoje muito desenvolvidas A Teologia as deve levar em conta, sob pena de não estar presente no mundo da cultura, como é uma de suas condições de existência como saber, a serviço da fé. Alguns autores, sensíveis a esse novo condicionamento, utilizam a metáfora do espaço para analisar as realidades do mundo, da história e da vida, fiéis à perspectiva clássica da Teologia, segundo as essências, mas integrando as condições efetivas da existência.*

Os espaços em que se realiza existencialmente a espiritualidade cristã são o mais variados possível. Com o intuito de sistematizá-los, agrupamos nossa análise em torno de cinco tópicos:

- *o caráter humano ou humanista da vida no Espírito;*
- *as dificuldades concretas que enfrenta a fidelidade ao Espírito de Jesus ou o combate espiritual;*
- *a delicada articulação do conhecimento experiencial de Deus e suas manifestações na história;*
- *a amplidão do que se veio a denominar o universo sacramental, o sacramento do mundo, como dizem os clássicos;*
- *a natureza do diálogo pessoal com Deus e em Deus, a oração.*

> **Perguntas para reflexão e partilha**
>
> 1) Quais os grandes tópicos a serem abordados quando se quer tratar das diferentes formas de viver a espiritualidade cristã?
>
> 2) Como estabelecer, na vida, uma continuidade entre as exigências do trabalho, da profissão e do dia a dia com a prática sacramental, tendo presente a necessária intimidade com Deus?
>
> 3) Quais lhe parecem ser os grandes desafios a ser enfrentados pelos cristãos nos dias de hoje, no âmbito da vida no Espírito?

## Bibliografia básica

ANGE, D. *A oração;* respiração vital. São Paulo: Paulinas, 2007.

BERNARD, C. A. *Introdução à teologia espiritual.* São Paulo: Loyola, 1999.

BOFF, C. *Uma igreja para o novo milênio*. São Paulo: Paulus, 2003.

GASPARINO, A. *Cartas sobre a oração.* São Paulo: Paulinas, 2004.

CASTELLANO, J. *Liturgia e vida espiritual.* São Paulo: Paulinas, 2008.

LAFRANCE, J. *A graça da oração*. São Paulo: Paulus, 1998.

MONDONI, D. *Teologia da espiritualidade cristã.* São Paulo: Loyola, 2002.

RATZINGER, J. *Compreender a Igreja hoje;* vocação para a comunhão. Petrópolis: Vozes, 2005.

ROSATO, P. *Introdução à teologia dos sacramentos*. São Paulo: Loyola, 1999.

RUBIO, A.G. *O humano integrado*. Petrópolis: Vozes, 2007.

RUPNIK, M. I. *O discernimento.* São Paulo: Paulinas, 2004.

SPIDLÍK, T. *A arte de purificar o coração*. São Paulo: Paulinas, 2005.

STANDAERT, B. *L'espace Jésus;* la foi pascale dans l'espace des religions. Bruxelles: Lessius, 2005.

TERESA DE LISIEUX. *História de uma alma*. São Paulo: Paulinas, 2008.

Capítulo quarto

# A CAMINHO DA UNIÃO DE AMOR

Depois da estrutura e dos espaços, vem a questão do crescimento da vida espiritual, desde há muito tratada pelos autores e que não pode deixar de ser mencionada num livro básico. Analisá-la em profundidade, ou em suas múltiplas expressões históricas, nos levaria por certo muito longe. Ajuda a focalizá-la, em continuidade com as mais antigas tradições, lembrando em que sentido se trata de uma questão propriamente humana, o que relativiza o problema da determinação das etapas por que se passa e a que se dá às vezes importância exagerada.

Em si mesma, a vida espiritual é simples. Resume-se numa intimidade de conhecimento e de amor, na participação da vida de Deus Trindade, de polarização total no Pai, em comunhão com o Filho, na total docilidade ao Espírito. Essa realidade, vivida plenamente no céu, começa na terra, com a conversão interior, de que o Batismo é o sacramento, e se prolonga por toda a vida, numa caminhada cujas etapas, desvios e reencontros estão em íntima conexão com a vida que vivemos, pessoalmente e em comunidade. Na Tradição cristã os anjos, dotados de uma vida espiritual simples, que se resume num ato único, primeiro e último, de adesão ao Pai, são considerados expressão do ideal da vida espiritual humana, a ponto de os antigos denominarem vida angélica a perfeição da vida espiritual humana.

Mas os humanos não somos anjos. Os seres espirituais alcançam a bem-aventurança num único, primeiro e último ato de liberdade, que os fixa no bem ou em sua recusa. A partir desse momento ou são anjos, ou se tornam demônios. Com os seres humanos é diferente. Começamos a nos definir por um primeiro ato de vontade, que se coloca no início de uma longa caminhada, até nos fixarmos definitivamente no bem ou no mal, no momento da morte. Tornamo-nos semelhantes aos anjos ou ficamos do lado dos demônios.

A fixação no bem é a bem-aventurança. O ser humano alcança, então, o seu fim. Mas até chegar lá precisa passar pela condição histórica de longo e dificultoso crescimento, o tempo em que é chamado a viver no Espírito de Jesus, seguindo interiormente a Jesus como caminho, verdade e vida.

A Teologia Espiritual fez desse problema uma questão central. Até bem pouco tempo se apresentava quase que exclusivamente como um estudo do progressivo aperfeiçoamento espiritual do cristão, a partir do Batismo, atravessando as diversas etapas da vida, até chegar à perfeição da caridade, a união de amor que antecipa a bem-aventurança.

Hoje, porém, acreditamos que a questão do crescimento espiritual precisa ser abordada sob um novo enfoque. Antes de discuti-lo, porém, será preciso identificar os princípios de que depende, para melhor se esclarecerem as considerações que hoje se impõem.

Começamos, então, por refletir sobre os fundamentos teológico-antropológicos do crescimento espiritual. Baseia-se num princípio que costumamos denominar "princípio de colaboração", uma das leis fundamentais do agir humano, que preside a toda a esfera da liberdade e da graça.

A Tradição nos leva a considerar três aspectos indissociáveis da caminhada para a perfeita união com Deus: uma aprimorada purificação, como se diz no vocabulário técnico, e a análise das duas faces positivas desse crescimento espiritual: o seguimento de Jesus à luz do Verbo e a transformação pessoal da vida, sob a ação do Espírito.

## 1. O PRINCÍPIO DE COLABORAÇÃO

A reflexão cristã, em continuidade, aliás, com a Tradição, procede à luz da distância entre Deus e a criatura. Quer se trate da criação propriamente dita, da aliança e de seu progressivo cumprimento através da história, da vinda do Messias e de seu reconhecimento em Jesus, da obra da salvação e da santificação, inclusive na perspectiva da graça em relação à natureza e até, por via de consequência, a compreensão do papel da Igreja, toda a Teologia da obra de Deus se baseia sempre, em última análise, na distância existente entre Deus, o Criador, e a criatura.

Nada mais sadio, do ponto de vista da eternidade de Deus, em relação ao que é a realidade criada do mundo, marcada pelo tempo. A Teologia cristã, durante séculos, se fez sempre nessa perspectiva, sob forte influência do pensamento grego. A partir do século XIX, porém, com o desenvolvimento das ciências históricas, novos ângulos, sob os quais se passou progressivamente a elaborar um novo discurso sobre a vida humana, sobre Deus e sobre suas obras no tempo, na história.

Quem diz história não mais se coloca na perspectiva da eternidade nem das essências ou ideias fixas, mas no âmbito variável e relativo da mudança. A leitura dos textos tradicionais, a começar pela Bíblia, passando a ser feita numa perspectiva histórica, abre uma série de novos problemas, que afetam até mesmo a fé, obrigando-nos a refazer a Teologia em novas bases.

Entre as novas questões, a do crescimento espiritual. Não é possível entendê-lo hoje como uma simples sucessão de etapas, qualquer que seja o critério que se adote para a sua classificação, que varia quase que de autor para autor, concebendo-se, em geral, Deus estático, porque imóvel e eterno. O progresso espiritual, porém, é muito mais complexo do que a simples descrição das fases pelas quais passa o ser humano em caminho para Deus.

Progresso diz mudança, é ação, e sua Teologia se faz a partir da análise dessa ação, que se deve tanto a Deus quanto ao ser humano, pois é o próprio Deus, imóvel, mas cheio de vida, na comunhão do Pai com o Filho, no Espírito Santo, que nos convida a participar da sua vida, reclamando nossa indispensável colaboração. O caminho para a intimidade com Deus é o caminho de nossa colaboração com a ação de Deus em nós, em vista da união na verdade e no amor, que antecipa a bem-aventurança. Além de uma Teologia das essências eternas, a questão do crescimento espiritual requer uma Teologia da mudança, ou seja, da proximidade e da colaboração humana com a ação de Deus. Dois agentes livres, cada um deles, porém, operando a seu modo.

Deus não está sujeito à mudança, ao progresso, mas também não basta considerá-lo estático, na sua eternidade. Deus é ação. Não só a fonte de todo dinamismo das criaturas, mas ele mesmo é dinâmico e sua ação, ontologicamente identificada com seu ser – somente em Deus essência e existência se identificam –, é realmente ação em relação aos outros seres a que dá natureza e existência. Ação criadora, conservadora e santificadora do universo, inclusive do ser humano. Na nossa maneira humana de ver, analogicamente, Deus é ação em constante atividade, ou seja, fonte da constante mudança real nos seus efeitos, é amor, buscando com todo empenho os objetivos que se propõe, de irradiar o amor cada instante mais amplo e mais intenso.

A Teologia tradicional, privilegiando a perspectiva do ser, tende a considerar o primado da graça unicamente do ponto de vista ontológico, criando dificuldades quase insolúveis quando se trata de harmonizar graça e liberdade. Quando, porém, refletimos em termos de agir, vislumbramos a possibilidade de entender a composição da liberdade divina com a liberdade humana, no contexto de um relacionamento pessoal, ou seja, de duas pessoas que se amam e que procuram se entender e agir conjuntamente em vista de um objetivo comum.

A participação da criatura humana na vida divina é *um* bem para Deus, um objetivo a que se propõe livremente, ao mesmo tempo que é *o* Bem para o ser humano, que é convidado a se empenhar inteiramente, através de sua liberdade. Em vista desse bem comum a Deus e à pessoa é possível entender a colaboração, até certo ponto recíproca, do ser humano com Deus, na obtenção historicamente progressiva da finalidade última de ambos, que é a bem-aventurança.

É o que costumamos denominar *princípio de colaboração*. Trata-se de uma expressão do mistério, mais do que de uma hipótese ou teoria teológica. O princípio de colaboração, com efeito, está presente em toda a história da salvação, é uma lei que comanda a maneira de Deus agir na história.

A encarnação redentora, sendo a grande obra de Deus, não é de estranhar que sobretudo nela se manifeste o princípio de colaboração. O relato da ação de Deus no ato primeiro da encarnação do Verbo, tal como é narrado na conhecida perícope da Anunciação, no Evangelho de Lucas (1,26-38), sublinha o princípio de colaboração de maneira solene e nos permite retê-lo como princípio bíblico, na base da Teologia da ação de Deus na história.

A descrição de Lucas não nos leva a ler a encarnação simplesmente como uma decisão divina de assumir uma humanidade no seio de uma moça humilde de Nazaré. Exprime, antes, a livre disposição divina de propor-lhe uma aliança, em que é convidada a consentir em ser a mãe de um filho a quem chamará de Jesus, filho do Altíssimo, a quem Deus dará o trono de Davi e que reinará na casa de Jacó para sempre. Maria consente, deixando-se fecundar pelo Espírito Santo, e seu filho Jesus passa a ser chamado Filho de Deus.

A encarnação, portanto, acontece num contexto esponsal, fruto, primeiro, do amor de Deus, que escolhe uma moça desposada com um varão chamado José, mas fruto também da resposta de amor da jovem desposada. Maria se tornou verdadeiramente mãe de Deus em virtude de seu "sim", da docilidade com que acolheu a Palavra anunciada pelo anjo Gabriel, no cumprimento de tão significativa missão divina. A encarnação é, pois, fruto dos esponsais de Deus com a humanidade, resultante da ação santificadora do Espírito, com que colabora a ação de Maria, inteiramente submissa a Deus, pela fé, e toda voltada para ele, na sua virgindade, que é fecunda, e está na origem da santificação da humanidade.

O quadro traçado por Lucas não ilustra unicamente a dimensão incomensurável do acontecimento histórico da encarnação, revela a estrutura da comunhão de Deus com todos os fiéis que em sua vida acolhem, no Espírito, a Palavra de Deus, na busca de tudo que é verdadeiro e bom. O crescimento espiritual é a resultante histórica dos muitos atos que se inscrevem em nossa vida no tempo, desde o primeiro até o último, tendo como fundamento primeiro o que aconteceu com Maria e que formulamos, de maneira abstrata, como princípio de colaboração.

É a profundidade da relação pessoal que comanda o crescimento espiritual nas muitas etapas sucessivas ou simultâneas que se indicam em geral. O crescimento espiritual é uma relação de amor e resposta, à semelhança de Deus e de Maria, vivida na intimidade do coração, através da missão do anjo, e que culmina na presença histórica do Filho de Deus, chamado Jesus, graças à ação santificadora apropriada ao Espírito.

O crescimento espiritual é, por conseguinte, o aprofundamento da nossa relação, pessoal e comunitária, com Deus que se faz presente em Jesus, sua Palavra, e nos convida à união com Deus no Espírito.

## 2. O TRÍPLICE ASPECTO DO CRESCIMENTO ESPIRITUAL

A Tradição cristã sempre deu atenção às diferentes etapas do crescimento espiritual. São as famosas vias — purgativa, iluminativa e unitiva — a que se referem praticamente todos os autores, desde os primeiros séculos. Já as encontramos, a seu modo, em Orígenes († 254) e, mais explicitamente, em Gregório de Nissa († 395).

As muitas formas sob as quais essas etapas foram apresentadas, do ponto de vista de seu fundamento teológico, serão, quando muito, simples aspectos que se distinguem didática e pedagogicamente e se vão aprofundando, como que se radicalizando, na medida em que a relação pessoal com Deus se torna mais abrangente, mais efetiva e mais profunda.

Nessa perspectiva, o crescimento espiritual não se mede pelo distanciamento das preocupações materiais nem pelo desenvolvimento da consciência reflexa, muito menos pelo rigor da vida ascética. A ascese contribui para a purificação espiritual, bem como o distanciamento das coisas materiais. O autoconhecimento, como acontece em diversas formas da espiritualidade, constitui um instrumento para desbravar o caminho para a união com Deus. No entanto, esta depende, em última análise, não da ascese ou do autoconhecimento, mas do amor de Deus, manifestado concretamente no amor do próximo. Teologicamente, o crescimento espiritual é o aprofundamento e o alargamento da união de amor com Deus e com o próximo, no sublime encontro de duas liberdades.

Desde o início do monaquismo, a prática ascética e a privação de alimentos e de tudo que significasse satisfação do corpo ocuparam lugar importante no desenvolvimento da espiritualidade cristã. No entanto a velha fórmula monástica da *pureza de coração*, divulgada no Ocidente por João Cassiano († 435?), por exemplo, não se entende como expressão adequada do fim a ser atingido pelo processo de crescimento espiritual. Apesar da base bíblica da bem-aventurança dos puros de coração, que verão a Deus (cf. Mt 5,8), a pureza a que se refere o Evangelho é a pureza do amor, que, com frequência, coexiste durante largos anos, quando não até a morte, com um combate espiritual mais ou menos acirrado contra o egoísmo e a busca de si mesmos.

Assumindo a Tradição das três vias como aspectos do progressivo crescimento no amor, procuremos esclarecê-las a partir de seus fundamentos teológicos, como resultantes lógicas do que denominamos princípio de colaboração.

## 2.1. A PURIFICAÇÃO DA FÉ

No encontro de nossa liberdade com a liberdade de Deus deve sempre prevalecer o modo de ver de Deus, seus objetivos e seus caminhos, por incompreensíveis que nos sejam, cujo conhecimento é limitado a tudo a que se pode aceder a partir dos dados sensoriais, quer na observação das realidades materiais, quer na busca de seu sentido. O conhecimento humano se limita, pois, à esfera do que se costuma designar como acessível à razão, que por isso mesmo não alcança o pensamento e os desígnios divinos.

Esses, no entanto, nos foram comunicados através da história lida à luz de Deus, em especial através de Jesus, homem histórico que é a Palavra de Deus, cuja vida e ensinamentos são reveladores do pensamento de Deus, de seu "conselho", "consilium" como diz literalmente o *Catecismo da Igreja Católica*.

A manifestação do conselho de Deus, através da história e, em especial, de Jesus, nos capacita a acolhê-lo na fé, de sorte que passe a nos guiar na vida, como pessoas e como comunidade humana histórica. A adesão pessoal a Jesus, que implica a sua raiz e perfaz a nossa adesão a Deus, que denominamos fé, nos abre ao acolhimento de todos os dons divinos. O acesso ao conselho de Deus se faz através da fé, que nos introduz na comunhão com a verdade e com o amor, arrancando-nos, não sem dor, ao horizonte limitado de nossa razão, sobretudo se considerarmos as condições adversas em que ela opera, afetada pelo seu titubear em confronto com as dificuldades da vida e pela sua tendência a se deixar levar pelas ilusões de nossa busca de facilidades, de prazeres e de vaidades.

Nesse sentido, a sintonia de nossa liberdade com a liberdade de Deus comporta uma renúncia ao que os nossos objetivos e nossos sentimentos costumam visar, verificando-se o que os autores espirituais, em continuidade com a Tradição, denominam purificações necessárias para que possamos colaborar com a obra de Deus em nós mesmos, na comunhão dos santos e em todo o universo.

Por isso que, teologicamente, autores maiores, como São João da Cruz († 1591), por exemplo, articulam a purificação com a fé, erguendo-a, do ponto de vista da espiritualidade cristã, a um horizonte muito mais amplo do que a simples ascese ou o autoconhecimento. Agir segundo a fé é purificar-se. A purificação passa a ser, assim, muito mais do que uma simples purgação ou correção de pensamentos e de ações, uma expressão ou aspecto decorrente do exercício e do aprofundamento da vida teologal. A visão de fé a respeito da vida, inspiradora de nossa prática individual e comunitária, comanda uma correção dos costumes, cada vez mais exigente e límpida, e nos purifica de toda ideia ou apego a qualquer outra realidade que não seja Deus, com quem passamos progressivamente a colaborar de maneira mais íntima e total na realização de seu conselho.

## 2.2. A comunhão com Deus, luz de nossa vida

O acolhimento de Jesus em nossa vida, pela fé, nos torna a bem-aventurança acessível. Um de seus companheiros de crucifixão, o chamado bom ladrão, considerando as circunstâncias por que passavam naquele momento supremo, dirigiu-se a Jesus num ato de fé: "[...] Jesus, lembra-te de mim, quando começares a reinar! Ele lhe respondeu: 'Em verdade te digo: hoje estarás comigo no Paraíso'" (Lc 23,42-43). A fé alimenta a esperança, tornando real, para nós, a bem-aventurança, a comunhão com Deus, que polariza todos os nossos desejos, no que têm de mais autêntico e de mais profundo. A comunhão com Deus passa a ser a luz de nossa vida.

É o segundo aspecto da vida no Espírito: uma iluminação contínua e progressiva de toda a nossa existência, firmada na certeza de que, quaisquer que sejam as circunstâncias em que nos encontremos, estamos desde já com Jesus, junto à cruz, e com ele estaremos no Paraíso, num hoje sem fim.

A Teologia se empenha em analisar a natureza da esperança. Como vimos, seu caráter teologal vem do fato de que está inteiramente apoiada no poder misericordioso de Deus, qualquer que seja o objeto que se espere, a começar, evidentemente, pela vida eterna, que é o dom de Deus por excelência. Nem sempre se atenta ao fato de que, na realidade existencial do nosso dia a dia, é a esperança que ilumina nossa vida, colocando, de fato, a comunhão definitiva com Deus na raiz da compreensão que temos da existência e como critério final que sustenta as determinações de nossa consciência. A esperança nos faz ver, nos ilumina, em última análise, sobre o que é justo e reto do ponto de vista de Deus. Nesse sentido, a esperança é a fonte da irradiação da vida teologal em nossa vida concreta, pessoal e comunitária.

Não há vida sem esperança, muito menos vida no Espírito. Sem esperança caminharíamos nas trevas, para acolher a analogia corrente na Bíblia. Jesus veio como uma grande luz, a iluminar a humanidade. Veio trazer a todos a esperança, como celebramos na liturgia. Não há vida no Espírito sem a luz de Deus, que brilha na face de Cristo e nos torna possível trilhar o caminho da colaboração com Deus no Espírito.

## 2.3. A união no amor, coroamento da colaboração com Deus

O terceiro aspecto da comunhão com Deus, na sua antecipação histórica, é a união no amor, a via unitiva, como habitualmente se diz. Sua articulação com o princípio de colaboração é evidente por si mesma. A colaboração atinge sua perfeição quando as duas liberdades em questão, de Deus e nossa, se dão reciprocamente no amor, agindo como se fossem um só coração e uma só alma. Tanto na intimidade do coração como na realidade da vida sentem, querem e se empenham em buscar o mesmo objetivo, no caso, a comunhão bem-aventurada e "bem-aventurante".

O tema aqui, portanto, não é mais da ordem do ser: o amor está na raiz da colaboração e esta é tanto mais perfeita quanto mais perfeito é o amor. Coloca-se, porém, outra questão: como caracterizar a gama de evolução do amor inicial ao amor perfeito, da colaboração de base, que nasce com a conversão, à colaboração perfeita, que se consuma no limiar da bem-aventurança? É fácil perceber que é este o ponto central do crescimento espiritual.

A Tradição espiritual cristã elaborou inúmeras respostas a esse desafio, colocado mais explicitamente a partir do século XII, nos inícios da escolástica. São famosos, por exemplo, os textos de Bernardo de Claraval († 1153) a respeito e dos místicos medievais em geral. No fim do período, os mestres carmelitas, como Teresa de Jesus († 1582) e o próprio João da Cruz († 1591), distinguiram nesse processo, mais ou menos longo e complexo da conversão à união, um duplo aspecto, baseando-se no modo como as duas liberdades, de Deus e nossa, se articulam, no próprio ato de colaborar.

Na conversão não há dúvida, a iniciativa de Deus precede nossa resposta. Não somos nós que procuramos Deus, mas Deus é que nos quer para si e inscreve o desejo dele mesmo em nosso coração de criaturas. Em consequência, num contexto de resposta, desenvolve-se toda a nossa vida de fidelidade, sempre em colaboração com Deus, que conta com a nossa resposta para nos purificar, iluminar e atrair cada vez mais a si. Progressivamente, porém, Deus vai tomando conta de nossa vida, de tal modo que a resposta que nasce de nós é cada vez mais provocada por uma ação mais de Deus do que nossa, alcançando nossa colaboração um nível de perfeita transparência à ação divina. Toma-se consciência, no íntimo, de que é Deus, o seu Espírito, que opera em nós, que nos faz pensar o que pensamos, querer o que queremos e fazer o que fazemos. Não vivemos mais a nossa vida, mas é Deus, por sua Palavra e por seu Espírito, que vive em nós. Já não sou eu mais quem vive, mas é Cristo que vive em mim...

Pode-se, então, distinguir na nossa colaboração com Deus um aspecto mais *ativo*, em que Deus, convertendo-nos, espera nossa resposta, e um aspecto mais *passivo*, em que Deus se pensa, quer e faz o que o próprio Deus, em nós, pensa, quer e faz. Essa passividade não tem nada a ver com qualquer tipo de inércia: é um agir espiritual e moralmente da maior intensidade, totalmente compenetrado pelo Espírito. A realização perfeita de tal agir se verificou em Jesus. Sua vontade humana seguia em tudo a vontade divina, do Pai e sua, na unidade perfeita de um mesmo Espírito, comunicado em plenitude à sua humanidade.

Na Antiguidade cristã, a mística chegou a ponto de substituir a vontade humana pela vontade divina em Cristo, numa visão ilusoriamente sedutora, que foi, porém, rejeitada pelos espirituais mais lúcidos, como Máximo, o Confessor († 662), e condenada pelo III Concílio de Constantinopla (681). Da Antiguidade até os nossos dias, prevalecem duas tendências, que correm riscos opostos de desequilibrar a espiritualidade cristã. Uma, considerando excepcionais, quando não ilusórios, os momentos de passividade, constroem uma visão da espiritualidade cristã baseada se não na iniciativa humana, o que seria inaceitável e foi condenado no pelagianismo, pelo menos baseando nossas respostas a Deus sempre dimensionadas pela razão, pelas decisões humanas, consideradas soberanas, sob alegação de salvaguardar a liberdade. Aproxima-se mais ou menos do pelagianismo e foi definida como semipelagianismo. A tendência contrária tende a diminuir ou até mesmo a desconhecer o que há de objetivo na observância dos padrões racionais do agir, para se refugiar numa espécie de repouso no Espírito e submissão cega a seus dons e carismas, aproximando-se de certos iluminismos e quietismos.

Não nos devemos iludir. Essas tendências, objeto de disputas apaixonadas no passado, estão ainda hoje presentes na comunidade cristã. A tendência antropocêntrica de colocar na base, mesmo da Igreja e da pastoral, a decisão humana de agir segundo os preceitos da ação política e da comunicação, contraria a tendência mais teocêntrica de valorizar, em primeiro lugar, a ação divina, colocando a oração e a liturgia no centro da ação eclesial. Mas a discussão dessa problemática, que não pode deixar de ser considerada do ponto de vista da Teologia Espiritual, ultrapassa os limites modestos de um simples livro básico.

## 3. A MATURIDADE CRISTÃ

A que leva o crescimento cristão? Habitualmente se falava de perfeição cristã. A terminologia está hoje sujeita a duas críticas bastante sérias, para nos induzir à busca de um substitutivo.

Primeiro, a ideia de perfeição supõe um progresso, passando por diversas etapas, que, como acabamos de ver, são antes aspectos da evolução pessoal a caminho de uma ampliação e intensificação do laço de amor, que nos faz viver em constante colaboração com Deus.

Depois, quem diz perfeição diz algo acabado, a que nada falta nem pode ser acrescentado, que só é alcançável espiritualmente na bem-aventurança. Teologicamente essa razão é mais grave do que se poderia supor à primeira vista. Apesar do que transparece no discurso frequente, que propõe ao cristão objetivos determinados neste mundo, a espiritualidade cristã só é autêntica quando e na medida em que está voltada para o céu. As obras de Deus na história, quaisquer que sejam elas, um mundo sem males, a felicidade ou a saúde, a experiência carismática, nada pode ser apontado como objetivo da prática espiritual cristã a não ser de maneira relativa e passageira. Somente a realização final do conselho de Deus a respeito do mundo e da humanidade pode ser o referencial primeiro da espiritualidade cristã.

### 3.1. O conceito de maturidade espiritual

Preferimos falar, então, de maturidade cristã em lugar de perfeição. Correremos sempre, é verdade, o risco de entendê-la psicológica ou antropologicamente, mas é um risco menor, dado que a maturidade humana é integrante da maturidade espiritual, ao passo que a perfeição seria uma antecipação de um estado que só se verificará na bem-aventurança. Há sempre o risco de uma idealização da vida concreta em que somos chamados a viver em união com Deus, que muitas vezes leva a viver numa espécie mais ou menos sutil de hipocrisia.

A título de análise, sem entrar na discussão mais alentada das relações entre o crescimento espiritual e a maturidade psicológica, é fácil verificar, no terreno dos princípios, que a maturidade espiritual se caracteriza pelo amor do próximo, expressão incontornável do amor de Deus, pela qualidade espiritual da vida de relação de uns com os outros, quer no relacionamento cotidiano, na família, na esfera profissional, no convívio com os nossos coetâneos e contemporâneos, quer, enfim, com todos os homens e mulheres, qualquer que seja sua etnia ou cultura.

Não se trata de um relacionamento propriamente afetivo, que pressupõe pontos comuns, coincidência de interesses ou afinidades de sentimentos, mas de um relacionamento que acolhe o outro como ele é, como pessoa, esmerando-se em praticar a justiça, empenhando-se na promoção do bem comum e de cada um. Desde as primeiras comunidades, descritas nos Atos dos Apóstolos e durante todos os primeiros séculos, como atesta a famosa *Carta a Diogneto*, a comunidade cristã se caracterizava por essa qualidade de relacionamento, que muito impressionava os pagãos, os quais, como Juliano, o Apóstata († 363), por exemplo, se propuseram a imitar.

Para se alcançar essa qualidade de relação com o próximo, é normalmente necessária a maturidade humana, psicológica e cultural. Daí a importância que sempre se deu entre os cristãos à educação e ao serviço que podem prestar as diversas terapias hoje imensamente difundidas e diversificadas. O cristão maduro é, basicamente, a mulher ou o homem qualificado pela sua maturidade psicológica. Sua fé, em lugar de se limitar a concepções e práticas religiosas infantis ou supersticiosas, procura estar em sintonia com seu saber, o que o qualifica para agir no mundo em que vive. Não deixa em suspenso sua fé, mas empenha todos os seus recursos psicológicos, intelectuais e culturais em testemunhar sua esperança, como está escrito na Primeira Carta de Pedro (cf. 3,15).

Assim, a maturidade espiritual mede-se pela integração adulta na sociedade, na profissão, no convívio familiar, numa palavra, na vida tal como ela é, sem ficar sonhando com o que poderia vir a ser, nem mesmo segundo o que muitas vezes se pensa ser a vontade de Deus. As consequências desse princípio, critério maior da maturidade cristã, são inúmeras e de grande importância. Tem-se a impressão, às vezes, de que se pensa a espiritualidade cristã em função da prática religiosa, de uma moral de preceitos e obrigações, de uma vida regida por votos religiosos ou compromissos eclesiais. Sem querer diminuir a importância da religião, da lei e da obrigação, não se pode esquecer que se trata de meios em vista da prática do amor e da justiça, que passa, naturalmente, pela maturidade humana e da fé, sustentada pela esperança.

Também não seria correto pensar que a maturidade cristã se alcança sozinho, distanciando-se da vida de todo dia, fechando-se num convento ou abandonando o meio social em que estamos inseridos. O simples abandono do meio a que pertencemos já é sintoma de pouca maturidade. Como seres humanos e como cristãos, somos chamados ao convívio maduro com nosso próximo, compartilhando a vida e procurando vivê-la no Espírito, pois este é o caminho para que colaboremos dignamente com Deus, que quer salvar todos os humanos e cujo Verbo assumiu a nossa vida, até mesmo nas piores condições, na morte, transformando-as em caminhos para a salvação e santificação de todos os humanos.

Seria ilusão pensar que a maturidade espiritual se adquire automaticamente através da prática religiosa. Nada a contraria talvez mais radicalmente do que uma religião imatura, praticada sem a busca efetiva da caridade e da justiça. Na verdade, é o contrário: a religião só é autêntica quando inspira e sustenta a prática madura do amor e da justiça. Reflete, então, na vida sustentada pela Palavra e pelo Espírito, aquilo a que os seres humanos somos efetivamente chamados, a comunhão com Deus.

### 3.2. A pedra de toque da maturidade

Do ponto de vista prático, como testar a maturidade cristã? Todos os critérios convergem para a qualidade do relacionamento com o próximo e com os outros em geral. Mas que é que supõe esse relacionamento, qual é a capacitação subjetiva que garante a fidelidade ao amor em todas as circunstâncias da vida? A Tradição cristã nos leva, aqui, a procurar as disposições subjetivas que permitem a libertação de tudo que possa toldar a consciência ou enfraquecer a vontade. Em termos técnicos: leva-nos a procurá-la do lado das virtudes de força e de temperança.

Tratando-se, porém, de enfrentar as dificuldades que se opõem à fidelidade ao amor, quaisquer que sejam as circunstâncias em que se venha a viver, devemos considerar como requisito básico da maturidade algo que pertença à esfera da capacidade de resistência, de sorte que nada possa realmente nos separar do amor de Cristo, que nos amou até o fim e exige se dê absoluta prioridade ao amor do próximo.

Foi nessa linha de raciocínio que se veio a pensar na virtude da força, que adquire particular importância no contexto do crescimento espiritual. A força tem por objeto imediato a capacidade, ao mesmo tempo, de ousar e de resistir, numa ininterrupta fidelidade ao bem. Maior prova de amor não há do que morrer por aqueles que amamos. Mas é também uma prova decisiva de amor manter-se fiel apesar de todas as dificuldades, suportando tudo que nos ameaça a qualidade cristã de vida de uns com os outros, a começar pela rotina do cotidiano.

No vocabulário paulino, que se encontra também em Lucas, essa capacidade de se manter fiel denomina-se, em grego, *hypomoné*, etimologicamente: *manter-se sob*, resistir, mas que se pode traduzir por *paciência*, que nos parece melhor do que perseverança, como o fazem muitos tradutores. Perseverança não mantém a ideia de resistência, que caracteriza a *hypo-*

*moné*, o que precisamente a torna a exigência básica da fidelidade ao amor em todas as circunstâncias, ou seja, o que denominamos pedra de toque da maturidade cristã.

Segundo Paulo, obterão a vida eterna, a glória e a honra aqueles que pela paciência praticarem o bem (cf. Rm 2,7). Paulo se gloria na tribulação, porque sabe que nessa circunstância exerce a indispensável paciência: a paciência é o segredo da virtude comprovada, que manifesta a esperança (cf. Rm 5,3-4). De fato, esperar o que não vemos é esperar na paciência (cf. Rm 8,25), e Paulo nos exorta a que, pela paciência, mantenhamos a esperança (cf. Rm 15,4). Valeria a pena visitar as outras passagens paulinas em que se manifesta a importância e a amplitude da paciência, base da esperança e sinal da maturidade cristã.

A Segunda Carta de Pedro, muito próxima da doutrina paulina, recomenda, desde o início, a traduzir a fé em virtude, conhecimento e autodomínio, que são o segredo da paciência, a qual está na base da piedade (cf. 1,3). Mas também Tiago, começando sua Carta, considera motivo de grande alegria estar sujeito a tantas tribulações, pois a fé, quando provada, leva à paciência, que faz agir com maturidade e integridade, sem nenhuma deficiência (cf. 1,2-3). O Apocalipse observa que, pela paciência, participamos da vida de Jesus (cf. 1,9). Mas talvez sejam as duas passagens de Lucas as mais convincentes, pois a paciência é o que faz frutificar a semente caída em terra boa (Lc 8,15) e, em face das realidades escatológicas, o evangelista se refere à paciência como o fundamento indispensável à salvação de nossas vidas (Lc 21,19).

Convém observar que a paciência, assim entendida, tem um caráter geral. Mais do que um comportamento ou uma virtude particular, constitui uma atitude de base, em que se apoia a maturidade cristã. Saber e ter a coragem de viver segundo o Espírito de Jesus em todas as circunstâncias, estar preparado para amar acima de tudo, inclusive acima de todas as comodidades próprias, até mesmo da própria vida. Só a paciência nos permite enfrentar com alegria desde a rotina de cada dia até os maiores desafios que se apresentam aos que buscam verdadeiramente a Deus.

A espiritualidade cristã vive da paciência, da efetiva, firme e amorosa aceitação total da vontade de Deus em nossa vida, pois, como lembrava Francisco de Sales († 1622), a santidade nada mais é do que a plena aceitação da vontade divina, a total colaboração com a ação de Deus, em nós mesmos e na história, para que se cumpra o seu desígnio universal de salvação.

Resumindo

*A Tradição espiritual cristã, desde a mais remota Antiguidade, sempre procurou entender a questão do crescimento espiritual. Acreditamos que a devemos abordar a partir de seu princípio básico, a "colaboração" entre o que o Criador quer de todos os humanos, comunicar-lhes a sua vida, e o in-*

dispensável "sim" da criatura, que precisa acolher livremente o convite divino, para entrar pessoalmente em comunhão com o Criador. Essa estrutura básica da comunhão com Deus, manifestada de maneira paradigmática na narrativa lucana da Anunciação, comanda toda a Teologia do crescimento espiritual.

Essa caminhada, que constitui a nossa vida, desde o primeiro ato de liberdade, de consentimento ou não ao bem, tal como o representa a nossa consciência, até a plena comunhão com o Bem, comporta três facetas inseparáveis de purificação, iluminação e união. Nas diversas etapas da vida prevalece um ou outro desses aspectos, que são, em conjunto, indicadores de um progresso espiritual, da prevalência do momento purificador, passando pelo do esclarecimento até o domínio mais ou menos soberano do aspecto unificante.

A atitude básica inspirada por esta forma de encarar o progresso espiritual, que não se distingue, a bem dizer, do amadurecimento humano, é a de se submeter com paciência às nossas condições concretas de vida, na certeza de que Deus realizará finalmente em nós o coroamento de seu desígnio de amor, comunicando-nos, de maneira definitiva, a participação em sua vida.

---

**Perguntas para reflexão e partilha**

1) Em que sentido o "sim" de Maria na Anunciação permite entender a relação de Deus Criador com os seres humanos, criaturas espirituais?

2) Qual parte deste capítulo trouxe luz para entender as etapas do progresso espiritual a partir do princípio de colaboração? Procure resumir esse assunto com suas palavras e partilhar suas descobertas.

3) Qual a pedra de toque da maturidade cristã e qual a sua importância para a realização da missão dos cristãos na história?

---

## Bibliografia básica

KEATING, T. *Convite ao amor:* o caminho da contemplação cristã. São Paulo: Loyola, 2005.

_____. *Intimidade com Deus.* São Paulo: Paulus, 1999.

MONDONI, D. *Teologia da espiritualidade cristã.* São Paulo: Loyola, 2002.

RUBIO, A. G. *A caminho da maturidade na experiência de Deus.* São Paulo: Paulinas, 2008.

NOUWEN, H. J. M. *Crescer;* os três movimentos da vida espiritual. São Paulo: Paulinas, 2000.

# BIBLIOGRAFIA

A amplidão do tema e a forma de abordá-lo, num *livro básico*, concebido como um ensaio introdutório ao estudo da espiritualidade cristã, tornam praticamente inviável a indicação de uma bibliografia mais abrangente. Fazemos algumas indicações de leitura em cada um dos capítulos. A bibliografia geral é também puramente indicativa, limitada às obras consultadas para a elaboração deste livro básico. O importante é que o leitor possa desenvolver um pensamento de conjunto, que o dotará dos critérios gerais para aprofundamento de seu estudo.

A renovação da espiritualidade cristã nos nossos dias passa inevitavelmente pelo Concílio Vaticano II, cujos documentos são uma das principais fontes de nosso ensaio. Seguimos de perto a sistematização dos temas conciliares adotada pelo *Catecismo da Igreja Católica*, que, por sua vez, se situa na Tradição espiritual da *Suma teológica* de Tomás de Aquino, considerada, em particular, como uma sistematização para os principiantes da Tradição espiritual da Igreja a partir das Escrituras e do ensinamento dos Padres.

A Teologia Espiritual se faz a partir dos textos dos muitos autores cristãos através dos séculos. Os mais importantes são mencionados ao longo do texto e ao fim de cada capítulo. Ousamos, além disso, selecionar algumas obras gerais a que recorremos na elaboração de nosso ensaio.

ABIVEN, J. *Guia para um itinerário espiritual*. "O vento sopra onde quer..." (Jo 3,8). São Paulo: Paulinas, 2007.

AGOSTINHO. *Confissões*. São Paulo: Paulus, 1997.

ALEIXANDRE, M. D. *Ícones bíblicos;* para um itinerário de oração. São Paulo: Loyola, 2000.

AMARAL, L. *Virtudes;* o caminho para a santificação. São Paulo: Loyola, 1995.

ANDRES, J. R. F. *Vida cristã, vida teologal;* para uma moral das virtudes. São Paulo: Loyola, 2007.

ANGE, D. *A oração;* respiração vital. São Paulo: Paulinas, 2007.

BALLESTRERO, Anastasio. *Le beatitudini*. Torino: Elle Di Ci, 1986.

BASTIANEL, S. *Vi o Senhor:* símbolos de oração na Bíblia. São Paulo: Loyola, 2004.

BERNARD, C.-A. *Introdução à teologia espiritual*. São Paulo: Loyola 1999.

BINGEMER, Maria Clara Lucchetti. *Em tudo amar e servir*: mística trinitária e práxis cristã em Santo Inácio de Loyola. São Paulo: Loyola, 1990.

\_\_\_\_\_; YUNES, E. *Virtudes*. São Paulo: Loyola, 2001.

CASTILLO, José Maria. *El Discernimiento cristiano*: por una conciencia critica. Salamanca: Sigueme, 1984.

BOFF, Leonardo. *Uma Igreja para o novo milênio*. São Paulo: Paulus, 2003.

\_\_\_\_\_. *Vida segundo o Espírito*. Petrópolis, Vozes, 1995.

BONOWITZ, Dom Bernard. *Os místicos cistercienses do século XII*. Juiz de Fora: Ed. Subiaco, 2005.

BORRIELLO, L., CARUANA, E., DEL GENIO, M.R., SUFFI, N. *Dicionário de Mística*. São Paulo: Loyola-Paulus, 2003.

CAMBIER, Jules Marie. *La Libertá cristiana una morale di adulti*: volto attuale di un cristianesimo vivo. Torino: Elle Di Ci, 1984.

CANTALAMESSA, R. *A vida em Cristo*. São Paulo: Loyola, 1992.

\_\_\_\_\_. *O canto do Espírito*: meditações sobre o *Veni Creator*. Petrópolis: Vozes, 1998.

CASSIANO, João. *Conferências*. Juiz de Fora: Ed. Subiaco, 2006/8.

CASTELLANO, Jesús. *Liturgia e vida espiritual.* São Paulo: Paulinas, 2008.

CASTILLO, J. M. *Deus e nossa felicidade*. São Paulo: Loyola, 2006.

CASTRO, V. J. *Espiritualidade cristã:* mística da realização humana. São Paulo: Paulus, 1999.

CATÃO, Frei Bernardo (Francisco) *A Igreja sem fronteiras.* Ensaio pastoral. São Paulo: Duas Cidades, 1965.

CATÃO, F. A identidade cristã e a catequese. *Revista de Catequese* 110 (2005) 15-26.

\_\_\_\_\_. *A teologia espiritual.* Disponível em: <http://www.paulinas.org.br/ciberteologia/index.php/espiritualidade/a-teologia-espiritual/>. Acesso em: 15 fev. 2009.

\_\_\_\_\_. *Crer. O "Catecismo da Igreja Católica" e a catequese no Brasil*. São Paulo: Paulinas, 1994.

\_\_\_\_\_. *Em busca do sentido da vida.* A temática da educação religiosa. São Paulo: Paulinas, 1993.

\_\_\_\_\_. *Falar de Deus*. São Paulo: Paulinas, 2001.

\_\_\_\_\_. *O fenômeno religioso*. Ensino Religioso Escolar. São Paulo: Letras & Letras, 1995.

*CATECHISMUS Catholicae Ecclesiae*. Città del Vaticano: Libreria Editrice Vaticana, 1997. [Ed. bras.: *Catecismo da Igreja Católica.* Rio de Janeiro/São Paulo: Vozes/Loyola/Paulinas/Paulus/Ave-Maria, 1997.]

CAVALCANTE, R. *Espiritualidade cristã na história;* das origens até Santo Agostinho. São Paulo: Paulus, 2007.

CENCINI, A. *Viver reconciliados;* aspectos psicológicos. São Paulo: Paulinas, 1985.

_____. *Teologia spirituale e scienze umane a servizio del chiamato nella direzione spirituale. Direzione spirituale e accompagnamento vocazionale.* Milano: Àncora, 1996.

CLÉMENT, O. *Fontes;* os místicos cristãos dos primeiros séculos. Textos e comentários. Juiz de Fora: Subiaco, 2003.

COLOMBÁS, G. M. *Introdução à "lectio divina";* diálogo com Deus. São Paulo: Paulus, 1996.

CONGAR, Y. *Diálogos de outono.* São Paulo: Loyola. 1990.

_____. Nota sobre "experiência". In: *Revelação e experiência do Espírito.* São Paulo: Paulinas, 2005.

_____. *Vraie et fausse reforme dans l'Église.* Paris: Du Cerf, 1950.

D'ORNELLAS, P. *Liberté, que dis tu de toi-même? Vatican II 1959-1965.* Saint-Maur: Parole et Silence, 1999.

DE FIORES, S.; GOFFI, T. *A "nova" espiritualidade.* São Paulo: Cidade Nova/Paulus, 1999.

_____. *Dicionário de espiritualidade.* São Paulo: Paulus, 1993.

DELFINO, C. A. *Necessidade humana de Deus hoje.* São Paulo: Paulinas, 2008.

DI BERNARDINO, P. P. As ideias fundamentais da espiritualidade de Santa Teresinha. Vargem Grande Paulista/São Paulo: Cidade Nova/Paulus, 2000.

_____. *Itinerário espiritual de Santa Teresa de Ávila;* mestra de oração e doutora da Igreja. São Paulo: Paulus, 1999.

_____. *Itinerário espiritual de São João da Cruz.* São Paulo: Paulus, 1997.

DRAGO, A. *Os dons do Espírito Santo na vida do cristão:* contemplativos na ação. São Paulo: Paulus, 1997.

EDWARDS, D. *Experiência humana de Deus.* São Paulo: Loyola, 1995.

ESPEJA, J. *Espiritualidade cristã.* Petrópolis: Vozes, 1992.

FANIN, L. *La proposta spirituale del nuovo testamento;* l'esperienza fondante del vivere cristiano. Milano: San Paolo, 1997.

FERNÁNDEZ, V. E. *Teologia espiritual encarnada;* profundidade espiritual em ação. São Paulo: Paulus, 2007.

FRANCISCO DE SALES. *Introduction à la vie devote.* Paris: Seuil, 1962.

_____. *Tratado do amor de Deus.* Petrópolis: Vozes, 1996.

FREEMAN, L. *Jesus, o mestre interior*. São Paulo: Martins Fontes, 2004.

FUELLENBACH, J. *Igreja;* comunidade para o reino. São Paulo: Paulinas, 2006.

GALILEA, S. *O caminho da espiritualidade cristã;* visão atual da renovação cristã. São Paulo: Paulus, 1983.

GAMBARINI, A. L. *Batalha espiritual*. São Paulo: Loyola, 1996.

GARCIA, J. M. *Teologia espiritual;* elementos para una definición de su estatuto epistemologico. Roma: Universita Pontificia Salesiana, 1995.

GARRIDO, J. *Releitura de São João da Cruz*. São Paulo: Paulinas, 2006.

GASPARINO, A. *Cartas sobre a oração*. São Paulo: Paulinas, 2004.

GILLEMAN, G. *Le primat de la charité en théologie morale;* essai méthodologique. Louvain: Ed. Nauwelaerts, 1952.

GIRARD, M. *Os símbolos na Bíblia*. São Paulo: Paulus, 1997.

GUY, J.-C. *Les apophtegmes des Pères. Collection systématique*. Paris: Cerf, 1955/2003/2005. 3 vv. (Col. *Sources Chrétiennes*, nn. 387, 474, 498.)

GOFFI, T.; SECONDIN, B. *Problemas e perspectivas de espiritualidade*. São Paulo: Loyola, 1992.

GOZZELINO, G. *Al Cospetto di Dio:* elementi di teologia della vita spirituale. Torino: Elle Di Ci, 1989.

GRENIER, B. *Jesus, o mestre*. São Paulo: Paulus, 1998.

GRÜN, A. *Caminhos para a liberdade*. Petrópolis: Vozes, 2005.

\_\_\_\_\_. *O céu começa em você*. Petrópolis: Vozes, 1998.

GUERRA, A. *Experiencia del Espíritu y signos de su presencia*. Vitória (Espanha): Instituto Teológico de Vida Religiosa, 2003.

GUIBERT, J. *Leçons de théologie spirituelle*. Toulouse: Apostolat de la Prière, 1955.

\_\_\_\_\_. *Theologia spiritualis ascetica e mystica*. Roma: Gregoriana, 1952.

HADOT, P. *O que é a filosofia antiga*. São Paulo: Loyola, 1999.

HALL, T. *"Lectio Divina";* o que é e como se faz. São Paulo: Loyola, 2001.

HORSLEY, R. A.; SILBERMAN, N. A. *A mensagem e o reino*. São Paulo: Loyola, 2000.

JESUS, A. D. *Charles de Foucauld*. Vargem Grande Paulista: Cidade Nova, 2004.

JOÃO DA CRUZ. *Obras completas*. Petrópolis: Vozes, 2002.

JOÃO PAULO II. Exortação apostólica *Encontro com Jesus Cristo vivo, caminho para a conversão.* 2. ed. São Paulo: Paulinas, 1999.

JOHNSTON, W. *Mystical Theology. The Science of Love.* London: HarperCollins, 1996.

JOSSUA, J.-P. *Seul avec Dieu. L'aventure mystique*. Paris: Gallimard, 1996.

KEATING, T. *Convite ao amor;* o caminho da contemplação cristã. São Paulo: Loyola, 2005.

\_\_\_\_\_. *Intimidade com Deus*. São Paulo: Paulus,1999.

LABOURDETTE, M.-M. Qu'est-ce que la théologie spirituelle? *Revue Thomiste* 92 (1992) 355-372.

LAFRANCE, J. *A graça da oração*. São Paulo: Paulus, 1998.

LANGEAC, R. de. *La vie cachée en Dieu*. Paris, Seuil, 1951.

LELOUP, J.-Y. *Escritos sobre o hesicasmo. Uma tradição contemplativa esquecida.* Petrópolis: Vozes, 2003.

\_\_\_\_\_. *Introdução aos "verdadeiros filósofos". Os padres gregos, um continente esquecido do pensamento ocidental*. Petrópolis: Vozes, 2003.

LIBANIO, J. B. *Concílio Vaticano II;* em busca de uma primeira compreensão. São Paulo: Loyola, 2005.

LIÉBAERT, J. *Os padres da Igreja*. São Paulo: Loyola, 2000.

LUBAC, H. de. *Exegese medievale;* les quatre sens de l'Ecriture. Paris: Aubier, 1959.

\_\_\_\_\_. *Histoire et esprit;* l'intelligence de l'Ecriture d'apres Origène. Paris: Aubier, 1950.

MARTIN VELASCO, J. *A experiência cristã de Deus*. São Paulo: Paulinas, 2001.

MEGALE, J. B. *A experiência de Deus*. São Paulo: Paulus, 1977.

MERTON, T. *A sabedoria do deserto*: ditos dos padres do deserto do IV. São Paulo: Martins Fontes, 2004.

\_\_\_\_\_. *A vida silenciosa*. Petrópolis: Vozes, 2002.

MESLIN, M. (org.). *Quand les hommes parlent aux Dieux*. Paris: Bayard, 2003.

MESTRE ECKHART. *O "Livro da Divina Consolação" e outros textos seletos*. Petrópolis: Vozes, 1991.

MONDONI, D. *Teologia da espiritualidade cristã*. São Paulo: Loyola, 2000.

MONGE CARTUXO. *La prière, entre combat et extase*. Paris: Presses de la Rennaissance, 2003.

\_\_\_\_\_. *O discernimento dos espíritos*. São Paulo: Paulinas, 2006.

MOREL, G. *Le sens de l'existence selon saint Jean de la Croix*. Paris: Aubier, 1960.

MORESCHINI, C.; NORELLI, E. *História da literatura cristã antiga grega e latina*. São Paulo: Loyola, 1996. v. 1.

MORIN, Dom Germain. *O ideal monástico e a vida cristã dos primeiros dias*. Juiz de Fora: Subiaco, [s.d.].

MOUROUX, J. *L'expérience chrétienne. Introduction à une théologie.* Paris: Aubier, 1954.

_____. *Vocação cristã do homem*. São Paulo, Flamboyant, 1961. 239p.

MURAD, A.; MAÇANEIRO, M. *A espiritualidade como caminho e mistério;* os novos paradigmas. São Paulo: Loyola, 1999.

*NADA ANTEPOR ao amor de Cristo*. Diretório espiritual dos monges e monjas da Ordem Cisterciense no Brasil. São Paulo: Musa, 2003.

NADEAU, M. T. *Crer é viver*. São Paulo: Paulinas, 2007.

NAULT, J.-C. *La saveur de Dieu. L'acédie dans le dynamisme de l'agir*. Paris: Cerf, 2006.

NOLAN, A. *Jesus hoje;* uma espiritualidade de liberdade radical. São Paulo: Paulinas, 2008.

NOUWEN, H. J. M. *Crescer;* os três movimentos da vida espiritual. São Paulo: Paulinas, 2000.

PANIKKAR, R. *Ícones do mistério;* a experiência de Deus. São Paulo: Paulinas, 2007.

PAOLI, A. *Espiritualidade de hoje;* comunhão solidária e profética. São Paulo: Paulus, 1987.

PENIDO, M. T. L. *O itinerário místico de são João da Cruz*. Petrópolis: Vozes, 1954.

PENTEADO, N. de S. *Pequena filocalia;* o livro clássico da Igreja Oriental. São Paulo: Paulus, 1985.

PEREIRA, I. A., PEREIRA, S. *Amar;* chamado divino, vocação humana. São Paulo: Paulinas, 2008.

PSEUDO-DIONÍSIO AEROPAGITA. *Teologia mística*. Rio de Janeiro: Fissus, 2005.

PUNCEL, M. *Inácio de Loyola*. São Paulo: Loyola, 2008.

RAHNER, K. Elementos de espiritualidade na Igreja do futuro. In: GOFFI, T.; SECONDIN, B. *Problemas e perspectivas de espiritualidade*. São Paulo: Loyola, 1992.

RATZINGER, J. *Compreender a Igreja hoje;* vocação para a comunhão. Petrópolis: Vozes, 2005.

_____. *Jesus de Nazaré*. São Paulo: Planeta, 2007.

ROSATO, P. *Introdução à teologia dos sacramentos.* São Paulo: Loyola, 1999.

RUBIO, A. G. *A caminho da maturidade na experiência de Deus*. São Paulo: Paulinas, 2008.

_____. *O humano integrado*. Petrópolis: Vozes: 2007.

RÉGAMEY, R. *Renovar-se no Espírito*. São Paulo: Paulus, 1976.

REGNAULT, L. *A escuta dos pais do deserto hoje*. Juiz de Fora: Mosteiro da Santa Cruz, 2000.

REISER, W. *Para ouvir a palavra de Deus, escute o mundo! A libertação da espiritualidade.* São Paulo: Loyola, 2001.

ROUET DE JOURNEL. *Enchiridion Asceticum*. Barcelona: Herder, 1947.

ROYO MARIN, A. *Teología de la perfección cristiana*. Madrid: Biblioteca de Autores Cristianos, 1968.

RUAS SANTOS, Dom Luís Alberto. *Um monge que se impôs a seu tempo.* Introdução à vida e obra de São Bernardo de Claraval. São Paulo: Musa, 2000.

RUBIO, A. G. *Elementos de antropologia teológica*. Petrópolis: Vozes, 2003.

RUIZ SALVADOR, Federico. *Compêndio de teologia espiritual*. São Paulo, Loyola, 1996.

RUPNIK, M-I. *O discernimento*. São Paulo: Paulinas, 2004.

SAINT-ARNAUD, J.-G. *Marche en ma présence. Le discernement spirituel au quotidien.* Montréal: Médiaspaul, 2006.

_____. *Où veux-tu m'emporter Seigneur? Aproches du discernement spirituel*. Montréal: Médiaspaul, 2002.

_____. *Quitte ton pays. L'aventure de la vie spirituelle*. Montréal: Médiaspaul, 2001.

SANTOS, B. S. *A experiência de Deus no Antigo Testamento*. Aparecida: Santuário, 1996.

SCIADINI, P. *Projeto pessoal de vida espiritual*. São Paulo, Loyola, 1995.

SECONDIN, B.; GOFFI, T. (org). *Curso de espiritualidade;* experiência, sistemática, projeções. São Paulo: Paulinas, 1994.

_____. *Espiritualidade em diálogo. Novos cenários da experiência espiritual.* São Paulo: Paulinas, 2002.

_____. *Leitura orante da Palavra*. São Paulo: Paulinas, 2004.

SHELDRAKE, Philip. *Espiritualidade e teologia. Vida cristã e fé trinitária.* São Paulo: Paulinas, 2005.

SILESIUS, A. *O peregrino querubínico*. São Paulo: Paulus, 1996.

SILVA, J. C. da. Teologia e mística. *Horizonte Teológico*, Belo Horizonte, 2 (2002) 51-78.

SPIDLÍK, T. *A arte de purificar o coração*. São Paulo: Paulinas, 2005.

_____. *Orar no coração*. São Paulo: Paulinas, 2005.

SPOTO, D. *Francisco de Assis;* o santo relutante. Rio de Janeiro: Objetiva, 2003.

STANDAERT, B. *L'espace Jésus;* la foi pascale dans l'espace des religions. Bruxelles: Lessius, 2005.

STINISSEN, W. *A noite escura;* segundo São João da Cruz. São Paulo, Loyola, 1996.

STOLZ, A. *Théologie de la Mystique*. Chevetogne: Ed. des Bénédictins d'Amay, 1939.

TAVARD, G. H. *A Igreja;* comunidade de salvação. São Paulo: Paulus, 1997.

TERESA DE JESUS. *Obras completas*. Madrid: Biblioteca de Autores Cristianos, 1986.

TERTULIANO, SÃO CIPRIANO E ORÍGENES. *Tratado sobre a oração*. Juiz de Fora: Subiaco, 2001.

TOMÁS DE AQUINO. *Suma teológica*. São Paulo: Loyola, 2000-2006. 9 vv.

TORREL, J.-P. *Santo Tomás de Aquino, mestre espiritual*. São Paulo: Loyola, 2008.

VANIER, J. *Comunidade, lugar do perdão e da festa*. 7. ed. São Paulo: Paulinas, 2009.

VANNINI, M. *Introdução à mística*. São Paulo: Loyola, 2005.

VISSEAUX, R. *Livro de vida monástica;* caminho do Evangelho. Juiz de Fora: Mosteiro de Santa Cruz, 2000.

VV.AA. *Evangelho e Reino de Deus*. São Paulo: Paulus, 1997.

*VATICANO II. Mensagens, discursos e documentos*. São Paulo: Paulinas, 2007.

ZAVALLONI, R. *Le strutture umane della vita spirituale*. Brescia: Morcelliana, 1971.

ZEVINI, G. *A leitura orante da Bíblia.* São Paulo: Salesiana, 2006.

# SUMÁRIO

APRESENTAÇÃO DA COLEÇÃO .................................................................... 5

INTRODUÇÃO .................................................................................................. 9
   A teologia espiritual ..................................................................................... 9
   Um livro básico ............................................................................................ 10
   Nosso projeto ............................................................................................... 11

## PARTE I
## OS FUNDAMENTOS DA ESPIRITUALIDADE CRISTÃ: A VIDA INTERIOR

INTRODUÇÃO .................................................................................................. 15

CAPÍTULO I. AS RAÍZES ANTROPOLÓGICAS DA ESPIRITUALIDADE ............ 17
   1. O ser humano, duplamente capaz de Deus ......................................... 17
   2. O desejo de Deus e a esperança: o dinamismo da vida ..................... 19
   3. A sagrada escritura e o reconhecimento de Deus ............................... 20
   4. A filosofia antiga e a espiritualidade ...................................................... 21
   5. A espiritualidade cristã ........................................................................... 22

CAPÍTULO II. A PESSOA DE JESUS ............................................................... 25
   1. Jesus, centro da espiritualidade cristã ................................................. 25
   2. O encontro pessoal com Jesus ............................................................. 27
   3. A vida no espírito de Jesus .................................................................... 29
   4. As exigências do seguimento de Jesus no espírito ............................ 31
   5. O Reino de Deus ...................................................................................... 33
   6. A norma suprema da vida: o amor ......................................................... 34

## PARTE II
## A EVOLUÇÃO DA ESPIRITUALIDADE CRISTÃ NA HISTÓRIA

CAPÍTULO I. NO LIMIAR DA TEOLOGIA ESPIRITUAL ...................................... 41
   1. A historicidade da fé ............................................................................... 41
   2. A história espiritual cristã ....................................................................... 44
   3. A *lectio divina* ......................................................................................... 45

CAPÍTULO II. A ANTIGUIDADE CRISTÃ .......................................................... 53
   1. Os ensinamentos de Jesus ..................................................................... 53

2. A espiritualidade das primeiras comunidades cristãs .................................................. 57
   3. As primeiras "escolas" de espiritualidade ......................................................................... 60

CAPÍTULO III. A ESPIRITUALIDADE NO MUNDO CRISTÃO ............................................................ 63
   1. A gênese do mundo cristão................................................................................................ 64
      1.1. O nascimento do mundo cristão ................................................................................. 65
   2. O monaquismo .................................................................................................................... 66
      2.1. Segunda conversão...................................................................................................... 66
      2.2. O trabalho ...................................................................................................................... 68
      2.3. A vida em comunidade................................................................................................. 68
      2.4. Oração............................................................................................................................ 69
   3. A edificação da cristandade ............................................................................................... 70
      3.1. A significação de Santo Agostinho .............................................................................. 71
      3.2. Dos mosteiros para o mundo ...................................................................................... 72
      3.3. Referências históricas................................................................................................... 73
   4. A igreja em confronto com o mundo................................................................................. 75
      4.1. A espiritualidade moderna............................................................................................ 77
   5. A espiritualidade em renovação ........................................................................................ 80
      5.1. A restauração do pensamento cristão ........................................................................ 81
      5.2. As novas testemunhas................................................................................................. 82

CAPÍTULO IV. UMA FORMULAÇÃO ATUAL DA ESPIRITUALIDADE CRISTÃ..................................... 89
   1. Doutrina e experiência: a questão do método ................................................................. 90
      1.1. A doutrina de base ........................................................................................................ 90
      1.2. A lei e a graça................................................................................................................ 91
      1.3. A experiência cristã....................................................................................................... 92
   2. A universalidade da experiência cristã ............................................................................. 96
      2.1. A experiência humana vivida por Jesus...................................................................... 96
      2.2. A experiência na vida humana de todo dia ................................................................ 97
   3. O posicionamento dos cristãos em face do mundo ........................................................ 99
   4. A espiritualidade da transformação e do diálogo .......................................................... 103

PARTE III
# O PERFIL DA ESPIRITUALIDADE CRISTÃ

INTRODUÇÃO..............................................................................................................................109

CAPÍTULO I. A ESTRUTURA DA VIDA CRISTÃ...............................................................................111
   1. A estrutura do agir cristão ................................................................................................ 112
   2. A bem-aventurança ........................................................................................................... 113
   3. Consciência e liberdade.................................................................................................... 116
   4. A comunidade .................................................................................................................... 119
      4.1. A comunidade na história da salvação......................................................................119
      4.2. A edificação da comunidade cristã ............................................................................121
      4.3. A comunidade cristã, instância decisiva da espiritualidade.....................................123

# SUMÁRIO

APRESENTAÇÃO DA COLEÇÃO ................................................................ 5

INTRODUÇÃO .............................................................................................. 9
   A teologia espiritual .................................................................................. 9
   Um livro básico ....................................................................................... 10
   Nosso projeto ......................................................................................... 11

## PARTE I
## OS FUNDAMENTOS DA ESPIRITUALIDADE CRISTÃ: A VIDA INTERIOR

INTRODUÇÃO ............................................................................................ 15

CAPÍTULO I. AS RAÍZES ANTROPOLÓGICAS DA ESPIRITUALIDADE ............. 17
   1. O ser humano, duplamente capaz de Deus ...................................... 17
   2. O desejo de Deus e a esperança: o dinamismo da vida .................. 19
   3. A sagrada escritura e o reconhecimento de Deus ............................ 20
   4. A filosofia antiga e a espiritualidade .................................................. 21
   5. A espiritualidade cristã ....................................................................... 22

CAPÍTULO II. A PESSOA DE JESUS ........................................................... 25
   1. Jesus, centro da espiritualidade cristã .............................................. 25
   2. O encontro pessoal com Jesus .......................................................... 27
   3. A vida no espírito de Jesus ................................................................. 29
   4. As exigências do seguimento de Jesus no espírito .......................... 31
   5. O Reino de Deus ................................................................................. 33
   6. A norma suprema da vida: o amor ..................................................... 34

## PARTE II
## A EVOLUÇÃO DA ESPIRITUALIDADE CRISTÃ NA HISTÓRIA

CAPÍTULO I. NO LIMIAR DA TEOLOGIA ESPIRITUAL ................................... 41
   1. A historicidade da fé .......................................................................... 41
   2. A história espiritual cristã ................................................................... 44
   3. A *lectio divina* ..................................................................................... 45

CAPÍTULO II. A ANTIGUIDADE CRISTÃ ....................................................... 53
   1. Os ensinamentos de Jesus ................................................................ 53

2. A espiritualidade das primeiras comunidades cristãs ............... 57
3. As primeiras "escolas" de espiritualidade ............... 60

**CAPÍTULO III. A ESPIRITUALIDADE NO MUNDO CRISTÃO** ............... 63
1. A gênese do mundo cristão ............... 64
   1.1. O nascimento do mundo cristão ............... 65
2. O monaquismo ............... 66
   2.1. Segunda conversão ............... 66
   2.2. O trabalho ............... 68
   2.3. A vida em comunidade ............... 68
   2.4. Oração ............... 69
3. A edificação da cristandade ............... 70
   3.1. A significação de Santo Agostinho ............... 71
   3.2. Dos mosteiros para o mundo ............... 72
   3.3. Referências históricas ............... 73
4. A igreja em confronto com o mundo ............... 75
   4.1. A espiritualidade moderna ............... 77
5. A espiritualidade em renovação ............... 80
   5.1. A restauração do pensamento cristão ............... 81
   5.2. As novas testemunhas ............... 82

**CAPÍTULO IV. UMA FORMULAÇÃO ATUAL DA ESPIRITUALIDADE CRISTÃ** ............... 89
1. Doutrina e experiência: a questão do método ............... 90
   1.1. A doutrina de base ............... 90
   1.2. A lei e a graça ............... 91
   1.3. A experiência cristã ............... 92
2. A universalidade da experiência cristã ............... 96
   2.1. A experiência humana vivida por Jesus ............... 96
   2.2. A experiência na vida humana de todo dia ............... 97
3. O posicionamento dos cristãos em face do mundo ............... 99
4. A espiritualidade da transformação e do diálogo ............... 103

### PARTE III
# O PERFIL DA ESPIRITUALIDADE CRISTÃ

**INTRODUÇÃO** ............... 109

**CAPÍTULO I. A ESTRUTURA DA VIDA CRISTÃ** ............... 111
1. A estrutura do agir cristão ............... 112
2. A bem-aventurança ............... 113
3. Consciência e liberdade ............... 116
4. A comunidade ............... 119
   4.1. A comunidade na história da salvação ............... 119
   4.2. A edificação da comunidade cristã ............... 121
   4.3. A comunidade cristã, instância decisiva da espiritualidade ............... 123

**CAPÍTULO II. VIRTUDES: AS "HABILIDADES" REQUERIDAS** ...................................... 127
   1. As virtudes ........................................................................................... 128
   2. A sabedoria .......................................................................................... 131
   3. O relacionamento com Deus ............................................................... 132
      3.1. A virtude da fé ............................................................................. 133
      3.2. A virtude da esperança ............................................................... 135
      3.3. A virtude da caridade .................................................................. 137
   4. O relacionamento com o próximo ........................................................ 139
      4.1. A justiça ....................................................................................... 139
   5. A autonomia espiritual ......................................................................... 142
      5.1. A fé e a vida ................................................................................. 142
      5.2. Livres para o amor ...................................................................... 143
      5.3. A caminho da liberdade .............................................................. 144
      5.4. Espiritualidade e psicologia ......................................................... 146
   6. À luz e na força do espírito .................................................................. 148
      6.1. O Espírito e a vida cristã ............................................................. 148
      6.2. A ação interior do Espírito ........................................................... 149

**CAPÍTULO III. O ESPAÇO ESPÍRITO** ....................................................................... 153
   1. Humanismo e santidade ...................................................................... 154
   2. O combate espiritual ............................................................................ 156
   3. A Igreja e o universo sacramental ....................................................... 158
      3.1. A unidade espiritual da humanidade ........................................... 159
      3.2. A Igreja e a espiritualidade .......................................................... 160
      3.3. O universo sacramental .............................................................. 163
   4. As manifestações de Deus na história ................................................ 164
      4.1. Por uma Teologia das manifestações de Deus na história ......... 165
      4.2. As teofanias ................................................................................ 167
      4.3. Manifestações de Deus e espiritualidade cristã .......................... 168
   5. A oração ............................................................................................... 170
      5.1. Que é a oração? .......................................................................... 170
      5.2. A Tradição e a vida de oração ..................................................... 171

**CAPÍTULO IV. A CAMINHO DA UNIÃO DE AMOR** ................................................... 175
   1. O princípio de colaboração .................................................................. 176
   2. O tríplice aspecto do crescimento espiritual ........................................ 178
      2.1. A purificação da fé ....................................................................... 179
      2.2. A comunhão com Deus, luz de nossa vida ................................. 180
      2.3. A união no amor, coroamento da colaboração com Deus .......... 181
   3. A maturidade cristã .............................................................................. 183
      3.1. O conceito de maturidade espiritual ............................................ 183
      3.2. A pedra de toque da maturidade ................................................. 185

**BIBLIOGRAFIA** ........................................................................................................ 189

Impresso na gráfica da
Pia Sociedade Filhas de São Paulo
Via Raposo Tavares, km 19,145
05577-300 - São Paulo, SP - Brasil - 2014

**CAPÍTULO II. VIRTUDES: AS "HABILIDADES" REQUERIDAS** ..........127
1. As virtudes .......... 128
2. A sabedoria .......... 131
3. O relacionamento com Deus .......... 132
   3.1. A virtude da fé .......... 133
   3.2. A virtude da esperança .......... 135
   3.3. A virtude da caridade .......... 137
4. O relacionamento com o próximo .......... 139
   4.1. A justiça .......... 139
5. A autonomia espiritual .......... 142
   5.1. A fé e a vida .......... 142
   5.2. Livres para o amor .......... 143
   5.3. A caminho da liberdade .......... 144
   5.4. Espiritualidade e psicologia .......... 146
6. À luz e na força do espírito .......... 148
   6.1. O Espírito e a vida cristã .......... 148
   6.2. A ação interior do Espírito .......... 149

**CAPÍTULO III. O ESPAÇO ESPÍRITO** .......... 153
1. Humanismo e santidade .......... 154
2. O combate espiritual .......... 156
3. A Igreja e o universo sacramental .......... 158
   3.1. A unidade espiritual da humanidade .......... 159
   3.2. A Igreja e a espiritualidade .......... 160
   3.3. O universo sacramental .......... 163
4. As manifestações de Deus na história .......... 164
   4.1. Por uma Teologia das manifestações de Deus na história .......... 165
   4.2. As teofanias .......... 167
   4.3. Manifestações de Deus e espiritualidade cristã .......... 168
5. A oração .......... 170
   5.1. Que é a oração? .......... 170
   5.2. A Tradição e a vida de oração .......... 171

**CAPÍTULO IV. A CAMINHO DA UNIÃO DE AMOR** .......... 175
1. O princípio de colaboração .......... 176
2. O tríplice aspecto do crescimento espiritual .......... 178
   2.1. A purificação da fé .......... 179
   2.2. A comunhão com Deus, luz de nossa vida .......... 180
   2.3. A união no amor, coroamento da colaboração com Deus .......... 181
3. A maturidade cristã .......... 183
   3.1. O conceito de maturidade espiritual .......... 183
   3.2. A pedra de toque da maturidade .......... 185

**BIBLIOGRAFIA** .......... 189

Impresso na gráfica da
Pia Sociedade Filhas de São Paulo
Via Raposo Tavares, km 19,145
05577-300 - São Paulo, SP - Brasil - 2014